D1665016

Scott Kelbys Photoshop CC-Praxisbuch

SCOTT KELBY ist Redakteur, Herausgeber und Mitbegründer des Magazins Photoshop User, Herausgeber des Lightroom Magazine und Co-Moderator des Fotografie-Podcasts The Grid. Außerdem ist er Präsident von KelbyOne, der Online-Community für kreative Menschen.

Scott Kelby arbeitet als Fotograf und Designer. Er ist der preisgekrönte Autor von mehr als 80 Büchern, darunter »Scott Kelbys Foto-Rezepte 1«, »Scott Kelbys Foto-Rezepte 2« und »Scott Kelbys Foto-Sessions«, »Wie mach ich das in Photoshop?« sowie »Wie mach ich das in Lightroom?«. Der erste Band dieser Reihe wurde zum meistverkauften Buch in der Geschichte der Digitalfotografie.

Seit sechs Jahren wird Scott Kelby in Folge als weltweit meistverkaufter Autor von Fotografiebüchern geehrt. Seine Bücher wurden in zahlreiche Sprachen übersetzt, darunter Chinesisch, Russisch, Spanisch, Koreanisch, Polnisch, Taiwanesisch, Französisch, Deutsch, Italienisch, Japanisch, Dänisch, Schwedisch, Türkisch, Portugiesisch und viele andere.

Er erhielt den prestigeträchtige ASP International Award, der jährlich von der American Society of Photographers für »besondere oder maßgebliche Beiträge zu den Idealen der Berufsfotografie als Kunst und Wissenschaft« verliehen wird, sowie im Jahr 2015 den HIPA Special Award für seinen weltweiten Beitrag zur fotografischen Ausbildung.

Scott Kelby ist Training Director für die Adobe Photoshop Seminar Tour und Conference Technical Chair der Photoshop World Conference. Er ist für eine Serie von Online-Kursen zu Photoshop und Lightroom für KelbyOne verantwortlich und bildet seit 1993 Fotografen und Adobe-Photoshop-Nutzer aus.

Mehr über Scott Kelby erfahren Sie hier:

Blog: **http://scottkelby.com**
Instagram: **@scottkelby**
Twitter: **http://twitter.com@scottkelby**
Facebook: **www.facebook.com/skelby**

Papier plus+ PDF.

Zu diesem Buch – sowie zu vielen weiteren dpunkt.büchern – können Sie auch das entsprechende E-Book im PDF-Format herunterladen. Werden Sie dazu einfach Mitglied bei dpunkt.plus+:

www.dpunkt.de/plus

Scott Kelby

Scott Kelbys Photoshop CC-Praxisbuch

Über 100 Workshops voller Profitechniken und -tipps für Fotografen

 dpunkt.verlag

Scott Kelby

Lektorat: Steffen Körber, Boris Karnikowski
Übersetzung: Isolde Kommer, Großerlach und Christoph Kommer, Dresden
Copy-Editing: Petra Kienle
Satz: Tilly Mersin
Herstellung: Susanne Bröckelmann
Umschlaggestaltung: Helmut Kraus, www.exclam.de, unter Verwendung eines Fotos des Autors
Druck und Bindung: Schleunungdruck, Marktheidenfeld

Bibliografische Information der Deutschen Nationalbibliothek
Die Deutsche Nationalbibliothek verzeichnet diese Publikation in der Deutschen Nationalbibliografie;
detaillierte bibliografische Daten sind im Internet über http://dnb.d-nb.de abrufbar.

ISBN:
Print: 978-3-86490-507-0
PDF: 978-3-96088-335-7
ePub: 978-3-96088-336-4
mobi: 978-3-96088-337-1

1. Auflage 2017
Copyright der deutschen Übersetzung © 2017 dpunkt.verlag GmbH
Wieblinger Weg 17
69123 Heidelberg

Authorized translation of the English 1st edition of »The Adobe Photoshop CC Book for Digital Photographers« © 2017 by Scott Kelby.
This translation is published and sold by permission of New Riders, the owner of all rights to publish and sell the same.

Die vorliegende Publikation ist urheberrechtlich geschützt. Alle Rechte vorbehalten. Die Verwendung der Texte und Abbildungen, auch auszugsweise, ist ohne die schriftliche Zustimmung des Verlags urheberrechtswidrig und daher strafbar. Dies gilt insbesondere für die Vervielfältigung, Übersetzung oder die Verwendung in elektronischen Systemen.

Es wird darauf hingewiesen, dass die im Buch verwendeten Soft- und Hardware-Bezeichnungen sowie Markennamen und Produktbezeichnungen der jeweiligen Firmen im Allgemeinen warenzeichen-, marken- oder patentrechtlichem Schutz unterliegen.

Alle Angaben und Programme in diesem Buch wurden mit größter Sorgfalt kontrolliert. Weder Autor noch Verlag können jedoch für Schäden haftbar gemacht werden, die in Zusammenhang mit der Verwendung dieses Buches stehen.

5 4 3 2 1 0

*Dieses Buch widme ich Jessica Maldonado,
einer meiner absoluten Lieblingsgrafikerinnen.
Sie ist einer der talentiertesten, entschlossensten
und am härtesten arbeitenden Menschen,
mit denen ich je zusammenarbeiten durfte.*

Danksagung

Ich schreibe jetzt schon seit 20 Jahren Bücher und am schwierigsten finde ich dabei immer noch jedes Mal die Danksagung. Ich brauche dafür auch mehr Zeit als für die anderen Seiten im Buch. Ich persönlich nehme sie auch deshalb so ernst, weil ich dabei meine ehrliche Dankbarkeit zu Papier bringe, dass ich von so großartigen Freunden, einem tollen Buchteam und einer Familie umgeben bin, die mein Leben wirklich zur Freude macht. Das macht es so schwierig. Ich weiß auch, warum es so lange dauert – mit feuchten Augen tippt es sich bedeutend langsamer.

Meiner bemerkenswerten Ehefrau Kalebra: Wir sind jetzt schon seit 27 Jahren verheiratet und du erstaunst mich und alle um dich herum immer wieder. Ich habe noch nie einen einfühlsameren, liebevolleren, witzigeren und wahrhaft schöneren Menschen getroffen und es ist ein Segen, mit dir durchs Leben zu gehen, dich als Mutter meiner Kinder, als Geschäftspartnerin, Privatpilotin, Chinesischübersetzerin und beste Freundin zu haben. Du bist die Art Frau, für die Liebeslieder geschrieben werden, und wer mich kennt, wird dir bestätigen, dass ich zweifellos der glücklichste Mann der Welt bin.

Meinem Sohn Jordan: Jeder Vater wünscht sich, zu seinem Sohn so eine Beziehung zu haben wie ich zu dir. Ich bin so stolz darauf, was für ein aufgeschlossener, fürsorglicher und kreativer Mann du geworden bist. Ich kann kaum erwarten, welche tollen Dinge das Leben noch für dich bereithält, und du sollst einfach nur wissen, dass es für mich zu meinen größten Freuden zählt, deine persönliche Entwicklung zu beobachten.

Meinem kleinen Schatz Kira: Du bist eine kleine Kopie deiner Mutter und das ist der größte Segen, den ich mir für dich hätte wünschen können. In deinen Augen erkenne ich all ihre Gaben und jetzt kommst du in das Alter, in dem du verstehen wirst, wie gesegnet du mit Kalebra als Mutter bist. Eines Tages wirst du das noch – genau wie Jordan – auf einer ganz anderen Ebene erkennen und dann wirst du wissen, mit welch unglaublichem Geschenk Gott dich gesegnet hat.

Meinem großen Bruder Jeff. Du warst für mich immer ein Held und wirst es auch immer bleiben. Was ich bin und wo ich stehe, verdanke ich zu einem großen Teil deinem Einfluss, deiner Anleitung, Fürsorge und Liebe, während ich aufwuchs. Danke, dass du mir beigebracht hast, immer den richtigen Weg zu beschreiten, dass du immer zur rechten Zeit die rechten Worte gefunden hast, und dafür, dass du so viel von deinem Vater in dir trägst.

Ich habe unheimliches Glück, dass die Produktion meiner Bücher inhouse von zwei außergewöhnlichen Menschen abgewickelt wird, deren Talent, Leidenschaft und Arbeitsethik alle inspirieren, die sie umgeben – meine Cheflektorin Kim Doty und die Buchdesignerin Jessica Maldonado (der ich dieses Buch gewidmet habe). Ich weiß nicht, wie ich jemals ein Buch ohne dieses kreative Dreamteam veröffentlichen konnte. Sie halten mich mit ihrer gelassenen »Alles ist möglich«-Einstellung in der Spur, und mit dem Talent und dem Willen, es durchzuziehen. Ich bin auch sehr dankbar, dass die wundervolle Cindy Snyder immer noch an meinen Büchern arbeitet, obwohl wir sie nicht mehr täglich sehen (was wir aber alle vermissen – besonders an Geburtstagen [Insiderwitz]). Ich fühle mich gesegnet, dieses unglaubliche Team hinter mir zu wissen, und ich bin so stolz darauf, was ihr erreicht habt und jeden Tag aufs Neue erreicht. Danke.

Ein großes Dankeschön an meine Assistentin Lynn Miller, die mich wie eine Herde Schafe hütet, damit ich fokussiert und in der Spur bleibe, sodass ich die Zeit finde, meine Bücher zu schreiben, Zeit mit meiner Familie zu verbringen und ein Leben außerhalb der Arbeit zu führen.

Danke an Nancy Davis, meine fantastische Lektorin und Verlegerin bei Peachpit und New Riders, mit der ich sehr gerne zusammengearbeitet habe (obwohl sie Michigan-Footballfan ist) und deren Einsatz bei der Produktion toller Bücher dem Verlag zur Ehre gereicht hat. Ach, und noch etwas. #rolltide! (Sorry, das musste jetzt einfach sein.)

Danke an meine Freunde bei Adobe: Winston Henderickson, Bryan O'Neil Hughes, Mala Sharma, Terry White, Julieanne Kost, Tom Hogarty, Scott Morris, Sharad Mangalick, Russell Preston Brown, Jeff Tranberry, Bryan Lamkin und das fantastische Entwicklungsteam von Adobe (wie macht ihr das nur alle?).

Ich stehe dankbar in eurer Schuld und werde euch nie vergessen: Barbara Rice, Jill Nakashima, Nancy Aldrich-Ruenzel, Sara Jane Todd, Rye Livingston, Addy Roff, Jennifer Stern, Deb Whitman, Kevin Connor, John Nack, John Loiacono, Cari Gushiken, Jim Heiser und Karen Gauthier.

Ich möchte all den talentierten Fotografen danken, die mir über die Jahre so viel beigebracht haben, darunter:

Moose Peterson, Joe McNally, Anne Cahill, Vincent Versace, Cliff Mautner, Dave Black, Bill Fortney, David Ziser, Helene Glassman, Kevin Ames und Jim DiVitale.

Danke an meine Mentoren John Graden, Jack Lee, Dave Gales, Judy Farmer und Douglas Poole, dass ihr eure Erfahrung eingebracht und die Peitsche geschwungen habt – beides hat mir unbeschreiblich geholfen.

Und vor allem möchte ich Gott und seinem Sohn Jesus Christus danken, die mich zur Frau meiner Träume geführt und uns mit zwei wunderbaren Kindern gesegnet haben, die es mir erlaubt haben, meinen Lebensunterhalt mit einer erfüllenden Arbeit zu bestreiten, die stets da sind, wenn ich sie brauche, die mich mit einem wundervollen und glücklichen Leben sowie einer liebevollen Familie gesegnet haben.

Andere Bücher von Scott Kelby

Scott Kelbys beste Foto-Rezepte (ISBN: 978-3-86490-437-0)

Scott Kelbys Foto-Rezepte 1. 180 Wege zu professionellen Bildern (ISBN: 978-3-86490-111-9)

Scott Kelbys Foto-Rezepte 2. Noch mehr Wege zu professionellen Bildern (ISBN: 978-3-86490-163-8)

Scott Kelbys Foto-Sessions: Vom Making-of zum perfekten Bild (ISBN: 978-3-86490-219-2)

Wie mach ich das in Lightroom? Scott Kelbys beste Rezepte für Lightroom 6 und CC (ISBN: 978-3-86490-435-6)

Wie mach ich das in Photoshop? Scott Kelbys beste Rezepte für Photoshop CC (ISBN: 978-3-86490-402-8)

Inhaltsverzeichnis

Kapitel 3   **069**

Die Korrekturwerkzeuge von Camera Raw

Kapitel 4   **087**

Objektivfehler korrigieren

Spezialeffekte für Fotografen

Sieben Dinge, die Sie wissen sollten, bevor Sie dieses Buch lesen

Mir ist es wirklich sehr wichtig, dass Sie aus diesem Buch möglichst viel für sich mitnehmen können. Deshalb gebe ich Ihnen gleich zu Beginn sieben kurze Tipps, von denen Sie sonst später sagen würden: »Hätte ich die nur schon früher gekannt!« Zum Beispiel erfahren Sie, wo Sie etwas Wichtiges herunterladen können, und wenn Sie das überspringen, schreiben Sie mir am Ende eine E-Mail und sind ziemlich sauer und na ja … das wird dann jedenfalls unerfreulich. Das alles (und noch mehr) können wir uns sparen, wenn Sie sich zwei Minuten nehmen und die folgenden Punkte durchlesen. Es wird sich auszahlen.

(1) Sie müssen das Buch nicht von vorne bis hinten lesen.

Das Buch ist so aufgebaut, dass Sie direkt mit der Technik beginnen können, die Sie interessiert. Ich erkläre alles Schritt für Schritt. Wenn Sie also lernen möchten, wie Sie Sensorstaub aus einem RAW-Bild entfernen möchten, schlagen Sie Seite 52 auf und wissen es in wenigen Minuten. Zwar habe ich das Buch in einer logischen Reihenfolge geschrieben, aber das soll Sie nicht einschränken – blättern Sie einfach zur Technik, die Sie erlernen möchten. Zurückblättern und andere Projekte ausprobieren können Sie dann immer noch.

(2) Probieren Sie die Techniken mit denselben Bildern wie im Buch aus.

Wenn Sie im Buch auf eine Technik wie »Verwackelte Bilder retten« stoßen, haben Sie vielleicht gerade kein verwackeltes parat. Aus diesem Grund können Sie meine Bilder unter https://www.dpunkt.de/kelbypxps herunterladen. (Das gehört zu den Dingen, die Sie verpasst hätten, wenn Sie diesen Teil übersprungen und direkt in Kapitel 1 eingestiegen wären.)

(3) Die Fotografie entwickelt sich weiter, Photoshop entwickelt sich weiter und auch dieses Buch hat sich weiterentwickelt.

Der Photoshop-Workflow des Fotografen hat sich mit der Zeit stark verändert und in dieser Ausgabe des Buchs werden Sie *viele* Korrekturen und Retuschen in Adobe Camera Raw durchführen (dabei spielt es keine Rolle, ob Sie RAW-, JPEG- oder TIFF-Bilder bearbeiten). Der Grund ist, dass Adobe die meisten neuen Funktionen für Fotos direkt in Camera Raw integriert hat. Camera Raw stellt heute das Herzstück des Foto-Workflows in Photoshop dar und deshalb handelt fast die Hälfte des Buchs von der Arbeit in Camera Raw. Das sollten Sie von vornherein wissen. (Sie wollen ja schließlich kein veraltetes Photoshop-Buch mit dem Workflow von 2006 kaufen, sondern eines mit dem heutigen Arbeitsablauf.) Davon betroffen sind auch andere alte Photoshop-Funktionen wie etwa die Gradationskurven, die bereits 1990 in der Urversion Photoshop 1.0 enthalten waren (und sich seither kaum verändert haben). Heutzutage verwenden wir die Gradationskurven nur noch recht selten, und wenn doch, dann eher die in Camera Raw (die ich hier im Buch behandle).

(4) Am Schluss des Buchs finden Sie ein Kapitel über meinen CC-Workflow. Lesen Sie es aber jetzt noch nicht.

Am Ende des Buchs finden Sie ein spezielles Kapitel über meinen Photoshop-CC-Workflow. Aber bitte lesen Sie es erst, wenn Sie den Rest des Buchs durchgearbeitet haben: Es setzt voraus, dass Sie das Buch bereits kennen und die grundlegenden Konzepte verstanden haben. Deshalb erkläre ich in diesem Kapitel nicht alles haarklein (sonst wäre es ellenlang geworden).

(5) Die Kapiteleinleitungen sind nicht das, was sie zu sein scheinen.

Die Einleitungen sollen Ihnen eine kurze Denkpause zwischen den Kapiteln ermöglichen. Ehrlich gesagt, haben sie nur wenig mit dem Inhalt des Kapitels zu tun. Eigentlich haben sie überhaupt mit fast gar nichts etwas zu tun, aber für mich ist es eine Art Tradition geworden, diese skurrilen Kapiteleinleitungen zu schreiben (das mache ich in all meinen Büchern so). Wenn Sie also ein ernsthafter Typ sind, dann überpringen Sie sie bitte einfach, sie würden Ihnen nur auf die Nerven gehen. Die kurzen Einführungen vor den einzelnen Projekten hingegen sind ziemlich wichtig. Wenn Sie die überspringen, dann fehlen Ihnen später vielleicht Informationen, die nicht im Projekt selbst erwähnt werden. Wenn Sie also an einem Projekt arbeiten und plötzlich denken: »Warum machen wir das jetzt?«, dann haben Sie wahrscheinlich den Einführungstext übersprungen. Lesen Sie ihn also zuerst und beginnen Sie dann mit Schritt eins. Ich versichere Ihnen, das macht einen großen Unterschied!

(6) Manche Funktionen in Photoshop CC und in Camera Raw bewirken genau dasselbe.

Zum Beispiel gibt es sowohl in Camera Raw als auch in Photoshop eine Objektivkorrektur und beide sind nahezu identisch. In meinem eigenen Workflow bevorzuge ich stets Camera Raw, wenn ich genau dieselbe Aufgabe entweder in Camera Raw oder in Photoshop durchführen könnte. (a) ist Camera Raw schneller (es gibt keine Fortschrittsbalken, alles geschieht in Echtzeit), (b) ist es zerstörungsfrei (sodass ich mich später immer noch mal anders entscheiden kann) und (c) wenn Sie in RAW fotografieren, werden die Bearbeitungen auf das 16-Bit-RAW-Bild angewendet, das einen größeren Tonwertumfang besitzt. Selbst beherzte Korrekturen hinterlassen dann weniger sichtbaren Schaden am Bild. Wenn ich Ihnen also etwas in Camera Raw zeige, das auch in Photoshop geht, erwähne ich es zwar, demonstriere es aber nur in Camera Raw (weil ich selbst auch so arbeite).

(7) Was ist mit Adobe Bridge?

Adobe hat Bridge seit Jahren kein wirkliches Update mehr verpasst. Na ja, das stimmt wahrscheinlich auch nicht so ganz. Es wurden Funktionen herausgenommen und verschoben, aber davon abgesehen ist nicht viel passiert. Ich glaube, Bridge hat keine rosige Zukunft vor sich und weil es sich seit Jahren kaum verändert hat (und langsamer ist als ein asthmatisches, mit Sirup übergossenes Dreizehen-Faultier, das sich eine Sanddüne hinaufquält), behandle ich es in diesem Buch nicht mehr.

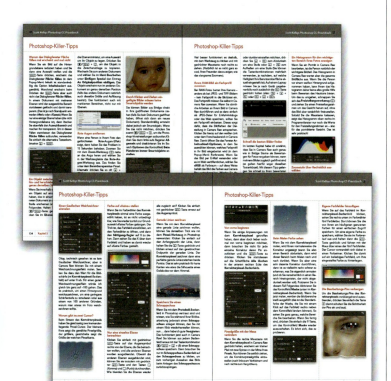

(8) In jedem Kapitel gibt es meine »Photoshop-Killer-Tipps«!

Hey, ich dachte, es sind »sieben Dinge«? Tja, dieser achte Punkt ist ein Bonus: Am Ende jedes Kapitels finden Sie einen Abschnitt namens »Photoshop-Killer-Tipps« (benannt nach dem gleichnamigen Buch, das ich vor ein paar Jahren geschrieben habe). Das sind Zeit und Arbeitsschritte einsparende Tipps, von der Sorte »Hätte ich das mal schon früher gewusst« – Tipps, die Sie dazu bringen, zu grinsen und zu nicken und direkt danach in Ihrer Eigenschaft als frischgebackener Photoshop-Guru alle Ihre Freunde anzurufen. Die Killer-Tipps gibt es zusätzlich zu all den anderen Tipps in den Kapiteln (schließlich kann man doch nie genug Tipps bekommen, oder?). Da haben Sie also die (ungefähr) sieben Dinge und sind wahrscheinlich froh, dass Sie sich ein paar Minuten Zeit genommen haben. Okay, das war's mit dem einfachen Teil. Blättern Sie um – wir machen uns an die Arbeit.

Model: Adriana　|　Belichtung: 1/50 s.　|　Brennweite: 130 mm　|　Blendenwert: ƒ/2,8

Camera-Raw-Grundlagen

Erst mal eine freundliche Vorwarnung: Ich würde an Ihrer Stelle gar nicht versuchen, diese Kapiteleinleitung zu lesen, wenn Sie Nummer fünf der »Sieben Dinge, die Sie gerne gewusst hätten...« ein paar Seiten weiter vorne noch nicht gelesen haben. Sollten Sie diesen Teil übersprungen haben – und wir wissen beide, dass es so ist –, blättern Sie zurück auf Seite xvi, lesen Sie sie und kommen Sie dann wieder hierher. Machen Sie ruhig – ich warte (leichtes Fingertrommeln). Das ging aber schnell. Haben Sie die Seite etwa nur überflogen? Stimmt doch, oder? Hey, sie ist wirklich wichtig, also lesen Sie sie noch mal richtig. Ich warte. (Keine Sorge, ich hänge immer noch in der Warteschleife von 1&1.) Okay, sind Sie wieder da? Dann wissen Sie jetzt, was auf Sie zukommt und Sie sind in der Pflicht (huh, Sie haben eine Verpflichtung!). Kennen Sie eigentlich das Album »Raw and Un-Kutt« des Rappers Kutt Calhoun? Ich kannte seine Musik bisher noch nicht. Deshalb hörte ich in ein paar seiner Tracks rein. Ich glaube, es war »Naked [Boom, Boom, Boom]«. Zufälligerweise wollte ich das Kapitel genauso nennen, bevor ich überhaupt etwas von der Existenz dieses Songs erfuhr. Alter Schwede! Er scheint sich ziemlich aufzuregen. Aber ich schweife ab. Bevor wir es zu weit treiben, möchte ich erst mal, dass Adobe zu einem ernsten Problem Rede und Antwort steht. Kennen Sie dieses kleine knopfige Teil auf den Camera-Raw-Reglern, das Sie anklicken, um den Regler zu verschieben? Manche Leute nennen es »Griff«, andere »Knopf«, einen offiziellen Namen gibt es jedoch nicht. Ich persönlich halte das für eine Farce. Alles – wirklich alles – hat in Photoshop sonst einen offiziellen Namen, den mehrere Software-Ingenieure mit diametral entgegengesetzten Ansichten in erbitterten Debatten ausgefochten haben. Nur dieser obskure Knopf nicht. Da wurde mir schlagartig klar, dass der Name dieses knopfigen Dings noch frei ist. Wie ein unentdeckter Planet oder ein neues Parfum (»Splendifiquois: der neue Duft von L'Oréal«). Ich wusste aber, dass ich mir einen Namen ausdenken musste, der noch für nichts anderes verwendet wird, und das ist nicht so einfach, wie man meinen könnte, weil sehr viele Dinge im Leben bereits einen Namen haben. Dann kam mir die Erleuchtung: Es gibt ein völlig fiktives Wort, das keine echte Bedeutung hat, aber ein wichtiger Teil der amerikanischen Rock-Kultur ist: Pompatus. Wie klingt das: »Klicken Sie auf den Lichter-Pompatus und ziehen Sie ihn auf +0,25.« Das klingt amtlich! Ja, es soll von nun an Pompatus heißen. Und denken Sie daran, ich, Maurice, habe diesen Namen gefunden. (Na ja, … »some people call me Maurice. 'Cause I speak of the pompatus of love.«) Wow – das Wort funktioniert wirklich überall: »Geben Sie nicht so an, Sie Pompatus.«

Verschiedene Bildarten in Camera Raw öffnen

Adobe Camera Raw war zwar ursprünglich zum Entwickeln von RAW-Bildern aus Ihrer Kamera gedacht, aber Sie können damit ebenso gut auch JPEG- und TIFF-Fotos bearbeiten. Ein großer und häufig komplett verkannter Vorteil ist dabei, dass Sie mit Camera Raw wesentlich einfacher und schneller ansprechende Bilder bekommen als mit irgendeiner anderen Methode. Die Anpassungen in Camera Raw sind einfach, sofort wirksam und lassen sich wieder vollständig zurücknehmen. Deshalb ist Camera Raw fast unschlagbar. Vor der Bearbeitung müssen Sie Ihre Bilder aber zuerst in diesem Programm öffnen.

RAW-Bilder öffnen:

Camera Raw wurde zum Öffnen von RAW-Bildern entwickelt. Bei einem Doppelklick auf eine RAW-Datei in Adobe Bridge oder einfach in einem Ordner Ihres Dateisystems wird daher zunächst Photoshop gestartet und das Bild dann automatisch in Camera Raw geöffnet (die vollständige, offizielle Bezeichnung ist Adobe Camera Raw, aber in diesem Buch schreibe ich einfach nur kurz »Camera Raw«, weil … nun … weil wir das Programm eben so nennen). Hinweis: Wenn Sie auf ein RAW-Bild doppelklicken und dieses nicht in Camera Raw geöffnet wird, dann achten Sie darauf, die aktuellste Version von Camera Raw zu verwenden. RAW-Bilder der neuesten Kameramodelle lassen sich auch nur mit einer aktuellen Camera-Raw-Version öffnen.

JPEG- und TIFF-Bilder aus Bridge heraus öffnen:

Eine JPEG- oder TIFF-Datei können Sie ganz leicht aus Bridge heraus öffnen: Entweder klicken Sie das Bild an und drücken ⌘/Strg + R oder Sie öffnen das Popup-Menü mit einem Rechtsklick auf die Datei und wählen dann **In Camera Raw öffnen**.

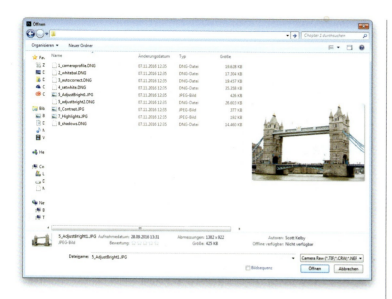

JPEG- und TIFF-Bilder vom Computer aus öffnen:

Um eine JPEG- oder TIFF-Datei direkt vom Computer aus zu öffnen, gehen Sie so vor: Auf einem Mac gehen Sie ins Menü **Datei** von Photoshop und wählen **Öffnen**. Im Dialogfenster **Öffnen** klicken Sie dann Ihr JPEG-Bild an (eine TIFF-Datei ginge auch, aber in diesem Beispiel bleiben wir bei JPEG). In dem Popup-Menü Format steht nun JPEG. Halten Sie über diesem Menü die Maustaste gedrückt und wählen Sie **Camera Raw** aus. Klicken Sie nun auf die Schaltfläche **Öffnen**, um Ihr JPEG-Bild in Camera Raw zu öffnen. In Windows gehen Sie einfach ins Menü **Datei** von Photoshop und wählen **Öffnen als**, dann suchen Sie das gewünschte JPEG- oder TIFF-Bild im Dateisystem, schalten in dem Popup-Menü unten rechts auf **Camera Raw** um und klicken auf **Öffnen** (siehe nebenstehende Abbildung).

Mehrere Bilder öffnen:

Um mehrere RAW-Fotos in Camera Raw zu öffnen, markieren Sie sie zuerst entweder in Bridge oder in einem Verzeichnis auf Ihrem Computer und führen Sie dann einen Doppelklick auf eine der Dateien aus. Daraufhin werden sie alle in Camera Raw geöffnet und erscheinen in einem Filmstreifen entlang der linken Seite des Camera-Raw-Fensters, so wie hier gezeigt. JPEG- oder TIFF-Dateien wählen Sie dagegen zuerst in Bridge aus und drücken dann ⌘/Strg + R. Vom Mac Finder oder Windows Explorer aus können Sie nicht mehrere JPEG- oder TIFF-Bilder gleichzeitig öffnen; dazu müssen Sie Bridge verwenden. Verwenden Sie einfach die Pfadleiste in Bridge, um den Speicherort der Bilder anzusteuern.

JPEG- und TIFF-Bilder in Camera Raw bearbeiten:

Eine Sache gibt es bei der Bearbeitung von JPEG- und TIFF-Dateien in Camera Raw zu beachten: Wenn Sie nach Ihren Bildanpassungen auf die Schaltfläche **Bild öffnen** klicken, wird das Bild in Photoshop geöffnet (so, wie Sie es erwarten würden). Wollen Sie die Änderungen aus Camera Raw jedoch einfach nur speichern, ohne das Bild in Photoshop zu öffnen, klicken Sie stattdessen auf die Schaltfläche **Fertig**, so wie hier gezeigt. Ihre Änderungen werden dann gespeichert. Einen großen Unterschied gibt es aber zwischen der Bearbeitung eines JPEG- oder TIFF-Bilds und der eines RAW-Bilds. Wenn Sie die Schaltfläche **Fertig** anklicken, verändern Sie tatsächlich die Pixel der originalen JPEG- oder TIFF-Datei, was bei Bildern im RAW-Format nicht der Fall wäre (das ist ein großer Vorteil von RAW-Aufnahmen). Auch wenn Sie auf die Schaltfläche **Bild öffnen** klicken und Ihr JPEG- oder TIFF-Bild damit in Photoshop öffnen, bearbeiten Sie fortan die tatsächlichen Bilddaten. Nur damit Sie es wissen.

Die beiden Camera Raws:

Und ich habe noch eine wichtige Information für Sie: Tatsächlich gibt es zwei Camera Raws – eines in Photoshop und ein weiteres in Bridge. Der Vorteil von zwei eigenständigen Camera-Raw-Instanzen kommt zum Tragen, wenn Sie viele RAW-Fotos bearbeiten (oder speichern). Sie können diese Stapelverarbeitung in der Bridge-Version von Camera Raw laufen lassen und gleichzeitig in Photoshop etwas anderes tun. Wenn Sie in Ihrem Workflow hauptsächlich die Bridge-Version von Camera Raw einsetzen, dann sollten Sie vielleicht mit ⌘/Strg + K die Bridge-Voreinstellungen aufrufen, links auf **Allgemein** klicken und dann das Kontrollfeld **Camera Raw-Einstellungen in Bridge per Doppelklick bearbeiten** aktivieren (so wie hier gezeigt). Doppelklicken Sie nun auf ein RAW-Foto in Bridge, dann wird es in der Bridge-Version von Camera Raw geöffnet statt in derjenigen von Photoshop.

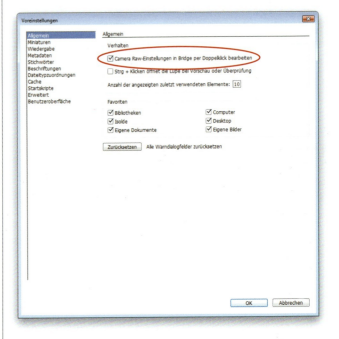

Vermissen Sie den JPEG-Look?
Probieren Sie, ein Kameraprofil anzuwenden

Haben Sie sich schon mal gefragt, warum RAW-Bilder auf dem Kamera-LCD gut aussehen, im Camera-Raw-Fenster dann jedoch flau wirken? Das LCD zeigt immer eine JPEG-Vorschau an, auch wenn Sie im RAW-Modus fotografieren. Ihre Kamera führt also automatisch eine Farbkorrektur durch, schärft das Bild usw. Bei RAW-Aufnahmen sagen Sie der Kamera: »Schalte die Farbkorrekturen und die Scharfzeichnung aus und lasse das Bild komplett unbearbeitet, ich entwickle es dann selbst.« Wenn Sie trotzdem den korrigierten JPEG-Look als Ausgangspunkt für Ihre RAW-Bearbeitung bevorzugen, dann können Sie dem über Kameraprofile ziemlich nahekommen.

Schritt eins:

Klicken Sie im oberen Bedienfeldbereich auf das Symbol **Kamerakalibrierung** (das dritte Symbol von rechts) und klicken Sie im Abschnitt **Kameraprofil** auf das Popup-Menü **Name**. Sie erhalten eine Liste von Kameraprofilen für Ihre spezielle Kamera (Camera Raw liest die im Bild eingebetteten EXIF-Daten aus und erkennt so Ihren Kameratyp). Wenn Sie zum Beispiel mit Canon fotografiert haben, dann sehen Sie eine Liste der kameraeigenen Bildstile (wie hier gezeigt), die Sie im JPEG-Modus Ihrer Kamera auf Ihr Bild hätten anwenden können. Wie bereits weiter oben erklärt, ignoriert Camera Raw diese Kameraprofile bei RAW-Aufnahmen. Wenn Sie Nikon oder eine andere Kameramarke verwenden, sieht die Liste etwas anders aus, aber das Grundprinzip ist dasselbe.

Schritt zwei:

Das Standardprofil ist **Adobe Standard**. Was denken Sie, steht das Wort »Standard« jemals für »herausragend«? In der Regel wohl eher nicht und deshalb empfehle ich Ihnen, die verschiedenen Profile in dieser Liste auszuprobieren und zu sehen, welches Ihnen gefällt. Ich würde wenigstens so wie hier gezeigt auf **Camera Standard** umschalten. So erhalten Sie meiner Meinung nach meist eine bessere Ausgangsposition.

Schritt drei:

Je nach Foto ist **Camera Standard** vielleicht nicht die richtige Wahl. Als Fotograf müssen Sie diese Entscheidung aber selbst und nach Ihrem eigenen Geschmack treffen. Für Aufnahmen aus einer Canon-Kamera lande ich meist entweder bei **Camera Standard** oder bei **Camera Landscape**. Letzteres Profil sieht für mich am ehesten aus wie die JPEGs auf der Rückseite der Kamera. Aber nochmal, wenn Sie keine Canon-Kamera haben, steht **Landscape** vielleicht gar nicht mit zur Auswahl (Canon- und Nikon-Kameras haben jeweils fünf Bildstile). Wenn Sie keine Kamera von Canon oder Nikon oder einer Handvoll anderer Hersteller verwenden, dann bleibt Ihnen nur noch **Adobe Standard** und vielleicht **Camera Standard** zur Auswahl. Mit dem kostenlosen DNG Profile Editor von Adobe können Sie aber auch eigene Profile anlegen. Zum Download finden Sie ihn unter http://kel.by/dngprofile.

Schritt vier:

Hier ist ein Vorher/Nachher-Bild, an dem nur eine Veränderung getroffen wurde: Ich habe **Camera Landscape** ausgewählt (so, wie in dem Popup-Menü in Schritt drei gezeigt). Wie gesagt soll dieses Profil die Farbwiedergabe des kamerinternen Profils wiedergeben, das Sie auch bei der Aufnahme hätten wählen können. Wenn Sie sich in Camera Raw also ein ähnliches Aussehen als Ausgangspunkt wünschen, probieren Sie es aus. In Camera Raw können Sie ja außerdem auch mehrere Bilder gleichzeitig öffnen. Sie könnten also einige hundert Bilder öffnen, dann oben links auf das Symbol rechts des Filmstreifens klicken und Alles auswählen wählen. Wenn Sie dann das Kameraprofil für das erste markierte Bild umschalten, wird es automatisch auch auf alle anderen markierten Bilder angewendet. Nun brauchen Sie nur noch auf die Schaltfläche **Fertig** zu klicken.

Vorher: Mit dem voreingestellten Profil Adobe Standard

Nachher: Mit dem Profil Camera Landscape

Camera Raw wie einen Filter verwenden

Okay, ich bespreche diese Funktion zuerst, weil ich mir schon seit Jahren gewünscht habe, bereits in Photoshop geöffnete Bilder erneut in Camera Raw öffnen zu können. Früher mussten Sie ein in Photoshop geöffnetes Bild zuerst abspeichern und schließen, ehe Sie es nochmals in Camera Raw bearbeiten konnten. Dann mussten Sie die Datei im Öffnen-Dialogfenster auf Ihrem Computer suchen, das Format in Camera Raw ändern, um dann schließlich das Bild zu öffnen. Jetzt geht das endlich mit einem einzigen Klick, als würden Sie einen beliebigen anderen Filter anwenden..

Schritt eins:

Wenn Sie ein Bild bereits in Photoshop geöffnet haben und es in Camera Raw bearbeiten möchten, wählen Sie einfach im den Eintrag **Camera-Raw-Filter** (so wie hier gezeigt).

Schritt zwei:

Das Camera-Raw-Fenster öffnet sich und Sie können jetzt nach Belieben Ihre Veränderungen treffen. Klicken Sie anschließend einfach auf **OK** und schon sind Sie wieder in Photoshop und Ihre Änderungen aus Camera Raw wurden übernommen. Aber Vorsicht: Wenn Ihr Bild bereits in Photoshop geöffnet ist, dann ist es kein RAW-Foto mehr, selbst wenn es von der Kamera ursprünglich im RAW-Format aufgenommen wurde. Camera Raw geht also nicht zurück zur ursprünglichen RAW-Datei, sondern greift auf das bereits in Photoshop geöffnete 8- oder 16-Bit-Foto zu und öffnet dieses. Das ist grundsätzlich nichts Schlechtes und es funktioniert auch so, wie es soll, aber ich wollte das nur erwähnt haben, falls Sie sich fragen, was genau dahintersteckt.

Den Weißabgleich einstellen

Wenn Sie schon einmal ein Foto in geschlossenen Räumen aufgenommen haben, dann hatte dieses womöglich einen gelb-lichen Farbstich. In einem Büro haben Sie vielleicht auch eher einen Grünstich erhalten. Haben Sie ein Porträt im Schatten aufgenommen, dann wahrscheinlich mit einem Blaustich im Bild. Diese Weißabgleichsprobleme lassen sich vermeiden, indem wir den Weißabgleich in der Kamera richtig einstellen – die Fotos sehen dann einfach normal aus. Die meisten von uns belassen den Weißabgleich aber auf Automatik, weil das ja meist gut funktioniert, und da passiert so etwas eben. Zum Glück können wir die Probleme ziemlich leicht beheben.

Schritt eins:

Den Weißabgleich stelle ich meist als ers-ten Schritt meines Camera-Raw-Workflows ein, weil ein korrekter Weißabgleich 99 % der Farbprobleme unmittelbar beseitigt. Oben im Register **Grundeinstellungen** (rechts im Camera-Raw-Fenster) liegen die Weißab-gleich-Regler. Rechts vom Wort »Weißab-gleich« finden Sie ein Popup-Menü (hier rot eingekreist dargestellt), in dem standardmä-ßig der Wert »Wie Aufnahme« eingestellt ist (Sie sehen also den Weißabgleich, den Sie bei der Aufnahme in Ihrer Kamera eingestellt hat-ten). Ich habe Innenaufnahmen bei normaler Innenraumbeleuchtung gemacht, daher war mein Weißabgleich auf Glühlampenlicht ein-gestellt. Dann wechselte ich jedoch in einen Raum mit Tageslicht, ohne meinen Weiß-abgleich umzuschalten, sodass die ersten paar Aufnahmen einen bläulichen Farbstich aufweisen (so wie hier zu sehen – argh) und deshalb ist der Weißabgleich total daneben.

Schritt zwei:

Es gibt drei Methoden, um den Weißabgleich in Ihrem Foto zu ändern. Bei der ersten wählen Sie einfach eine der Weißabgleichvorgaben aus. Mehr braucht es oft gar nicht, um den Weißabgleich Ihres Bilds zu korrigieren. Klicken Sie einfach in das Popup-Menü **Weißabgleich** und Sie erhalten eine Liste von Weißabgleicheinstellungen, die Sie auch in der Kamera hätten auswählen können. Wählen Sie einfach die Einstellung, die der ursprünglichen Beleuchtungssituation bei der Aufnahme am ehesten entspricht (wenn Sie das Foto zum Beispiel im Schatten eines Baums aufgenommen haben, wählen Sie die Voreinstellung **Schatten**. Ich habe hier alle Vorgaben durchprobiert und **Tageslicht** schien mir am besten auszusehen – der Blaustich verschwindet. (Anmerkung: In diesem Bereich liegt der wichtigste Unterschied zwischen der Bearbeitung von RAW-Dateien und JPEG- oder TIFF-Bildern. Nur für RAW-Fotos erhalten Sie die komplette Liste der Weißabgleichvorgaben. Für JPEGs oder TIFFs können Sie nur zwischen **Wie Aufnahme** und **Automatisch** auswählen.)

Schritt drei:

Bei der zweiten Methode verwenden Sie die Regler **Farbtemperatur** und **Farbton**, die sich unterhalb des Menüs mit den Weißabgleichvorgaben befinden. Die den Reglern hinterlegten Balken haben eine Farbskala, sodass Sie erkennen, in welche Richtung Sie für eine bestimmte Bildfärbung ziehen müssen. Ich verwende gerne eine der Vorgaben, um einen guten Ausgangspunkt zu bekommen, und wenn die Farben dann immer noch ein klein wenig zu blau oder zu gelb wirken, ziehe ich die Regler in die entgegengesetzte Richtung. In diesem Beispiel kommt die Vorgabe Tageslicht dem gewünschten Ergebnis schon recht nahe, aber sie ist immer noch etwas zu bläulich. Also habe ich den **Farbtemperatur**-Regler etwas in Richtung Gelb gezogen und den **Farbton**-Regler minimal in Richtung Grün.

Schritt vier:

Hier sind noch ein paar Kleinigkeiten zur manuellen Einstellung des Weißabgleichs mithilfe der **Farbtemperatur**- und **Farbton**-Regler: Wenn Sie einen der Regler verschoben haben und sich dann wünschen, ihn gar nicht bewegt zu haben, führen Sie einfach einen Doppelklick direkt auf den kleinen »Reglerknopf« aus und er springt zurück auf die vorherige Position. Ich verwende übrigens meist nur den **Farbtemperatur**-Regler. Den **Farbton**-Regler muss ich fast nie anrühren. Um den Weißabgleich komplett auf die Ausgangswerte zurückzusetzen, können Sie außerdem einfach **Wie Aufnahme** aus dem Popup-Menü **Weißabgleich** auswählen (so wie hier gezeigt).

Schritt fünf:

Die dritte Methode gefällt mir selbst am besten und ich wende sie auch am häufigsten an – die Einstellung des Weißabgleichs mit dem **Weißabgleich**-Werkzeug **(I)**. Diese Methode ist vielleicht auch am genauesten, weil sie den Weißabgleich direkt aus dem Foto selbst bestimmt. Klicken Sie in der Werkzeugleiste am oberen Fensterrand einfach auf das Weißabgleich-Werkzeug (hier rot eingekreist) und anschließend auf einen Bereich in Ihrem Foto, der hellgrau sein sollte – korrekt, Sie stellen den richtigen Weißabgleich ein, indem Sie auf etwas Hellgraues klicken. Klicken Sie mit dem Werkzeug also, wie hier gezeigt, auf den Träger des Kleids und es stellt den Weißabgleich für Sie ein. Wenn Sie mit dem Ergebnis nicht zufrieden sind, klicken Sie einfach auf einen anderen hellgrauen Bildbereich.

TIPP: Weißabgleich schnell zurücksetzen

Um den Weißabgleich schnell auf die Einstellung **Wie Aufnahme** zurückzusetzen, genügt ein Doppelklick auf das Weißabgleich-Werkzeug oben in der Werkzeugleiste.

Schritt sechs:

Die Sache ist die: Auch wenn Sie so einen absolut präzisen Weißabgleich erhalten können, muss er deshalb noch nicht unbedingt gut aussehen. Der Weißabgleich ist eine kreative Entscheidung und das Wichtigste ist, dass Ihnen das Bild gefällt. Tappen Sie also nicht wie viele andere auch in diese Falle: »Mir gefällt der Weißabgleich nicht, aber ich weiß ja, dass er korrekt ist«. Stellen Sie Ihren Weißabgleich nach eigenem Gutdünken ein. Letztlich entscheiden Sie. Sie sind der Fotograf. Es ist Ihr Bild, also lassen Sie es bestmöglich aussehen. Präzise bedeutet nicht unbedingt auch gut. Sie können das Popup-Menü **Weißabgleich** übrigens auch mit einem Rechtsklick auf Ihr Bild öffnen (so wie hier gezeigt).

Schritt sieben:

Hier sehen Sie eine Vorher/Nachher-Ansicht, die verdeutlicht, wie viel ein guter Weißabgleich ausmacht (für eine schnelle Vorher/Nachher-Ansicht Ihres veränderten Weißabgleichs drücken Sie die Taste P auf Ihrer Tastatur, mit der Sie die Vorschau ein- und ausschalten).

TIPP: Graukarte verwenden

Damit Sie das neutrale Hellgrau in Ihren Bildern leichter finden können, sollten Sie eine Graukarte verwenden. Sobald die Beleuchtung steht, geben Sie sie Ihrem Model für eine Aufnahme in die Hand. Dann öffnen Sie dieses Foto in Camera Raw und klicken mit dem Weißabgleich-Werkzeug auf die Karte im Bild, um sofort den Weißabgleich einzustellen. Jetzt wenden Sie diesen Weißabgleich auch auf alle anderen mit dieser Beleuchtung aufgenommenen Bilder an (mehr dazu erfahren Sie im nächsten Kapitel).

*Vorher: Der Weißabgleich **Wie Aufnahme** weist einen Blaustich auf*

*Nachher: Mit dem **Weißabgleich**-Werkzeug genügt ein Klick und alles stimmt.*

Vorher/Nachher-Ansicht in Camera Raw

Vor Photoshop CC war die Betrachtungsmöglichkeit von Vorher/Nachher-Ansichten der Änderungen in Camera Raw bestenfalls unpraktisch oder schlimmstenfalls auch völlig verwirrend. Das lag vor allem daran, dass beim Ein- und Ausschalten des Kontrollfelds Vorschau keine vollständige Vorher/Nachher-Ansicht Ihrer Korrekturen angezeigt wurde, sondern immer nur die Änderungen im aktuellen Bedienfeld berücksichtigt wurden. Glücklicherweise wurde diese Funktion in der CC-Version nun aus Lightroom übernommen und es gibt jetzt sinnvolle Vorher/Nachher-Ansichten mit zahlreichen Optionen.

Schritt eins:

Wenn Sie einige Anpassungen durchgeführt haben und sehen möchten, wie Ihr Bild zuvor ausgesehen hatte (das Vorher-Bild), drücken Sie einfach die Taste P auf Ihrer Tastatur. Die Vorher-Ansicht verwende ich in meinem Workflow am häufigsten. Um zum Nacher-Bild zurückzukehren, drücken Sie erneut P. Wenn Sie beide Versionen nebeneinander vergleichen möchten, klicken Sie auf das Vorher/Nachher-Ansichten-Symbol (rot eingekreist) oder drücken Sie die Taste Q, um die hier gezeigte Darstellung zu erhalten, bei der links das Vorher- und rechts das Nachher-Bild mit Ihren Anpassungen angezeigt wird (hier habe ich ein paar einfache Anpassungen getroffen und noch kleinere Retuschen mit dem **Korrekturpinsel** durchgeführt). *Hinweis:* Immer wenn Sie die Q-Taste drücken, schalten Sie zu einer anderen Ansicht um.

Schritt zwei:

Weniger gut gefällt mir an dieser Nebeneinander-Darstellung, dass sie zwar toll für Bilder im Hochformat funktioniert, aber für Bilder im Querformat die Vorschaubereiche doch recht klein sind. Sie können das ändern: Sobald Sie sich in der Ansicht befinden, drücken Sie einfach ⌘/Strg + +, um in beide Bilder hineinzuzoomen, so wie Sie es hier sehen. Mit jedem neuen Tastendruck zoomen Sie noch weiter hinein. Wenn Ihnen die Vergrößerung ausreicht, können Sie Ihr Bild verschieben. Klicken Sie dazu einfach in eines der beiden Bilder (der Mauszeiger wird dabei zum **Hand**-Werkzeug) und ziehen Sie das Bild in eine beliebige Richtung. Um wieder herauszuzoomen, drücken Sie ⌘/Strg + -, bis Sie weit genug herausgezoomt haben.

Schritt drei:

Als weitere Vorschauoption gibt es eine geteilte Ansicht, in der die linke Bildhälfte als Vorher- und die rechte als Nachher-Version angezeigt wird, so wie hier dargestellt. In diesem Modus können Sie dann buchstäblich die Seiten wechseln, sodass sich die Nachher-Ansicht links und die Vorher-Ansicht rechts befindet (aus der Vorher/Nachher-Ansicht wird dann also eine Nachher/Vorher-Ansicht). Klicken Sie hierzu auf das Symbol rechts vom Vorher/Nachher-Symbol unterhalb Ihrer Bildvorschau (hier ist es rot eingekreist dargestellt). Wenn Sie noch ein Symbol weiter rechts klicken, werden die aktuellen Einstellungen als neue Vorher-Version übernommen. Mit dem äußersten rechten Symbol können Sie exklusiv die im aktuellen Bedienfeld getroffenen Veränderungen anzeigen, so wie es früher in Camera Raw immer der Fall war. Wenn Sie lange auf das erste Symbol klicken (das wie ein großes »Y« aussieht), erscheint wie hier gezeigt ein Popup-Menü, aus dem Sie die verschiedenen Vorher/Nachher-Ansichten auswählen können.

Schritt vier:

Wenn Sie erneut ⓠ drücken, wechseln Sie zur Ansicht **Vorher/Nachher Oben/Unten**. Hier sieht das etwas gruselig aus, weil der Vorher-Kopf aus dem Nachher-Kopf herauswächst. Drücken Sie noch ein letztes Mal die Taste ⓠ, so gelangen Sie zur Ansicht **Teilung Vorher/Nachher Oben/Unten**. Neben diesen ganzen Tastenkürzeln und Ansichten können Sie das Anzeigeverhalten außerdem auch ganz gut steuern, wenn Sie nochmals das Popup-Menü aus Schritt drei aufrufen und dann **Vorschau-Einstellungen** wählen, um das unten gezeigte Dialogfenster aufzurufen. In der ersten Spalte können Sie beliebige, für Sie uninteressante Ansichtsmodi, durch Deaktivieren der Kontrollfelder unterdrücken (ich selbst nutze nur die **Vergleichsansicht Links/Rechts**). In der zweiten Spalte können Sie wählen, ob eine Trennlinie zwischen den Bildversionen erscheinen soll und ob die Beschriftungen Vorher/Nachher angezeigt werden sollen.

Ihre Fotos automatisch von Camera Raw korrigieren lassen

Falls Sie nicht jedes einzelne Bild manuell korrigieren möchten, bietet Camera Raw auch eine Autokorrekturfunktion. Mit einem Mausklick versucht diese, die Gesamtbelichtung Ihres Bilds (inklusive Kontrast, Lichtern, Tiefen usw.) zu korrigieren. In der aktuellen Entwicklungsstufe von Camera Raw funktioniert das tatsächlich gar nicht mal so schlecht. Wenn Ihnen die Ergebnisse gefallen, können Sie in den Voreinstellungen von Camera Raw angeben, dass jedes Foto beim Öffnen in Camera Raw automatisch mit dieser Funktion bearbeitet werden soll. Außerdem können Sie jetzt auch einzelne Autokorrekturen anwenden.

Schritt eins:

Wenn Sie ein Bild in Camera Raw geöffnet haben, können Sie auf die (hier rot eingekreiste) **Automatisch**-Schaltfläche klicken. Camera Raw versucht dann, mit den Bedienelementen im Register **Grundeinstellungen** die Gesamtbelichtung für Sie einzustellen. In älteren Versionen von Camera Raw war diese Autokorrekturfunktion – na ja, sagen wir mal, sie war nicht wirklich überragend. Seither hat sie sich aber stark verbessert und inzwischen verrichtet sie eine ganz ordentliche Arbeit (besonders dann, wenn Sie einmal nicht mehr richtig weiterwissen). Klicken Sie also auf **Automatik** und schauen Sie, wie es aussieht. Sind Sie nicht überzeugt, kein Problem – drücken Sie einfach ⌘/Strg + Z, um das Ganze wieder rückgängig zu machen.

Schritt zwei:

Sie können in Camera Raw einstellen, dass jedes neu geöffnete Bild einer automatischen Farbkorrektur unterzogen wird. Klicken Sie dazu einfach auf das Voreinstellungen-Symbol oben in der Werkzeugleiste von Camera Raw (das ist das dritte Symbol von rechts). Im Dialogfenster aktivieren Sie dann das Kontrollfeld **Automatische Farbkorrektur anwenden** (hier eingekreist dargestellt) und klicken auf **OK**. Nun untersucht Camera Raw jedes Foto und probiert es zu korrigieren. Wenn Ihnen die Anpassungen nicht gefallen, klicken Sie einfach auf die Schaltfläche **Standard** rechts neben der Schaltfläche **Automatisch** (Letztere ist dann ausgegraut, weil die **Automatik**-Funktion bereits angewendet wurde).

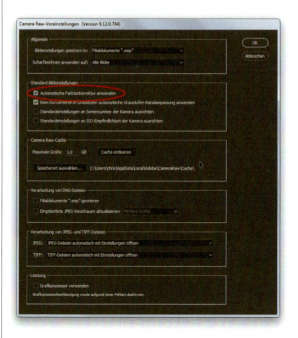

Schritt drei:

Die Automatikfunktion erzielt teilweise eine recht gute Bildbelichtung, aber manchmal ist sie aber einfach nur schrecklich. Sagen wir, Sie haben ein Bild, das absichtlich recht dunkel ist, wie etwa ein Low-Key-Bild oder eine Aufnahme vor einem schwarzen Hintergrund. Wenn Sie dann die **Automatik**-Schaltfläche anklicken, möchte Camera Raw das Bild zu einer Tageslichtaufnahme machen und das ist einfach nur katastrophal. Dieses Bild hier wurde jedoch etwas abgedunkelt und das ist gar nicht so schlecht.

Schritt vier:

Das Problem beim Betätigen der **Automatik**-Schaltfläche ist, dass Automatische Tiefen, Automatische Lichter und überhaupt alle Automatikfunktionen angewendet werden. Adobe hat in Camera Raw aber auch eine Möglichkeit eingebaut – oder eher versteckt –, um einzelne Autokorrekturen etwa für Farbtemperatur und Farbton anzuwenden sowie den Weiß- und den Schwarzpunkt automatisch zu bestimmen (das sehen wir uns später in diesem Kapitel noch an). Das entspricht also in etwa einem automatischen Weißabgleich und einer automatischen Tonwertkorrektur, aber eben alle einzelnen Komponenten für sich. Sie können beispielsweise eine separate Autokorrektur für den Farbton und eine für die Farbtemperatur anwenden. Sie müssen nicht beide zugleich durchführen. Dasselbe gilt für Weiß und Schwarz. Ich habe hier wieder die Standardwerte eingestellt, damit wir das ausprobieren können.

Schritt fünf:

Probieren wir es also mit Weiß und Schwarz. Sie müssen lediglich die ⇧-Taste gedrückt halten und einen Doppelklick auf den **Weiß**-Regler ausführen. Schon setzt Camera Raw den Weißpunkt für Sie. Fertig. Eingestellt. Genauso verfahren Sie mit dem **Schwarz**-Regler. Peng – die Schwarzwerte sind eingestellt. Sehen Sie sich den Unterschied mit nur diesen zwei Einstellungen an, das funktioniert hier richtig gut.

Schritt sechs:

Für einen automatischen Weißabgleich gehen Sie einfach nach oben, halten die ⇧-Taste gedrückt und führen einen Doppelklick auf den **Farbtemperatur**-Regler aus. Wenn Sie den Farbton anpassen müssen, verfahren Sie dort ebenso. Wenn das zu einem unerwünschten Ergebnis führt, lassen Sie die ⇧-Taste los und führen Sie einen weiteren Doppelklick auf den Regler-Knopf aus. Dieser kehrt dann zu seinem Ursprungswert zurück. Sie können es also zu keinem Zeitpunkt völlig verpatzen. Diese Funktion ist zwar recht versteckt, aber meiner Meinung nach sehr leistungsfähig.

Mein Spickzettel für die Bildbearbeitung

Hier betrachten wir einmal kurz die Regler im Register **Grundeinstellungen** von Camera Raw (das ist keine »offizielle« Beschreibung, sondern es sind nur meine Gedanken dazu). Bei Ihren Bildkorrekturen werden Sie wahrscheinlich die meiste Zeit über mit den Grundeinstellungen arbeiten. Was auch wichtig zu wissen ist: Wenn Sie einen Regler nach rechts ziehen, wird das Bild aufgehellt oder der Effekt verstärkt. Ziehen Sie ihn nach links, führt das zu einer Abdunkelung oder Abschwächung des Effekts.

Automatische Tonwertanpassung

Klicken Sie auf die Schaltfläche **Automatisch**, damit Camera Raw automatisch versucht, das Bild für Sie abzustimmen. Manchmal funktioniert das toll und manchmal … na ja, eher nicht ganz so gut. Falls Sie nicht wissen, wo Sie beginnen sollen, probieren Sie diese Funktion aus. Eventuell bekommen Sie so einen guten Ausgangspunkt. Falls nicht, klicken Sie einfach rechts davon auf die Schaltfläche **Standard**.

Allgemeine Belichtung

Die beiden Regler **Belichtung** und **Kontrast** erledigen den größten Teil der Schwerstarbeit hinsichtlich der Korrektur Ihrer Bilder. **Belichtung** steuert die allgemeine Helligkeit Ihres Fotos, Sie werden diesen Regler also fast immer einsetzen, zumindest in geringem Maße. Sobald Sie die richtige Einstellung gefunden haben, erhöhen Sie den **Kontrast** (ich senke den Kontrast selten bis gar nicht ab).

Probleme

Diese vier Regler verwende ich bei Problemen. Den **Lichter**-Regler setze ich ein, wenn die hellsten Bildbereiche zu hell sind oder bei einem viel zu hellen Himmel. Der **Tiefen**-Regler kann die dunkelsten Bereiche meines Bilds öffnen und »im Schatten versunkene« Details plötzlich wieder sichtbar machen – das ist toll, um Gegenlichtaufnahmen zu reparieren. Die beiden Regler **Weiß** und **Schwarz** sind vor allem für Leute, die es von der Tonwertkorrektur in Photoshop her gewöhnt sind, den Weiß- und den Schwarzpunkt zu setzen. Wenn Sie nicht dazu gehören, dann übergehen Sie diese Regler wahrscheinlich.

Feinschliff

Diese Effektregler erhöhen den Tonwertkontrast und machen Ihre Farben lebhafter (oder nehmen Farbe aus dem Bild).

Weiß- und Schwarzpunkt einstellen

Eine gute Möglichkeit für optimale Ergebnisse in der Bildbearbeitung ist es, den Tonwertbereich des Bilds durch Schwarz- und Weißpunkt zu erweitern. Photoshop-Anwender nutzen hierzu schon seit Jahren die Tonwertkorrektur. Wir verwenden nun den **Weiß**- und den **Schwarz**-Regler. Die Weißtöne verstärken wir so weit wie möglich, ohne dass dabei die Lichter ausfressen, und ebenso die Schwarztöne, wobei hier die dunkelsten Farbtöne nicht zulaufen sollten – ich persönlich gehe hier allerdings manchmal auch etwas über die Grenze hinaus. So erhalten wir einen stark vergrößerten Tonwertbereich.

Schritt eins:

Hier ist das Originalbild, das, wie Sie sehen, ziemlich flau wirkt. So eine flaue Aufnahme ist ein perfekter Kandidat zur Erweiterung des Tonwertbereichs durch Einstellen des Weiß- und des Schwarzpunkts (direkt im Register **Grundeinstellungen** unter den Reglern für Lichter und Tiefen).

Schritt zwei:

Ziehen Sie zuerst den **Weiß**-Regler so weit nach rechts, bis Sie das »Weiße Todesdreieck« (ähm, ich meine das weiße dreieckige Übersteuerungswarnsymbol) in der rechten oberen Ecke des Histogramms (ganz oben im Bedienfeldbereich) sehen, und nehmen Sie die Einstellung dann wieder etwas zurück, bis das Dreieck wieder schwarz ausgefüllt ist. Weiter sollten Sie es nicht treiben, sonst bekommen Sie ausgefressene Lichter und verlieren Bildinformationen (siehe Seite 23 für mehr Informationen zu ausgefressenen Lichtern). Ebenso können Sie mit dem **Schwarz**-Regler verfahren, den Sie allerdings nach links ziehen müssen, bis die Tiefen-Übersteuerungswarnung in der linken oberen Ecke des Histogramms auf Weiß umschaltet, um mehr Schwarztöne ins Bild zu bekommen und den Tonwertbereich zu vergrößern. Ich finde, ein Foto sollte immer einige tiefschwarze Bereiche haben. Wenn die Tiefen also minimal übersteuern, das Bild für mich so aber besser aussieht, dann bleibe ich dabei. Das wollte ich nur gesagt haben. Hier übersteuere ich die Tiefen jedenfalls leicht und für mich sieht das so immer noch gut aus.

Schritt drei:

Für eine Vorschau übersteuerter Bildbereiche halten Sie beim Ziehen des **Weiß**- oder **Schwarz**-Reglers die [Alt]-Taste gedrückt. Im Fall des **Weiß**-Reglers wird das Bild dann schwarz (so wie hier dargestellt). Sobald Sie nach rechts ziehen, werden alle Bildbereiche, die in einem bestimmten Kanal zu übersteuern beginnen, in der entsprechenden Farbe angezeigt. Das ist noch nicht ganz so kritisch. Wenn also nur der Rotkanal beschnitten wird, erscheinen einzelne Bildbereiche in Rot. Tauchen (so wie hier dargestellt) Gelb oder Blau auf, dann übersteuern nur diese Kanäle. Das lasse ich meist noch so durchgehen. Sobald aber die ersten weißen Bildbereiche erscheinen, übersteuern alle drei Kanäle, und ich weiß, dass ich zu weit gegangen bin. Dann ziehe ich den Regler etwas zurück nach links. Halten Sie die [Alt]-Taste beim Bedienen des **Schwarz**-Reglers gedrückt, ist es genau umgekehrt. Das Bild wird weiß dargestellt und beim Ziehen nach links erscheinen einzelne Bildbereiche entweder in der Farbe des übersteuernden Kanals oder in Schwarz, falls alle Kanäle übersteuern.

Schritt vier:

Jetzt habe ich Ihnen die manuelle Einstellung des Weiß- und des Schwarzpunkts in Ihrem Bild und die Verwendung der [Alt]-Taste zur Verhinderung von Übersteuerung erläutert. Ich selbst lasse Camera Raw diese Einstellung aber automatisch treffen. Korrekt, Camera Raw kann sowohl den Weiß- als auch den Schwarzpunkt automatisch für Sie setzen und es reizt dabei auch die Reglereinstellungen gerade so aus, dass keine Beschneidung auftritt (manchmal werden die Tiefen etwas beschnitten, aber Sie kennen meine Meinung dazu schon). Und so funktioniert die automatische Einstellung: Halten Sie einfach die [⇧]-Taste gedrückt und führen Sie dann einen Doppelklick auf den Knopf des **Weiß**-Reglers aus. Damit wird Ihr Weißpunkt eingestellt. Doppelklicken Sie entsprechend den **Schwarz**-Regler, um den Schwarzpunkt zu setzen. Ja, so einfach geht das und so läuft auch mein Workflow. Wenn sich übrigens einer der Regler bei einem Doppelklick mit gedrückter [⇧]-Taste überhaupt nicht mehr bewegt, dann ist er bereits optimal ausgesteuert.

Die allgemeine Helligkeit anpassen

Nach dem Weißabgleich und dem Setzen des Weiß- und des Schwarzpunkts möchte ich mich um die Belichtung des Fotos kümmern. Da wir den Towertbereich des Bilds bereits aufgeweitet haben, genügt beim Belichtungsregler meist eine kleinere Auslenkung nach rechts oder nach links, um die Mitteltöne etwas heller oder dunkler zu machen. Wenn Sie den Weiß- und den Schwarzpunkt im Vorfeld einstellen, ist das fast wie ein »Feintuning« der Belichtung. Haben Sie die Punkte noch nicht gesetzt, dann wird dies hier Ihre wichtigste Belichtungseinstellung, weil Sie damit einen großen Teil der Mitteltöne beeinflussen, inklusive der oberen Tiefen und der unteren Lichter.

Schritt eins:

Bei diesem Bild erkennen Sie, dass ich die Belichtung bei der Aufnahme völlig versemmelt habe – das Foto ist total überbelichtet (ich hatte Innenaufnahmen mit hoher ISO-Einstellung gemacht und draußen dann vergessen, diese wieder zurückzunehmen).

Schritt zwei:

Zunächst einmal sollten wir den Weiß- und den Schwarzpunkt einstellen. Dazu halten wir die ⌥-Taste gedrückt und führen jeweils einen Doppelklick auf den **Weiß**-Regler (für den Weißpunkt) und auf den **Schwarz**-Regler (für den Schwarzpunkt) aus. Im letzten Projekt hatten wir uns erst damit befasst. Um das Bild jetzt insgesamt abzudunkeln, ziehen Sie den **Belichtung**-Regler nach links, bis die Belichtung für Sie gut aussieht. Ich habe ihn hier bis auf -1,10 heruntergezogen. Ein Weg, das Belichtungsproblem in Schritt eins festzustellen (abgesehen von der ohnehin ganz offensichtlichen Überbelichtung der Aufnahme) war ein Blick in die obere rechte Ecke des Histogramms, in der eine Warnung zur Lichterbeschneidung erscheint (ich nenne sie »Weißes Todesdreieck«). Diese teilt Ihnen mit, dass Ihr Bild in einigen Bereichen so hell geworden ist, dass darin keine Details mehr enthalten sind. Um diesem Problem Herr zu werden, hilft es manchmal nur, die Belichtung zu reduzieren. Wenn das aber nicht funktioniert, müssen Sie den **Lichter**-Regler etwas verstellen (siehe Seite 23 für weitere Informationen zur Korrektur der Lichter) – das funktioniert super im Zusammenspiel mit dem **Belichtung**-Regler.

Schritt drei:

Natürlich können Sie das Bild mit dem **Belichtung**-Regler nicht nur abdunkeln, sondern ebenso auch aufhellen. Zum Glück, denn dieses Bild hier ist viel zu dunkel, also unterbelichtet. Alle Regler im Register **Grundeinstellungen** haben übrigens den Ausgangswert Null und je nachdem, in welche Richtung Sie ziehen, können Sie eine bestimmte Korrektur stärker oder schwächer anwenden. Wenn Sie zum Beispiel den Regler **Sättigung** nach rechts ziehen, werden die Farben in Ihrem Bild lebhafter. Ziehen Sie ihn nach links, werden die Farben blasser (je weiter Sie nach links ziehen, desto stärker wird das Bild entsättigt, bis Sie schließlich ein Schwarzweißbild erhalten). Sehen wir uns jetzt aber an, wie wir dieses furchtbar unterbelichtete Bild in den Griff bekommen können. (Dieses Mal kann ich Ihnen keinen tollen Grund für die Unterbelichtung nennen. Ich habe die Aufnahme einfach verhauen.)

Schritt vier:

Um das Bild aufzuhellen, setzen Sie zunächst den Weiß- und den Schwarzpunkt und ziehen dann den **Belichtung**-Regler so weit nach rechts, bis Sie mit der allgemeinen Bildhelligkeit zufrieden sind. In diesem Fall musste ich den Regler bis auf +1,35 ziehen. Natürlich brauchen solche Bilder noch viel mehr Arbeit, bis sie unseren Vorstellungen entsprechen. Auf Seite 26 mache ich zum Beispiel mit dem ersten Bild weiter. Aber jetzt haben wir die Grundhelligkeit eingestellt und haben damit einen sehr guten Ausgangspunkt für weitere Korrekturen bei Kontrast, Lichtern und Tiefen, die ich Ihnen im Rest des Kapitels erläutere.

Kontrast erhöhen

Wir bekommen jeden Monat Hunderte Einsendungen für die Rubrik »Blind Photo Critiques« in unserer wöchentlichen Foto-Talkshow *The Grid*. Wenn ich das größte Problem herausstellen müsste, das ich in den meisten dieser Fotos sehe, dann betrifft das nicht den Weißabgleich oder die Belichtung. Vielmehr wirken die Bilder flau, es fehlt also jede Menge Kontrast. Das ist definitiv das Hauptproblem und zugleich ist es auch besonders einfach zu beheben. (Natürlich kann es auch etwas komplexer werden, je nachdem, wie weit Sie es damit treiben wollen.) Ich bespreche hier eine einfache Methode und befasse mich im nächsten Kapitel mit einer fortgeschritteneren Technik.

Schritt eins:

Hier ist unser flaues, lebloses Bild. Ehe wir den Kontrast erhöhen, also die hellsten Bildberei-che noch heller und die dunkelsten Bereiche noch dunkler machen, erzähle ich erst einmal, warum Kontrast so wichtig ist: Wenn Sie den Kontrast verstärken, werden (a) die Farben lebhafter, wird (b) der Tonwertbereich vergrö-ßert und erscheint (c) das Bild dadurch schärfer und knackiger. Das ist eine ganze Menge für einen einzigen Regler, aber er ist tatsächlich so wirkungsvoll (meiner Meinung nach ist es einer der am meisten unterbewerteten Regler in Camera Raw).

Schritt zwei:

Ich habe hier lediglich den **Kontrast**-Regler nach rechts gezogen (auf +85). Sehen Sie sich den Unterschied an. Das Bild hat nun alle oben erwähnten Qualitäten: Die Farben sind leb-hafter, der Tonwertumfang ist größer und das ganze Bild wirkt schärfer und knackiger. Diese Korrektur ist enorm wichtig, besonders bei RAW-Aufnahmen, die sämtliche Kontrastein-stellungen Ihrer Kamera ignorieren, die sonst bei JPEG-Aufnahmen zum Tragen kommen. RAW-Bilder wirken frisch aus der Kamera also kontrastärmer und es ist ziemlich wich-tig, dass wir ihnen den fehlenden Kontrast zurückgeben. Dazu genügt dieser eine Reg-ler. Ich bewege ihn übrigens niemals nach links, um den Konrast zu reduzieren, sondern immer nur nach rechts, um mehr Kontrast zu erhalten.

Problemen mit ausgefressenen Lichtern begegnen

Ein potenzielles Problem, auf das wir achten müssen, ist die Lichterbeschneidung. Diese liegt vor, wenn einige der Lichter in einem Bild so hell werden, dass diese Bereiche überhaupt keine Details mehr enthalten. Kein einziges Pixel. Nur gähnende Leere. Das kann entweder bereits bei der Aufnahme geschehen oder weil Sie das Bild hier in Camera Raw aufgehellt haben. Diese Beschneidung tritt bei Fotos schöner Wolkenhimmel, weißer Sportbekleidung, heller, wolkenloser Himmel und bei vielen anderen Gelegenheiten auf. Ihre Aufgabe ist es, dieses häufige Problem zu beheben und überall im Bild Detailzeichnung zu gewährleisten. Keine Sorge, das geht ganz einfach.

Schritt eins:

Dies ist eine Studioaufnahme. Unser Model trägt einen weißen Mantel und zudem habe ich die Aufnahme auch ein wenig überbelichtet. Das muss noch nicht unbedingt heißen, dass eine Lichterbeschneidung vorliegt, aber Camera Raw wird uns eine Warnung ausgeben, falls dem so ist. Wir erhalten dann eine weiße, dreieckige Beschneidungs-Warnung (hier rot eingekreist) in der oberen rechten Ecke des Histogramms. Dieses Dreieck ist normalerweise schwarz ausgefüllt, was dann bedeutet, dass alles in Ordnung ist – keine Lichterbeschneidung. Ändert es seine Farbe in Rot, Gelb oder Blau, dann gibt es eine Beschneidung, aber nur in einem bestimmten Farbkanal. Das ist für mich noch kein echtes Alarmsignal. Ist das Symbol aber komplett weiß (so wie hier gezeigt), dann haben wir ein Problem und müssen uns darum kümmern.

Schritt zwei:

Okay, in unserem Bild gibt es ein Problem, aber wo genau? Um den genauen Ort der Beschneidung im Bild herauszufinden, klicken Sie das weiße Dreieck direkt an oder drücken Sie die Taste [O] auf Ihrer Tastatur. Alle Bereiche mit ausgefressenen Lichtern werden jetzt hellrot dargestellt (so wie hier bestimmte Teile des Mantels, die stark übersteuert sind). In diesem Bereich gibt es *keinerlei* Details, keine Pixel und nichts, solange wir uns nicht darum kümmern.

Schritt drei:

Manchmal genügt es schon, die Belichtung etwas zurückzunehmen, um die Beschneidung zu entfernen. In unserem Fall ist das Foto sowieso etwas überbelichtet, also fangen wir dort an. Hier habe ich den **Belichtung**-Regler nach links auf −0,40 gezogen, um die Belichtung insgesamt abzudunkeln. Das sieht jetzt schon ganz gut aus, aber das Beschneidungsproblem ist immer noch fast unvermindert vorhanden. In diesem Fall war das Foto ohnehin etwas zu hell und konnte von der abgedunkelten Gesamtbelichtung profitieren. Aber was, wenn das Foto korrekt belichtet ist? Wenn Sie das Bild dann mit dem **Belichtung**-Regler abdunkeln, wird es lediglich zu dunkel – oder unterbelichtet – aussehen, also brauchen wir einen anderen Ansatzpunkt. Etwas, das nur auf die Lichter wirkt und nicht die komplette Belichtung beeinflusst. Wir wollen die ausgefressenen Lichter loswerden und nicht das Foto im Ganzen abdunkeln.

Schritt vier:

Verwenden wir nun den **Lichter**-Regler. Wenn Sie ein Übersteuerungsproblem wie hier haben, stellt er Ihre erste Abwehrlinie dar. Ziehen Sie ihn einfach etwas nach links, bis die rote Beschneidungswarnung im Bild verschwindet (so wie hier, wo ich den Regler auf −30 gezogen habe). Die Warnfunktion ist immer noch aktiviert, aber durch das Ziehen des **Lichter**-Reglers nach links haben wir das Beschneidungsproblem behoben und die fehlenden Details wiederhergestellt, sodass es nun keine übersteuerten Bildbereiche mehr gibt. Ich nutze den **Lichter**-Regler *sehr viel* in Aufnahmen mit hellem Himmel und flauschigen Wolken.

TIPP: Toll für Landschaftsbilder

Wenn Sie das nächste Mal ein Landschafts- oder Reisefoto mit langweiligem Himmel vor sich haben, ziehen Sie den **Lichter**-Regler ganz nach links. Das wirkt meist Wunder auf Himmel und Wolken und Sie bekommen jede Menge Detailzeichnung und Definition. Wirklich ein sehr praktischer kleiner Tipp.

Die Tiefen öffnen (wie mit einem »Fülllicht-Regler«)

Wenn Sie eine Gegenlichtaufnahme haben, bei der Sie fast nur noch eine Silhouette erkennen, oder wenn Teile des Bilds so dunkel sind, dass alle Details in den Tiefen versinken, dann wartet bereits Hilfe in Form eines einzigen Reglers auf Sie. Der **Tiefen**-Regler wirkt Wunder beim Öffnen dunkler, zugelaufener Tiefen und wirft etwas Licht auf das eigentliche Motiv – fast so, als hätten Sie einen Blitz als Fülllicht eingesetzt.

Schritt eins:

Hier haben wir eine Gegenlichtaufnahme von unserem Model. Unser Auge passt sich erstaunlich gut an solche Lichtverhältnisse und einen derart großen Tonwertumfang im Blickfeld an. Sobald wir aber den Auslöser betätigen, erhalten wir eine Gegenlichtaufnahme, in der sich unser Model in den Tiefen befindet, so wie hier zu sehen. Bei aller Qualität der heutigen Kameras – es sind die besten, die es je gab – können sie es immer noch nicht mit dem unglaublichen Dynamikbereich des menschlichen Auges aufnehmen. Sie brauchen sich also nicht schlecht zu fühlen, wenn Sie einige Gegenlichtaufnahmen wie diese produzieren, zumal Sie gleich lernen werden, wie einfach sie zu korrigieren sind. (Hinweis: Sie können das Problem auch mit der Tiefen/Lichter-Einstellung in Photoshop beheben, aber viel einfacher geht es hier in Camera Raw.)

Schritt zwei:

Ziehen Sie den **Tiefen**-Regler einfach nach rechts. Die Änderung wirkt sich nur auf die Tiefen in Ihrem Bild aus. Wie Sie hier sehen, können Sie die Tiefen dadurch hervorragend öffnen und Bilddetails hervorbringen, die vorher in den Schatten versunken waren. *Hinweis:* Manchmal, wenn Sie den Regler wirklich ganz nach rechts ziehen müssen, kann das Bild etwas flau wirken. Wenn das geschieht, erhöhen Sie einfach den Kontrast. Ziehen Sie den entsprechenden Regler dazu nach rechts, bis Sie wieder genug Kontrast im Foto sehen. Das wird nicht sehr häufig vorkommen, aber wenn doch, dann wissen Sie jetzt, dass Sie Kontrast zurück ins Bild bringen müssen, um das Gleichgewicht wiederherzustellen.

Alle Puzzleteile zusammenfügen
(Eine kurze Bildkorrektur von Anfang bis Ende)

Okay, die wichtigsten Regler zur Bildbearbeitung im **Grundeinstellungen**-Register von Camera Raw haben wir fast fertig abgearbeitet. Ehe wir zum nächsten Bildkorrekturkapitel übergehen, ist es aber sicher ganz gut, all diese Regler einmal im Zusammenspiel zu betrachten. Laden Sie sich also dieses Bild herunter und machen Sie mit (den Download-Link finden Sie ganz vorne im Buch im Teil »Sieben Dinge, die Sie wissen sollten ...«, den Sie ja übersprungen haben).

Schritt eins:

Erinnern Sie sich an dieses Bild aus dem Belichtungsprojekt weiter vorne im Kapitel? Wir werden jetzt noch mehr als nur die allgemeine Helligkeit korrigieren. Wenn ich ein korrekturbedürftiges Bild in Camera Raw vor mir sehe, dann stelle ich mir immer eine Frage: »Was würde ich mir an diesem Bild anders wünschen?« Vielleicht hilft Ihnen das auch. Denn sobald Sie die Antwort kennen, bietet Ihnen Camera Raw alle benötigten Einstellungsregler, das ist dann also der leichte Teil. Viel schwieriger ist es, sich nach jedem Schritt zurückzulehnen, das Bild zu analysieren und sich diese eine Frage zu stellen. Ich würde mir an dem Bild wünschen, dass es nicht mehr so hell ist, also fangen wir damit an.

Schritt zwei:

Setzten Sie zunächst den Weiß- und den Schwarzpunkt im Bild, indem Sie die ⎇-Taste gedrückt halten und jeweils den Weiß- und den **Schwarz**-Regler doppelklicken. Um das Bild insgesamt abzudunkeln, ziehen Sie den **Belichtung**-Regler nach links, bis das Bild gut aussieht. Ich bin nicht ganz so weit gegangen wie zuvor (hier habe ich den Regler bis auf −0,90 gezogen), weil ich jetzt für einzelne Bereiche noch andere Regler einsetzen will. Jetzt wirkt das Bild auf mich etwas flau, also erhöhe ich den Kontrast. Dazu ziehe ich den **Kontrast**-Regler etwas nach rechts (auf +55). Dann wende ich den im Lichterprojekt auf Seite 23 erwähnten Tipp an und verbessere den Wolkenhimmel, indem ich den **Lichter**-Regler nach links auf −30 ziehe. Der Himmel ist nun nicht mehr ganz so hell und die Wolken haben eine bessere Detailzeichnung.

Schritt drei:

Wenn wir das Bild in Schritt zwei betrachten, sehen wir, dass viele Details der Brücke und der Gebäude am Flussufer in den Tiefen untergehen. Diese Details werde ich nun also wiederherstellen, indem ich den **Tiefen**-Regler nach rechts ziehe (hier bin ich bis +35 gegangen). Als ich das Bild zum ersten Mal angesehen habe, wusste ich, dass ich diese Tiefen öffnen würde (ich arbeite oft mit dem **Tiefen**-Regler), und deshalb habe ich den **Belichtung**-Regler zu Beginn nicht ganz so weit gezogen. Das ist jetzt schon ganz gut, aber ein paar abschließende Korrekturen könnten das Bild noch etwas farbenfroher machen und die Details und die Texturen insgesamt verbessern. *Hinweis:* Diese Regler für den »Feinschliff« behandle ich im folgenden Kapitel ebenfalls noch ausführlicher.

Schritt vier:

Um die Textur der Brücke, der Gebäude und des Flusses herauszubringen, habe ich die **Klarheit** etwas angehoben. Stadtansichten wie diese hier lieben **Klarheit** und um ehrlich zu sein, hätte ich damit noch viel weiter als bis +38 gehen können. Wahrscheinlich wären auch locker +50 möglich gewesen und es hätte immer noch nicht schlecht ausgesehen. Vielleicht sogar mehr. Solche Fotos mit vielen feinen Details profitieren sehr von **Klarheit** und Scharfzeichnung. Zu guter Letzt sind die Farben in diesem Bild sehr gedämpft. Unter dem wolkenverhangenen Himmel will ich die Farben aber auch nicht »herausstechen« lassen, etwas lebhafter sollten sie aber schon noch werden. Also habe ich den **Dynamik**-Regler auf +35 gezogen. Das ganze Prozedere dauert vielleicht eine Minute. Nachdenken dauert viel länger, als die Regler zu verschieben. Für den Feinschliff des Fotos würde ich definitiv noch einige weitere Maßnahmen ergreifen, aber dazu gibt es wie gesagt im nächsten Kapitel mehr. Hey, das ist doch ein Grund zur Vorfreude. :)

Photoshop-Killer-Tipps

Das Camera-Raw-Fenster komplett überspringen

Wenn Sie ein RAW-Foto schon bearbeitet haben, dann soll sich die Datei vielleicht nicht jedes Mal aufs Neue im Camera-Raw-Fenster öffnen. Halten Sie dann beim Doppelklick auf die Datei in Bridge einfach die ⌥-Taste gedrückt, um das Bild ohne Umschweife in Photoshop zu öffnen. Hierbei werden Ihre letzten Änderungen bereits berücksichtigt. Wenn Sie noch keine Änderungen in Camera Raw vorgenommen haben, öffnet sich das Bild mit den Standardeinstellungen von Camera Raw. In beiden Fällen sparen Sie eine Menge Zeit.

Bildgröße ablesen

Die Größe Ihres Fotos und weitere Informationen werden als weiß unterstrichener Text unter dem Vorschaubereich von Camera Raw angezeigt. Wenn Sie einen Freistellungsrahmen aufziehen, wird die Größeninformation für das Foto automatisch aktualisiert und zeigt Ihnen die Größe des aktuell markierten Bereichs an.

Lassen Sie sich nicht von der Schaltfläche Standard in die Irre führen

Wenn Sie nach Ihrer Bildbearbeitung in Camera Raw doch lieber nochmals von vorne beginnen möchten, dann gelangen Sie über die Schaltfläche **Standard** im Register **Grundeinstellungen** (links von der Schaltfläche **Automatisch**) nicht zur Bildversion zurück, die Sie ursprünglich geöffnet hatten. Hierzu müssen Sie stattdessen das Flyout-Menü von Camera Raw öffnen und dort **Camera Raw-Standards** auswählen. Sie können auch die ⎇-Taste gedrückt halten, um die Schaltfläche **Abbrechen** in eine **Zurücksetzen**-Schaltfläche zu verwandeln.

Mehrere Bilder bei der Bearbeitung in Camera Raw löschen

Wenn Sie mehrere Bilder in Camera Raw geöffnet haben, dann können Sie einzelne davon im Filmstreifen auf der linken Seite markieren und dann die ⌫-Taste auf Ihrer Tastatur drücken. Auf diesen Bildern erscheint dann ein rotes »X«. Wenn Sie Ihre Arbeit in Camera Raw beendet haben, klicken Sie auf die Schaltfläche **Fertig**. Die zum Löschen vorgemerkten Bilder werden automatisch in den Papierkorb verschoben. Um die Markierung zu entfernen, wählen Sie die Bilder erneut aus und drücken nochmals die ⌫-Taste.

Cooler Trick zur RAW-Retusche

Eine ziemlich gängige Retusche-Technik in Photoshop zur Reduzierung von Spitzlichtern in Gesichtern ist, das Spitzlicht mit dem **Reparatur-Pinsel** komplett zu entfernen und dann im Menü **Bearbeiten** den Eintrag Verblassen: **Reparatur-Pinsel** auszuwählen und dort die Deckkraft zu verringern. Ein kleiner Hauch des Spitzlichts wird wieder sichtbar, sodass es eher wie ein Glanzlicht aussieht (das funktioniert tatsächlich ziemlich gut). In Camera Raw können Sie mit dem auf **Reparieren** eingestellten

Photoshop-Killer-Tipps

Makel-entfernen-Werkzeug ähnlich verfahren. Entfernen Sie dazu den Hotspot (oder die Sommersprosse oder die Falte) und nutzen Sie dann den **Deckkraft**-Regler im Bedienfeld **Makel entfernen**.

Den Vorschaubereich vergrößern

Wenn Sie mehrere Bilder in Camera Raw geöffnet haben und Sie mehr Platz für die Vorschau des Bilds benötigen, an dem Sie gerade arbeiten, führen Sie einfach einen Doppelklick auf den kleinen Trennbalken zwischen Filmstreifen und Vorschaubereich aus. Der Filmstreifen klappt dann nach links ein und macht Platz für eine größere Vorschau. Ein weiterer Doppelklick auf den Trennbalken bringt den Filmstreifen wieder zum Vorschein – er befindet sich jetzt ganz links am Rand des Camera-Raw-Fensters und klappt sich dann wieder aus.

Bewerten Sie Ihre Bilder in Camera Raw

Sie brauchen nicht nach Bridge zu wechseln, um Bewertungssterne zu vergeben oder zu verändern. Wenn Sie mehrere Bilder geöffnet haben, können Sie das auch direkt in Camera Raw erledigen. Drücken Sie dazu einfach (⌘)/(Strg) + (1), + (2), + (3) und so weiter, um die entsprechenden Sterne (bis zu 5) zu vergeben. Sie können auch direkt auf die fünf kleinen Punkte unterhalb der Miniaturansichten im Filmstreifen auf der linken Seite klicken.

Freistellen mit der Drittelregel

Hier hat sich Adobe beim Schwesterprogramm von Camera Raw, Photoshop Lightroom bedient, denn Sie können ebenso wie in Lightroom das »Drittelregel«-Raster über dem Beschnittrahmen einblenden. Dazu genügt es, das **Freistellungswerkzeug** in der Werkzeugleiste längere Zeit anzuklicken und dann im Menü den Eintrag **Überlagerung anzeigen** auszuwählen.

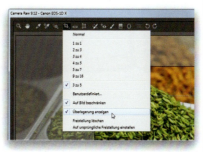

Camera Raw in den Vollbildmodus schalten

Wenn Sie Ihr Bild in Camera Raw so groß wie möglich sehen möchten, drücken Sie einfach die Taste F und Camera Raw geht in den erweiterten Vollbildmodus. Das Fenster füllt Ihren Monitor jetzt komplett aus und Sie erhalten eine größere Bildansicht.

Tastenkürzel zur Beurteilung der Scharfzeichnung

Ihren Scharfzeichnungseffekt überprüfen Sie am besten bei einer Vergrößerungsstufe von 100%. Die wiederum stellen Sie am schnellsten mit einem Doppelklick auf das **Zoom**-Werkzeug ein.

Sie wissen nicht, wo Sie mit der Bildbearbeitung beginnen sollen? Probieren Sie es mit den Autokorrekturen

Adobe hat die Autokorrekturfunktionen für Gradationskurven und Tonwertkorrektur deutlich verbessert. So bekommen Sie oft eine ziemlich gute Ausgangsposition zur Bildbearbeitung – besonders wenn Sie ein kniffeliges Bild haben und nicht ganz sicher sind, wo Sie anfangen sollen.

Location: City of Arts and Sciences, Valencia, Spanien | Belichtung: 2 s. | Brennweite: 14 mm | Blendenwert: ƒ/7,1

Camera Raw – über die Grundlagen hinaus

Nur damit Sie es wissen: In einer etwa 80 Bücher zurückreichenden Tradition beschäftige ich mich in jeder Kapiteleinleitung mit einem Filmtitel, einem Songtitel oder einer Fernsehsendung. Hier habe ich mich für den Film »Beyond the Reach«, auf Deutsch »In der Schusslinie«, mit Michael Douglas aus dem Jahr 2014 entschieden. Er spielt darin einen rücksichtslosen Geschäftsmann und Jeremey Irvine spielt den anderen Kerl. Ich finde, dass es insgesamt ein ziemlich schlechter Film ist, und zwar wegen einer Kritik von Joe Neumaier in der *New York Daily News*. Der schrieb: »Der Titel dieser pompösen Verfolgungsjagd könnte passender nicht sein; fast alles verfehlt sein Ziel.« Ich zog daraus einen klaren Schluss: Ich muss verhindern, dass Joe Neumaier dieses Buch rezensiert – keines meiner Bücher, so wahr mir Gott helfe. Erstens verwendet er den Begriff »pompös«, bei dem ich zuerst dachte, es sei ein Wort, das sich die Steve-Miller-Band ausgedacht hatte, aber Google (die erste Instanz für solche Sachen) schreibt dazu: »Adjektiv [nicht steig.] abwertend: übertrieben prachtvoll.« Autsch! Joe hat

dieser Film wirklich nicht gefallen. Nun, Michael Douglas (ein weltberühmter Schauspieler, der sogar gleich zwei Oscars gewonnen hat) hat mir gegenüber zahlreiche Vorzüge: Ich bin nur nicht Michael Douglas, sondern habe auch nur einen einzigen Oscar, und zwar für den besten Nebendarsteller in meinem Leinwanddebut als tunesischer Staubsaugerverkäufer Armani Yogamat im hochgelobten Indie-Film *Eat. Spray. Lunch* (der Film spielte nicht das ein, was sich das Studio erhofft hatte, und deshalb wurde die Fortsetzung *Drink. Spay. Neuter* direkt auf DVD veröffentlicht). Man bat mich, in der Fortsetzung wieder den Armani Yogamat zu spielen, aber ich war bereits bei den Kostümproben für die Broadway-Adaption von *Grand Budapest Marriott* und musste deshalb absagen. Wie auch immer, wenn Joe einen hochklassigen Thriller mit dem zweifachen Oscar-Gewinner Michael Douglas und diesem anderen Kerl völlig verreißen kann, dann möchte ich auf keinen Fall, dass er eines meiner Bücher rezensiert oder liest oder auch nur zufällig an einem Laden vorbeiläuft, der meine Bücher verkauft oder verleiht.

Mehrere Fotos auf einmal bearbeiten

Eine der besten Funktionen von Camera Raw ist die Möglichkeit, ein Foto zu bearbeiten und genau dieselben Bearbeitungen dann einer Reihe ähnlicher oder unter ähnlichen Bedingungen fotografierter Bilder zuzuweisen. Diese Automatisierung kann Ihnen bei der Optimierung Ihrer Bilder unglaublich viel Zeit sparen.

Schritt eins:

Damit dies funktioniert, müssen Sie alle Bilder unter ähnlichen Lichtbedingungen fotografiert haben bzw. es müssen alle Bilder ein ähnliches Problem aufweisen. Wählen Sie zunächst in Bridge die gewünschten Bilder aus (klicken Sie eines davon an, halten Sie die ⌘/Strg-Taste gedrückt und klicken Sie dann auf alle übrigen Bilder. Wenn es sich um RAW-Bilder handelt, doppelklicken Sie einfach auf eines davon – sie öffnen sich in Camera Raw. JPEG- oder TIFF-Bilder müssen Sie hingegen auswählen und dann ⌘/Strg + R drücken oder im oberen Bereich des Bridge-Fensters auf das Symbol **In Camera Raw öffnen** klicken.

Schritt zwei:

Jetzt sehen Sie an der linken Fensterseite von Camera Raw einen Filmstreifen mit allen Bildern, die Sie ausgewählt hatten. Sie haben nun zwei Möglichkeiten. Keine von beiden ist falsch, aber ich finde die zweite schneller (ich erkläre sie gleich). Beginnen wir aber mit der ersten: Klicken Sie im Filmstreifen auf ein Bild, dann nehmen Sie die gewünschten Anpassungen vor. Ich habe hier den **Weißabgleich**, die **Belichtung**, den **Kontrast**, die **Lichter**, **Weiß** und **Schwarz** justiert.

Schritt drei:

Sobald eines der Fotos gut aussieht, drücken Sie ⌘/Strg + A oder klicken im linken oberen Fensterbereich auf das Symbol neben **Filmstreifen** und wählen **Alles auswählen**. Alle Fotos im Filmstreifen sind nun ausgewählt. Sie sehen jedoch, dass das von Ihnen bearbeitete Bild »am stärksten« ausgewählt ist: Ein hervorgehobener Rahmen umgibt es. Öffnen Sie das Menü erneut und wählen Sie **Einstellungen synchronisieren**. Das nun angezeigte Dialogfenster **Synchronisieren** (siehe untere Abbildung) enthält eine Liste mit allen Anpassungen, die Sie von dem »am stärksten« ausgewählten Bild übernehmen und auf die restlichen ausgewählten Bilder anwenden können. Wählen Sie aus dem Popup-Menü am oberen Rand die Option **Grundeinstellungen**. Dadurch werden alle Kontrollfelder bis auf die des Registers **Grundeinstellungen** deaktiviert.

Schritt vier:

Mit einem Klick auf die Schaltfläche **OK** werden die Einstellungen des Registers **Grundeinstellungen** vom »am stärksten« ausgewählten Bild auf die übrigen Bilder übertragen (im Filmstreifen erkennen Sie, dass alle Fotos nun angepasste Einstellungen haben). Okay – was habe ich gegen diese Technik? Nun, sie funktioniert zwar, aber sie braucht zu viele Klicks und Entscheidungen und Kontrollfelder. Und deshalb ziehe ich die nächste Methode vor.

TIPP: Nur ausgewählte Fotos bearbeiten

Möchten Sie nicht alle, sondern nur bestimmte in Camera Raw geöffnete Fotos bearbeiten, klicken Sie im Filmstreifen mit gedrückter ⌘/Strg-Taste auf die gewünschten Bilder und wählen Sie **Einstellungen synchronisieren**.

Schritt fünf:

Bei der zweiten Methode wählen Sie aus dem Flyout-Menü des Filmstreifens **Alles auswählen**. Alle geöffneten Bilder werden ausgewählt. Anschließend nehmen Sie die gewünschten Änderungen vor. Während Sie die Änderungen an dem »am meisten« ausgewählten Bild vornehmen, werden alle anderen Bilder fast sofort mit Ihren neuen Einstellungen aktualisiert. Sie müssen sich also nicht merken, welche Änderungen Sie zugewiesen haben: Wenn Sie einen Regler bewegen, werden auch alle anderen Bilder auf dieselbe Weise bearbeitet. Sie brauchen das Dialogfenster **Synchronisieren** demnach überhaupt nicht. Probieren Sie beide Methoden aus und prüfen Sie, welche Ihnen mehr zusagt. Kommt es auf Geschwindigkeit an, wird Ihnen die zweite Methode wahrscheinlich sehr viel besser gefallen.

Vorher

Nachher

Details und Struktur mit dem Klarheit-Regler verbessern

Das ist eine meiner Lieblingsfunktionen in Camera Raw. Immer, wenn ich sie in einem Kurs zeige, höre ich unweigerlich »Ooooh« und »Aaaah«. Ich glaube, das liegt daran, dass Sie nur einen einzigen Regler benutzen und Ihrem Bild dennoch so viel Biss verleihen können. Prinzipiell erhöht der **Klarheit**-Regler (der Name ist sehr treffend) den Mitteltonkontrast, sodass Ihr Bild knackiger wirkt, ohne dass es im eigentlichen Sinn geschärft wird. Ich erhöhe die Klarheit immer dann deutlich, wenn ich die Bildstruktur verbessern will. Das funktioniert bestens bei Landschaften, Architektur, Reisefotos und Männerporträts – immer dann, wenn eine Verstärkung der Struktur gut wirkt.

Schritt eins:

Sie finden den **Klarheit**-Regler im unteren Bereich des **Grundeinstellungen**-Bedienfelds von Camera Raw – direkt über dem **Dynamik**- und dem **Sättigung**-Regler. Damit Sie die Auswirkungen des **Klarheit**-Reglers deutlich erkennen können, zoomen Sie zunächst auf 100 % ein. Dazu doppelklicken Sie auf das **Zoomwerkzeug** in der Werkzeugleiste (es sieht wie eine Lupe aus). Im hier gezeigten Beispiel zoome ich nur auf 25 % ein, damit Sie mehr vom Bild erkennen können.

Schritt zwei:

Der **Klarheit**-Regler lässt sich ganz einfach anwenden: Ziehen Sie ihn einfach nach rechts, um Ihrem Bild mehr Biss zu verleihen (den Mitteltonkontrast zu verstärken). Vergleichen Sie dazu die obere und die untere Abbildung. Hier zog ich den Regler auf +100, was in früheren Versionen von Camera Raw gar nicht ging: Sie erhielten überall schreckliche Farbsäume. Mittlerweile können Sie hier aber richtig in die Vollen gehen – und es sieht fantastisch aus! Immer wenn ich die Struktur in einem Bild betonen möchte (bei Landschaften, Architektur, Sportfotos usw.), wähle ich zwischen +25 und +50 Klarheit. In den meisten Fällen können Sie jetzt aber sogar noch höher gehen (wie Sie hier sehen).

Schritt drei:

Natürlich gibt es Motive, bei denen Sie die Struktur nicht betonen möchten, beispielsweise Frauen und Kinder. In solchen Fällen weise ich überhaupt keine positive Klarheit zu. Sie können den **Klarheit**-Regler jedoch auch umgekehrt anwenden – nämlich um die Haut zu glätten. Bei einer solchen negativen Klarheit weisen Sie einen Wert unter 0 zu und reduzieren damit den Mitteltonkontrast. Sie erhalten einen Weichzeichnungseffekt, den Sie aber nicht dem gesamten Bild zuweisen sollten. Verwenden Sie deshalb den **Korrekturpinsel** (mehr über dieses Werkzeug erfahren Sie in Kapitel 3). Hier das Originalbild ohne negative Klarheit.

Schritt vier:

Hier habe ich bei aktiviertem **Korrekturpinsel** die Klarheit ganz nach links auf –100 gezogen, um eine superweiche Haut zu erzielen. Für eine genau abgestimmte Weichzeichnung habe ich außerdem den **Bildschärfe**-Regler auf +25 erhöht (mehr darüber in Kürze) und über die Haut gemalt. Dabei habe ich darauf geachtet, Bereiche auszulassen, die schön scharf bleiben sollten, etwa Augen, Augenbrauen, Nasenlöcher, Lippen, Haare und Gesichtskonturen. Sehen Sie sich an, wie viel weicher die Haut nun wirkt. Also: Wenn Sie Haut schnell weichzeichnen möchten und nicht allzu pingelig mit dem Ergebnis sind, kann negative Klarheit die Lösung sein.

Kontraste mit Gradationskurven anpassen

Im letzten Kapitel ging es um den stark verbesserten **Kontrast**-Regler von Camera Raw, dessen Wirkungsgrad eingeschränkt ist. Aber glücklicherweise gibt es die Gradationskurven, mächtige Verbündete im Kampf gegen flaue Fotos. Und wenn wir schon dabei sind – es gibt eine weitere Funktion aus dem normalen Photoshop, die den Weg nach Camera Raw gefunden hat: die Möglichkeit, einzelne R-, G- und B-Kanäle mit Gradationskurven zu bearbeiten. Okay, ich persönliche nutze diese Funktion nicht, aber irgendjemand könnte damit sicherlich eine Menge Spaß haben (und wenn es nur für Crossentwicklungseffekte wäre).

Schritt eins:

Wenn Sie die Belichtung im **Grundeinstellungen**-Bedienfeld angepasst haben und nun noch mehr Kontrast benötigen (hey, das kann passieren!), sollten Sie zum **Gradationskurve**-Bedienfeld wechseln (klicken Sie im oberen Bedienfeldbereich auf das zweite Symbol von links (hier rot eingekreist). Es gibt zwei verschiedene Arten von Gradationskurven: die Punktkurve und die parametrische Kurve. Wir beginnen mit der Punktkurve. Klicken Sie auf das Register **Punkt** am oberen Bedienfeldrand. Nebenstehend sehen Sie, wie dieses Foto ohne zusätzlichen Kontrast in der Punktkurve aussieht (beachten Sie die Option **Linear** in dem Popup-Menü **Gradationskurve**). Die Kurve ist also gerade und unbearbeitet. *Hinweis:* In früheren Versionen von Camera Raw war die Gradationskurve von RAW-Bildern standardmäßig auf **Mittlerer Kontrast** gesetzt (weil die Kamera den Kontrast überhaupt nicht erhöht), aber jetzt wird – genau wie bei JPEG-Bildern – standardmäßig gar kein zusätzlicher Kontrast hinzugefügt.

Schritt zwei:

Wünschen Sie mehr Kontrast, wählen Sie **Starker Kontrast** aus dem Popup-Menü **Gradationskurve** (siehe Abbildung). Sie erkennen, dass das Foto jetzt im Vergleich zu dem in Schritt 1 viel kontrastreicher wirkt. Durch die Einstellung **Starker Kontrast** entsteht eine steilere Kurve – je steiler die Kurve, desto mehr Kontrast erhalten Sie.

Schritt drei:

Wenn Sie sich mit den Gradationskurven von Photoshop auskennen und Ihre eigene benutzerdefinierte Gradationskurve erzeugen möchten, wählen Sie zuerst eine der voreingestellten Gradationskurven aus. Anschließend ziehen Sie die Punkte auf der Kurve oder verschieben sie mit den Pfeiltasten auf der Tastatur (ich finde es einfacher, auf einen Punkt zu klicken und diesen Teil der Kurve mit der **Pfeil-auf**- bzw. der **Pfeil-ab**-Taste nach oben bzw. nach unten zu verschieben). Wenn Sie lieber mit einer geraden, unbearbeiteten Kurve beginnen möchten, wählen Sie aus dem Popup-Menü **Gradationskurve** die Option **Linear**. Klicken Sie anschließend einfach auf die Kurve, um Punkte einzufügen. Möchten Sie einen Punkt entfernen, ziehen Sie ihn aus der Kurve heraus (so schnell, als würden Sie ein Heftpflaster abreißen).

Schritt vier:

Wenn Sie Ihre fertige Kurve gerne auch anderen Fotos zuweisen möchten, können Sie sie als Vorgabe speichern. Dazu klicken Sie auf **Vorgaben** (das zweite Symbol von rechts im oberen Bedienfeldbereich), um das **Vorgaben**-Bedienfeld zu öffnen. Nun klicken Sie im unteren Bereich des Bedienfelds auf das Symbol **Neue Vorgabe** (es gleicht dem Symbol **Neue Ebene erstellen** in Photoshop). Im nun angezeigten Dialog **Neue Vorgabe** (siehe Abbildung) wählen Sie aus dem Popup-Menü **Teilmenge** im oberen Bereich die Option **Punktkurve**. Dadurch werden die Kontrollfelder für alle anderen Optionen deaktiviert (siehe Abbildung). Geben Sie Ihrer Vorgabe einen Namen (ich habe meine **Megakontrast** genannt) und klicken Sie auf **OK**.

Schritt fünf:

Wenn Sie keine Erfahrung mit der Punktkurve haben, probieren Sie es doch einmal mit dem Register **Parametrisch**. Dort passen Sie die Gradationskurve mithilfe von Reglern an. Sie sehen in diesem Register vier Regler, die die vier verschiedenen Kurvenbereiche steuern. Bevor Sie sich an die Arbeit machen, sollten Sie wissen, dass die hier vorgenommenen Einstellungen zu den eventuell bereits vorgenommenen Einstellungen im Register **Punkt** hinzugefügt werden. Ich habe das Popup-Menü des Registers **Punkt** hier auf **Linear** zurückgesetzt.

Schritt sechs:

Der **Lichter**-Regler steuert den (oberen) Lichter-Bereich der Kurve. Wenn Sie ihn nach rechts ziehen, wird die Kurve nach oben gebogen, die Lichter werden heller. Direkt darunter befindet sich der Regler **Helle Farbtöne**. Er deckt den nächsttieferen Tonwertbereich ab (den Bereich zwischen den Mitteltönen und den Lichtern). Ziehen Sie diesen Regler nach rechts, wird dieser Teil der Kurve steiler und die oberen Mitteltöne werden erhöht. Die Regler **Dunkle Farbtöne** und **Tiefen** funktionieren analog mit den tieferen Mitteltönen und den dunklen Bereichen. Beachten Sie aber: Wenn Sie nach rechts ziehen, öffnen Sie die Tiefen. Möchten Sie den Kontrast verstärken, sollten Sie demnach beide Regler nach links ziehen. Für einen wirklich knackigen Kontrast zog ich sowohl den **Lichter**-Regler als auch den Regler **Helle Farbtöne** nach rechts, die Regler **Dunkle Farbtöne** und **Tiefen** nach links.

Schritt sieben:

Ein weiterer Vorteil der parametrischen Kurve: Sie können mit den Reglern direkt unter der Kurve festlegen, wie breit der jeweils durch die vier Regler abgedeckte Bereich ist: Wenn Sie den rechten Regler nach rechts ziehen, erweitert sich der Bereich, den der **Lichter**-Regler steuert. Die Auswirkungen des **Lichter**-Reglers verringern sich, der obere Teil der Kurve flacht ab und der Kontrast wird niedriger. Ziehe ich diesen Regler wieder nach links (wie hier gezeigt), erweitert sich der Bereich des **Lichter**-Reglers. Dadurch wird die Kurve steiler, der Kontrast verstärkt sich.

Schritt acht:

Ist Ihnen all das ein bisschen zu fummelig, dann habe ich noch ein Werkzeug für Sie: Es nennt sich **Selektive Anpassung**. Sie finden es in der Werkzeugleiste im oberen Fensterbereich (das fünfte Werkzeug von links, hier eingekreist). Ziehen Sie das Werkzeug einfach über den Bildbereich, den Sie anpassen möchten, dann nach oben, um den Bereich aufzuhellen. Ziehen Sie nach unten, wird er abgedunkelt (Sie verschieben damit den Teil der Kurve, der diesem Bildbereich entspricht). Viele Fotografen lieben das Werkzeug **Selektive Anpassung** – probieren Sie es also auch einmal aus. Es wird dadurch einfacher, einen bestimmten Bereich aufzuhellen (oder abzudunkeln). Es gibt jedoch einen Vorbehalt (dieses Wort wollte ich schon lange einmal verwenden): Das Werkzeug passt nicht nur diesen einen Bereich Ihres Fotos an, sondern die Kurve selbst. Je nach Bild werden andere Bereiche möglicherweise ebenfalls heller oder dunkler. Achten Sie darauf, wenn Sie mit der **Selektiven Anpassung** arbeiten. Im hier gezeigten Beispiel zog ich nach unten, um den Bootssteg abzudunkeln, und die Kurve wurde automatisch entsprechend angepasst.

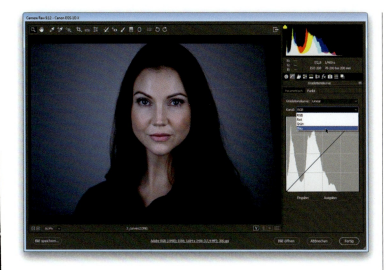

Schritt neun:

Bevor wir die Arbeit an den Gradationskurven abschließen, sehen wir uns noch eine weitere Camera-Raw-Funktion an: die Möglichkeit, die einzelnen RGB-Gradationskurven in der Punktkurve anzupassen. Zwar funktioniert das mit Crossentwicklungseffekten bestens (dazu kommen wir gleich), aber wahrscheinlich werden Sie damit meistens ernsthafte Probleme mit dem Weißabgleich beheben (beispielsweise einen Farbstich, den Sie anders einfach nicht loswerden können). Sie entscheiden in dem Popup-Menü **Kanal** des Registers **Punkt**, welchen Kanal Sie bearbeiten möchten (hier habe ich **Blau** gewählt, um den Farbstich des Hintergrunds und der Haut zu korrigieren – der Hintergrund soll einfarbig grau sein und die Haut soll nicht bläulich wirken).

Schritt zehn:

Nun haben Sie den Blaukanal ausgewählt (beachten Sie, dass das nun ebenfalls blau gefärbte Kurvenschaubild Ihnen einen optischen Hinweis liefert, welchen Kanal Sie gerade anpassen). Woher wissen Sie jetzt, welchen Bereich der Kurve Sie anpassen müssen? Camera Raw kann es Ihnen ganz genau zeigen: Zeigen Sie mit der Maus auf den Hintergrundbereich, den Sie korrigieren möchten, und halten Sie die ⌘/ Strg -Taste gedrückt. Der Mauszeiger wird vorübergehend zum **Pipettenwerkzeug**. Klicken Sie in das Bild, um der Kurve einen Punkt hinzuzufügen, der genau dem anzupassenden Bereich entspricht. Jetzt klicken Sie auf diesen Kurvenpunkt und ziehen im 45°-Winkel nach rechts unten. Der Blaustich des Hintergrunds verschwindet, wie Sie hier sehen.

Schritt elf:

Mit den RGB-Gradationskurven können Sie auf ziemlich einfache Weise einen Crossentwicklungseffekt erzeugen. Es handelt sich dabei um eine klassische Dunkelkammertechnik aus den Tagen der Fotografie auf Film, die aber heute immer noch beliebt ist, vor allem in der Modefotografie. Es gibt Dutzende unterschiedlicher Kombinationen. Besonders gut gefällt mir die folgende: Wählen Sie in dem Popup-Menü **Kanal** des **Punkt**-Registers den Rotkanal und erzeugen Sie eine Art steile S-Kurve, indem Sie dreimal entlang der diagonalen Kurve klicken (einmal in der Mitte, einmal auf der nächsten Rasterlinie darüber und einmal darunter), sodass die Punkte gleichmäßig entlang der Kurve verteilt sind. Lassen Sie den Mittelpunkt an Ort und Stelle, ziehen Sie den oberen Punkt nun gerade nach oben, den unteren gerade nach unten, um die ganz links abgebildete Kurve zu erzeugen. Jetzt wechseln Sie zum Grünkanal und erzeugen eine weitere, nicht ganz so steile S-Kurve aus drei Punkten (siehe mittlere Abbildung). Zuletzt gehen Sie zum Blaukanal. Hier fügen Sie gar keine Punkte ein, sondern ziehen den linken unteren Punkt entlang der linken Kante senkrecht nach oben, den oberen rechten Punkt entlang der rechten Kante nach unten (siehe Abbildung rechts).

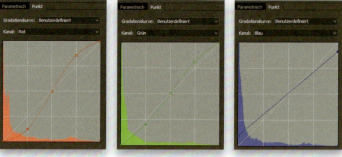

Schritt zwölf:

Natürlich müssen Sie diese Einstellungen je nach Ihrem Bild möglicherweise ein wenig anpassen (normalerweise vor allem im Blaukanal) – aber, wie gesagt, das hängt ganz von Ihrem Foto ab. Wenn Sie eine Einstellung gefunden haben, die Ihnen gefällt, vergessen Sie nicht, sie als Vorgabe im Vorgaben-Bedienfeld zu speichern (genau wie die Megakontrastkurve weiter vorne in diesem Kapitel).

Scharfzeichnen in Camera Raw

Wenn Sie in JPEG fotografieren, weist Ihre Digitalkamera die Scharfzeichnung dem Bild direkt in der Kamera zu. Camera Raw verzichtet deshalb bei JPEG-Bildern auf eine automatische Scharfzeichnung. Fotografieren Sie hingegen in RAW, weist die Kamera keine Scharfzeichnung zu und deshalb nimmt Camera Raw bei RAW-Bildern standardmäßig eine gewisse Grundschärfung vor. In meinem Workflow schärfe ich zweimal: einmal hier in Camera Raw und einmal direkt, bevor ich mein fertiges Bild aus Photoshop ausgebe (»Ausgabeschärfung« genannt). Hier sehen Sie, wie Sie in Camera Raw die Grundschärfe zuweisen.

Schritt eins:

Wenn Sie ein RAW-Bild in Camera Raw öffnen, wird Ihrem Foto standardmäßig eine leichte Scharfzeichnung zugewiesen (das gilt nur für RAW-Bilder, nicht für JPEG- oder TIFF-Dateien). Sie können diese Scharfzeichnung anpassen oder bei Bedarf auch ganz abschalten. Dazu klicken Sie auf **Details** (das dritte Symbol von links) im oberen Bedienfeldbereich oder drücken die Tastenkombination ⌘/Strg + 3. Im oberen Bereich dieses Bedienfelds finden Sie den Bereich **Schärfen**. Sie sehen auf einen Blick, dass Ihrem Foto bereits eine Scharfzeichnung zugewiesen wurde. Wenn Sie im Moment keine benötigen (es hängt von Ihrer persönlichen Vorliebe ab), dann ziehen Sie einfach den Regler **Betrag** ganz nach links, um den Grad der Scharfzeichnung auf 0 zu setzen.

Schritt zwei:

Wenn Sie diese automatische, standardmäßige Scharfzeichnung abschalten möchten (sodass Sie die Grundschärfe bei Bedarf manuell zuweisen müssen), setzen Sie zuerst den **Betrag**-Regler unter Schärfen auf 0, dann wählen Sie aus dem Camera-Raw-Flyout-Menü den Befehl **Neue Camera Raw-Standards speichern** (siehe Abbildung). Jetzt werden die RAW-Bilder aus dieser Kamera nicht mehr automatisch geschärft.

Schritt drei:

Bevor wir uns mit dem Scharfzeichnen beschäftigen, sollten Sie noch eine Sache wissen: Wenn Sie keine Scharfzeichnung zuweisen, aber dennoch sehen möchten, wie das geschärfte Bild aussehen würde, können Sie nur die Vorschau scharfzeichnen anstelle der tatsächlichen Bilddatei. Drücken Sie in Camera Raw die Tastenkombination ⌘/Strg + K und wählen Sie im Dialogfenster **Camera Raw-Voreinstellungen** die Option **Nur Vorschaudarstellungen** aus dem Popup-Menü **Scharfzeichnen anwenden auf** (siehe Abbildung). Anschließend klicken Sie auf **OK**, um dies als Standard zu speichern. Jetzt betrifft die Scharfzeichnung nur die Vorschau in Camera Raw. Beim Öffnen des Bilds in Photoshop wird die Scharfzeichnung nicht zugewiesen.

Schritt vier:

Wenn Sie Camera Raw schon einige Zeit nutzen, erinnern Sie sich wahrscheinlich an ältere Photoshop-Versionen, in denen Sie Ihr Bild bei 100% betrachten mussten, um die Auswirkungen der Scharfzeichnung beurteilen zu können. Das änderte sich mit CS5: Es ist nun nicht mehr unbedingt nötig, das Bild bei 100% zu betrachten. Trotzdem habe ich den Eindruck, dass man damit die exakteste Darstellung der Scharfzeichnung erhält. Am schnellsten wechseln Sie in die 100%-Ansicht, wenn Sie direkt auf das **Zoom**-Werkzeug in der Werkzeugleiste doppelklicken (hier eingekreist). (*Hinweis:* Am unteren Rand des **Details**-Bedienfelds empfiehlt Camera Raw Ihnen, mindestens auf 100% zu zoomen. Diese Empfehlung verschwindet, sobald Sie auf 100% gezoomt haben.)

Schritt fünf:

Wie Sie sich bestimmt schon gedacht haben, wird die Scharfzeichnung verstärkt, wenn Sie den **Betrag**-Regler nach rechts ziehen. Vergleichen Sie das hier gezeigte Bild mit dem in Schritt vier (dort war der **Betrag**-Wert auf 0 gesetzt) und Sie erkennen, dass das Bild mit dem auf 100 gesetztem **Betrag**-Regler viel schärfer wirkt.

Schritt sechs:

Der nächste Regler ist der **Radius**-Regler. Dieser bestimmt, wie weit die Scharfzeichnung außerhalb der geschärften Konturen zugewiesen wird. Die Funktionsweise entspricht größtenteils der des **Radius**-Reglers im **Unscharf-maskieren**-Filter von Photoshop. Der Standardwert für den **Radius**-Regler ist 1 (und diesen Wert behalten Sie in den meisten Fällen bei). Ich nehme einen **Radius** unter 1, wenn das Bild nur auf einer Website, bei der Videobearbeitung oder anderswo in sehr kleiner Größe oder Auflösung verwendet werden soll. Einen **Radius** über 1 wähle ich nur, wenn: (1) das Bild erkennbar unscharf ist, (2) viele Details enthält und deshalb eine stärkere Scharfzeichnung vertragen kann (wie dieses Foto, bei dem ich den **Radius** auf 1,2 gesetzt habe) oder (3) eine »Notfall«-Scharfzeichnung benötigt wird. Wenn Sie sich für einen **Radius**-Wert über 1 entscheiden (anders als beim **Unscharf-maskieren**-Filter können Sie hier nur bis 3 gehen), sollten Sie aber aufpassen: Gehen Sie zu weit über 1 hinaus, sieht Ihr Foto möglicherweise künstlich oder sogar verrauscht aus. Also Vorsicht.

Schritt sieben:

Der nächste Regler ist der **Detail**-Regler. Dieser bestimmt, wie stark die Bildkonturen durch die Scharfzeichnung beeinflusst werden. Weisen Sie einen niedrigen **Detail**-Wert zu, wenn Ihr Foto leicht unscharf ist, einen höheren, wenn Sie Struktur und Details richtig deutlich herausarbeiten möchten (deshalb heißt der Regler so). Wie viel **Detail** Sie zuweisen, hängt also vom Motiv ab. Unser Beispielbild weist viel Metall und Struktur auf. Es ist somit ein idealer Kandidat für einen hohen **Detail**-Wert (genau wie die meisten Landschaften, Architekturobjekte und Fahrzeuge – also Motive mit vielen Konturen). Deshalb habe ich den Regler nach rechts auf +60 gezogen, um die Details wirklich deutlich herauszuarbeiten.

Schritt acht:

Ich nehme jetzt ein anderes Bild, um Ihnen den **Maskieren**-Regler zu zeigen. Dieser ist leichter zu verstehen und ich glaube, dass er für die meisten Anwender unverzichtbar wird. Der Grund: Wenn Sie eine Scharfzeichnung zuweisen, wirkt diese gleichmäßig auf das gesamte Foto. Was aber, wenn Sie bestimmte Bildbereiche schärfen möchten, andere hingegen nicht? Bei diesem Bild etwa soll die Haut weich bleiben, Augen, Lippen usw. hingegen sollen geschärft werden. In Photoshop könnten wir den Filter **Unscharf maskieren** einem Ebenenduplikat zuweisen, eine **Ebenenmaske hinzufügen** und diese Bereiche wegmalen (überdecken), nicht wahr? Und ungefähr dasselbe bewirkt der **Maskieren**-Regler von Camera Raw: Wenn Sie ihn nach rechts ziehen, wird die Scharfzeichnung in allen flächigen Bereichen verringert. Die Standardeinstellung 0 weist die Scharfzeichnung dem gesamten Bild zu. Ziehen Sie den Regler nach rechts, werden die Flächen vor der Scharfzeichnung geschützt (maskiert).

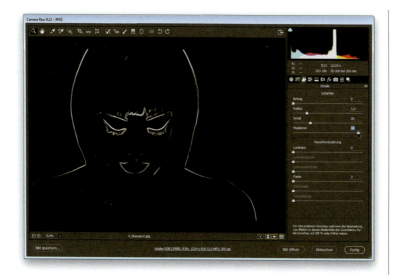

Schritt neun:

Alle vier Regler im Bereich **Schärfen** des **Details**-Bedienfelds bieten Ihnen eine Live-Vorschau ihrer Auswirkungen – halten Sie beim Ziehen einfach die [Alt]-Taste gedrückt. Das Bild wird schwarzweiß angezeigt und die Bereiche, die vom jeweils angepassten Regler beeinflusst werden, erscheinen in der Vorschau als Konturen. Das ist besonders sinnvoll, um die Arbeitsweise des **Maskieren**-Reglers zu verstehen. Halten Sie also die [Alt]-Taste gedrückt und ziehen Sie den **Maskieren**-Regler nach rechts. Ist der Regler auf 0 gesetzt, wird das Bild reinweiß (weil die Scharfzeichnung gleichmäßig auf alles angewandt wird). Ziehen Sie nach rechts, werden in der Vorschau (wie im Bild zu sehen) die nicht mehr geschärften Teile schwarz maskiert. Nur die weiß angezeigten Bereiche des Fotos erhalten eine Scharfzeichnung. Das ist perfekt für die Scharfzeichnung von Frauenporträts, weil dann die Haut nicht scharfgezeichnet wird, aber dafür alles, was tatsächlich scharfgezeichnet werden soll: Augen, Haare, Augenbrauen, Lippen, Gesichtskonturen usw. Unten sehen Sie eine Vorher/Nachher-Version der Tür mit den folgenden Einstellungen: **Betrag**: 110, **Radius**: 1, **Detail**: 60, **Maskieren**: 0.

Vorher

Nachher

Farbbereiche anpassen oder ändern

Im nächsten Kapitel lernen Sie, wie Sie eine Korrektur über beliebige Bildbereiche malen. Manchmal muss hingegen ein ganzer Bereich bearbeitet werden: Beispielsweise soll der gesamte Himmel blauer, der Sand wärmer oder ein Kleidungsstück ganz anders eingefärbt werden. In solchen Fällen, wenn Sie große Bereiche anpassen, arbeiten Sie normalerweise mit den HSL-Anpassungen schneller. Mit diesen können Sie nicht nur Farben, sondern auch die Sättigung und Helligkeit der Farben ändern. Die Funktion ist leistungsfähiger und praktischer, als man meinen könnte.

Schritt eins:

Hier ist das Originalbild von ein paar Gebäuden mit verblichenen Farben. Ich würde diese gerne so anpassen, dass sie deutlich hervortreten. Einzelne Farben oder Farbbereiche passen Sie im Bedienfeld **HSL/Graustufen** an. Klicken Sie also auf das vierte Symbol von links im oberen Bedienfeldbereich (hier rot eingekreist). Dann aktivieren Sie das Register **Sättigung** (siehe Abbildung), um die zugehörigen Regler anzuzeigen, die die Intensität der Farben steuern.

Schritt zwei:

Wir beginnen mit dem gelben Gebäude. Ziehen Sie den **Gelbtöne**-Regler nach rechts und die gelbe Farbe des Gebäudes wird intensiver. Meistens bestehen wahrgenommene Farben (in diesem Fall gelb) aus mehr als nur einer Farbe. Statt also zu raten und mit den einzelnen Reglern herumzufummeln, nehmen Sie lieber das Werkzeug **Selektive Anpassung** (Taste T) aus der Werkzeugleiste im oberen Bereich (das fünfte Symbol von links), klicken auf das Gebäude und ziehen gerade nach oben. Das Werkzeug erkennt nun, welche Regler diesen Bereich steuern, und verschiebt sie entsprechend (in diesem Fall wird der Regler **Gelbtöne** ein wenig angepasst, aber auch der Regler **Orangetöne**). Weil auch die anderen Gebäude diese Farben enthalten, werden auch sie etwas farbiger.

Schritt drei:

Wenn Sie übrigens mit dem Werkzeug **Selektive Anpassung** nach oben ziehen, erhöhen Sie die Sättigung, wenn Sie nach unten ziehen, verringern Sie sie. Nur damit Sie es wissen. Okay, nachdem wir nun die Gelb- und Orangetöne verbessert haben, arbeiten wir an den Grüntönen. Nehmen Sie das Werkzeug **Selektive Anpassung**, klicken Sie damit auf das grüne Gebäude und ziehen Sie senkrecht nach oben, um die Farbsättigung (Intensität) der Grüntöne zu erhöhen. Sehen Sie sich die Regler an: Die Grün- und die Aquamarintöne wurden verschoben (diese Farbe besteht also größtenteils aus Grüntönen, wobei auch eine leichte Anpassung der Aquamarintöne vorgenommen wurde). Das Praktische an diesem Werkzeug ist, dass es den korrekten Prozentsatz jeder Farbe kennt (tatsächlich verwende ich die **HSL**-Regler niemals ohne die **Selektive Anpassung**).

Schritt vier:

Wenn die Farben Ihnen nun zu dunkel erscheinen, klicken Sie auf das Register **Luminanz** (mit ihm steuern Sie die Helligkeit der Farben), dann auf einen dunklen gelben Bereich und ziehen nach oben (siehe obere Abbildung, bei der ich das gelbe Gebäude angeklickt habe). Danach wirken die Farben etwas heller (vergleichen Sie diese Abbildung mit Schritt 3). Wären die Farben zu hell, würden Sie nach unten ziehen. Möchten Sie hingegen eine Farbe tatsächlich ändern (statt sie nur anzupassen), dann klicken Sie auf das Register **Farbton**. Es funktioniert genauso: Klicken Sie mit dem Werkzeug **Selektive Anpassung** auf das gelbe Gebäude und ziehen Sie nach unten, um die Farbe zu ändern. Im unteren Bild sehen Sie, dass das linke Gebäude nun orange ist, das rechte blassorange. Auch hier könnten Sie einfach die Regler ziehen und dadurch herausfinden, welcher Regler welchen Bildteil steuert. Ich glaube aber, Sie haben erkannt, wozu Adobe das Werkzeug **Selektive Anpassung** erfunden hat – um Ihr Leben in diesem Bedienfeld zu erleichtern.

Flecken, Hautunreinheiten und andere störende Elemente entfernen

Wenn Ihr Bild durch Flecken oder das Gesicht Ihres Models durch Hautunreinheiten verunziert wird, können Sie es direkt in Camera Raw mit dem **Makel-entfernen**-Werkzeug verbessern. Zwar borgt sich dieses Werkzeug einen Teil seiner »Heilkraft« vom Photoshop-Reparaturpinsel und Sie können sogar Striche damit malen, aber es ist nicht so exakt wie das Photoshop-Werkzeug, das echte Wunder vollbringt. Verwenden Sie das **Makel-entfernen**-Werkzeug deshalb nur für kleinere Flecken, Staub und Hautunreinheiten und überlassen Sie die Schwerarbeit dem richtigen Photoshop-Reparaturpinsel. Sie werden mir später dankbar sein.

Schritt eins:

Rechts sehen Sie das Bild, das wir retuschieren möchten. Unser Model hat unter dem linken Auge einen dunklen Fleck, den wir entfernen möchten (in früheren Versionen von Camera Raw wäre das gar nicht so einfach gewesen), sowie einige kleine Hautunreinheiten. Nehmen Sie das **Makel-entfernen**-Werkzeug ([B]) in der Werkzeugleiste (hier rot eingekreist). Übrigens finde ich, dass dieses Werkzeug unbedingt umbenannt werden sollte, nachdem es nun eher wie der Reparaturpinsel funktioniert und mehr kann als nur Flecken entfernen.

Schritt zwei:

Doppelklicken Sie in der Werkzeugleiste auf das **Zoom**-Werkzeug. Damit zoomen Sie auf 100 % und können den Bereich von Nahem betrachten, aus dem Sie den dunklen Fleck entfernen möchten. Jetzt malen Sie einfach mit dem **Makel-entfernen**-Werkzeug einen Strich über den dunklen Bereich. Der dabei angezeigte Umriss stellt den Bereich dar, den Sie beim Malen reparieren.

TIPP: Realistischere Retusche

Wenn Sie die Falten eines männlichen Models komplett entfernen, erhalten Sie wahrscheinlich ein etwas unrealistisches Ergebnis. Sie können aber den **Deckkraft**-Regler im rechten Bedienfeldbereich anpassen, um ein kleines bisschen von den ursprünglichen Falten zurückzuholen. Mit dieser Methode reduzieren Sie die Falten, statt sie völlig zu entfernen.

Schritt drei:

Wenn Sie den Pinselstrich fertig haben, sehen Sie zwei Pins: (1) Der rote symbolisiert den Bereich, den Sie reparieren, (2) der grüne symbolisiert den Bereich, aus dem das **Makel-entfernen**-Werkzeug die Struktur aufnimmt, mit der die Retusche durchgeführt wird. Dieser Aufnahmebereich entspricht meist ziemlich gut dem Bereich, den Sie reparieren möchten. Manchmal – wie auch hier – passiert es jedoch, dass der Bereich nicht optimal passt (hier unterscheiden sich Hautstruktur und -richtung auf der Stirn stark von der unter dem Auge). Das macht nichts: Wir können einen anderen Aufnahmebereich für das **Makel-entfernen**-Werkzeug wählen.

Schritt vier:

Klicken Sie in den grünen Aufnahmebereich und ziehen Sie ihn einfach an eine beliebige, besser geeignete Stelle im Gesicht Ihres Models (hier habe ich ihn links unter den übermalten Bereich gezogen). Wenn Sie die Maustaste dabei für einen Augenblick loslassen, erhalten Sie eine Vorschau auf diesen Bereich. Daran können Sie erkennen, ob das Verschieben tatsächlich geholfen hat oder nicht. Wenn Sie kein gutes Ergebnis erhalten, ziehen Sie den grünen Aufnahmebereich einfach an eine andere Stelle und lassen die Maustaste wieder für eine schnelle Vorschau los.

Schritt fünf:

Sobald das Auge optimiert ist, klicken Sie auf die Hautunreinheiten im Gesicht, um sie zu entfernen. Wenn Sie die Maustaste freigeben, erscheint ein zweiter Kreis, der Ihnen den Bereich zeigt, den das Werkzeug als Aufnahmebereich gewählt hat. Bei Bedarf ziehen Sie ihn einfach an eine andere Stelle. Das war es schon.

Flecken und Staub finden – auf die einfache Art

Es ist sehr ärgerlich, wenn Sie ein schönes großes Bild drucken und dann alle möglichen Sorten von Sensorstaub und Flecken erkennen müssen. Bei Landschafts- und Reisefotos lassen sich solche Fehler in einem blauen oder gräulichen Himmel nur schwer ausmachen. Und wenn Sie im Studio vor einem Seamless-Hintergrund fotografiert haben, ist es genauso schwierig (vielleicht noch schwieriger). Wahrscheinlich sollte ich sagen: Es war schwierig. Mittlerweile ist es absolut kein großes Ding mehr – dank einer Camera-Raw-Funktion, durch die jeder kleine Fleck so deutlich hervortritt, dass Sie ihn schnell entfernen können!

Schritt eins:

In diesem Bild zeigen sich am Himmel ein paar Flecken und Punkte. Ich erkenne fünf oder sechs ganz deutlich. Das eigentliche Problem sind aber die Flecken, die Sie in dieser Größe nicht deutlich sehen können.

Schritt zwei:

Klicken Sie auf das **Makel-entfernen**-Werkzeug in der Werkzeugleiste (B; hier rot eingekreist). Am unteren Bedienfeldrand finden Sie das Kontrollfeld **Makel visualisieren**. Aktivieren Sie es und Sie erhalten eine invertierte Ansicht Ihres Bilds. Jetzt ziehen Sie den Regler **Makel visualisieren** langsam nach rechts. Wie Sie sehen, treten die Flecken deutlich in Erscheinung (ich zog bei diesem Bild nicht besonders weit, aber Sie können die Flecken hier bestimmt erkennen). Als Nächstes nehmen Sie das **Makel-entfernen**-Werkzeug und klicken bei weiterhin aktivierter Option **Makel visualisieren** direkt auf jeden Fleck, um ihn zu entfernen.

Dunst oder Nebel entfernen

Wenn Sie unter Wasser, vor einem Aquarium oder an einem nebligen bzw. dunstigen Tag fotografieren, werden Sie diesen Tipp lieben. Sie können Nebel damit erstaunlich gut lichten (dabei verstärken Sie nicht einfach den normalen Kontrast, sondern Sie fügen eine spezielle Kontrastart hinzu, die für solche Fälle besonders gut geeignet ist).

Schritt eins:

Es gibt verschiedene Möglichkeiten, Dunst in Ihren Fotos zu korrigieren. Eine davon ist, sie aus dem gesamten Bild zu entfernen. Öffnen Sie in Camera Raw ein Bild mit Nebel oder Dunst und klicken Sie auf das Symbol **Effekte** (es ist das vierte von rechts im oberen Bedienfeldbereich). Ziehen Sie unter **Dunst entfernen** den Regler **Stärke** nach rechts, bis der Dunst wie in der Abbildung verschwunden ist (ja, ich weiß – das ist eine ziemlich unglaubliche Technik).

Schritt zwei:

Sie können aber auch genau bestimmen, wo Sie den Dunst entfernen möchten. Dazu verwenden Sie den **Korrekturpinsel** (mehr über dieses Werkzeug erfahren Sie in Kapitel 3). Öffnen Sie das dunstige Bild in Camera Raw, dann nehmen Sie den **Korrekturpinsel** ([K]) aus der Werkzeugleiste. Im Bedienfeld klicken Sie auf das Plus-Symbol rechts von **Dunst entfernen**. Dadurch setzen Sie alle Regler auf Null und den Regler **Dunst entfernen** auf +25. Jetzt malen Sie einfach über die dunstigen oder nebligen Bildbereiche (siehe Abbildung). Anschließend erhöhen Sie bei Bedarf den **Dunst-entfernen**-Wert, indem Sie den Regler nach rechts ziehen (siehe Abbildung).

Rauschreduzierung

Photoshop CC hat wohl die beste Funktion zur Rauschreduzierung, vor allem weil diese dem 16-Bit-RAW-Bild zugewiesen wird (während fast jedes Drittanbieter-Plug-in die Rauschreduzierung erst nach der Konvertierung in 8 Bit zuweist) und weil die Ergebnisse ziemlich fantastisch sind. So fantastisch, dass ich keine Drittanbieter-Plug-ins mehr für die Rauschreduzierung verwende. Ja – so gut ist die Funktion und sie ist einfach anzuwenden.

Schritt eins:

Öffnen Sie Ihr verrauschtes Bild in Camera Raw (die Funktion zur Rauschreduzierung eignet sich am besten für RAW-Bilder, aber Sie können sie auch auf JPEGs und TIFF-Dateien anwenden). Das hier gezeigte Bild wurde mit einer Canon 5D Mark III bei hohem ISO-Wert fotografiert. In dieser Situation mit wenig Licht hat sie keine besonders gute Arbeit geleistet. Deshalb sehen Sie eine Menge Farbrauschen (die roten, grünen und blauen Punkte) sowie Luminanzrauschen (die körnigen grauen Punkte).

Schritt zwei:

Manchmal lässt sich das Rauschen erst richtig erkennen, wenn Sie wirklich stark einzoomen. Zoomen Sie also auf mindestens 100 % – und hier versteckt es sich in den Tiefenbereichen, wo sich das Rauschen meist herumtreibt. Klicken Sie auf das Symbol **Details** (das dritte Symbol von links im oberen Bedienfeldbereich), um auf die Regler zur Rauschreduzierung zuzugreifen. Normalerweise entferne ich zuerst das Farbrauschen, weil ich dann das Luminanzrauschen leichter erkennen kann (dieses ist als Nächstes dran). Eine gute Faustregel für Farbrauschen: Ziehen Sie den **Farbe**-Regler zunächst auf 0 (siehe Abbildung). Dann ziehen Sie ihn langsam nach rechts, bis das Farbrauschen verschwunden ist. *Hinweis:* Ein bisschen Farbrauschreduktion wird RAW-Bildern automatisch zugewiesen: Der **Farbe**-Regler wird auf 25 gesetzt. Bei JPEGs oder TIFFs bleibt der **Farbe**-Regler auf 0.

Schritt drei:

Ziehen Sie den **Farbe**-Regler also nach rechts, aber denken Sie daran, dass trotzdem noch Rauschen sichtbar sein wird (nämlich das Luminanzrauschen, mit dem wir uns als Nächstes beschäftigen). Achten Sie deshalb im Moment nur darauf, dass die roten, grünen und blauen Farbpunkte verschwinden. Möglicherweise müssen Sie gar nicht besonders weit ziehen – nur bis das Farbrauschen komplett grau wird. Wenn Sie den **Farbe**-Regler richtig weit nach rechts ziehen müssen, gehen möglicherweise Details verloren. In diesem Fall können Sie auch den Regler **Farbdetails** ein wenig nach rechts ziehen, aber ehrlich gesagt, muss ich diese Möglichkeit bei Farbrauschen kaum einmal nutzen.

Schritt vier:

Nachdem das Farbrauschen verschwunden ist, bleibt nur noch das Luminanzrauschen. Gehen Sie hier ähnlich vor: Ziehen Sie den **Luminanz**-Regler nach rechts, bis das sichtbare Rauschen verschwunden ist (wie hier gezeigt). Normalerweise müssen Sie diesen Regler weiter nach rechts ziehen als den **Farbe**-Regler. Müssen Sie ihn wirklich stark hochsetzen, passieren zwei Dinge: Sie verlieren Schärfe (Details) und Kontrast. Erhöhen Sie einfach den **Luminanzdetails**-Wert, wenn Ihr Bild zu weich wirkt (ich ziehe aber meist nicht allzu weit, sondern erhöhe den **Betrag**-Wert unter **Schärfen** im oberen Bedienfeldbereich, um die ursprünglichen Bilddetails zurückzuholen). Wirkt das Bild nun flau, fügen Sie den fehlenden Kontrast über den **Luminanzkontrast**-Regler wieder hinzu (ich finde es in Ordnung, ihn ein wenig hochzudrehen – außer wenn ich an einem Porträt arbeite, denn dann erhalte ich schnell miserable Hauttöne). Wahrscheinlich benötigen Sie die beiden Regler nicht besonders häufig, aber es ist schön zu wissen, dass sie da sind, wenn Sie sie brauchen.

Schritt fünf:

Der letzte Regler, **Farbglättung**, spielt mit dem **Farbdetails**-Regler zusammen. Mit ihm vermeiden Sie Farbstiche. Wenn Sie ihn nach rechts ziehen, gehen Sie sicher, dass Ihre Farben unverändert bleiben (ziehen Sie aber nicht zu weit, sonst könnte das Bild entsättigt werden). Ziehen Sie nach links, vermischen sich die Farben stärker. Brauchen Sie beispielsweise für einen Onlineshop exakte Farben, ziehen Sie den Regler deshalb nach rechts. Wirken die Farben nun ein wenig entsättigt, ziehen Sie wieder nach links. Hier habe ich das fertige Bild wieder ausgezoomt. Wie Sie sehen, ist das Rauschen größtenteils verschwunden, aber selbst mit den Standardeinstellungen für RAW-Bilder können Sie normalerweise viel von der ursprünglichen Schärfe und Detailzeichnung erhalten. Eine eingezoomte Vorher/Nachher-Version sehen Sie unten.

Vorher

Nachher

Zuschneiden und geraderichten

Schneiden Sie Bilder möglichst nicht in Photoshop, sondern bereits in Camera Raw zu: Dann können Sie später wieder zur unbeschnittenen Bildversion in Camera Raw zurückkehren. Das funktioniert sogar mit JPEG- und TIFF-Bildern, solange Sie die ursprüngliche JPEG- oder TIFF-Datei nicht überschrieben haben. Um dies beim Speichern in Photoshop zu vermeiden, ändern Sie einfach den Dateinamen (auf diese Weise bleibt das Original unverändert). Bei RAW-Bildern müssen Sie sich keine Gedanken darüber machen, weil Sie das Original nicht überschreiben können.

Schritt eins:

Das **Freistellungswerkzeug** (C) ist das sechste Werkzeug von links in der Werkzeugleiste. Standardmäßig ziehen Sie einen Rahmen um den Bereich, den Sie beibehalten möchten. Wie in Photoshop können Sie eine Liste mit voreingestellten Zuschneideverhältnissen nutzen. Halten Sie dazu die Maustaste auf dem **Freistellungswerkzeug** gedrückt, um das entsprechende Popup-Menü anzuzeigen (siehe Abbildung). Mit der Einstellung **Normal** können Sie den Freistellungsrahmen mit gedrückter Maustaste in beliebige Proportionen ziehen. Wählen Sie jedoch eine der Freistellungsvorgaben, wird der Vorgang auf ein bestimmtes Seitenverhältnis beschränkt. Wählen Sie beispielsweise **2:3**, dann bleibt das Seitenverhältnis Ihres unbeschnittenen Fotos erhalten.

Schritt zwei:

Hier habe ich den Freistellungsrahmen mit dem Seitenverhältnis **2:3** in meinem Bild aufgezogen. Der Bereich, der weggeschnitten wird, erscheint abgeblendet, während der nicht abgeblendete Bereich innerhalb des Rahmens Ihr endgültiges Bild darstellt. Möchten Sie die beschnittene Version anzeigen, bevor Sie Camera Raw verlassen, wechseln Sie einfach in der Werkzeugleiste zu einem anderen Werkzeug. (*Hinweis:* Wenn Sie einen Freistellungsrahmen mit festen Proportionen aufziehen und die Ausrichtung ändern möchten, klicken Sie auf die rechte untere Ecke und ziehen Sie nach links unten, um vom Quer- zum Hochformat zu wechseln. Ziehen Sie nach rechts oben, um vom Hoch- zum Querformat zu wechseln.)

Schritt drei:

Wenn Sie Ihr zugeschnittenes Foto wieder in Camera Raw öffnen, sehen Sie die beschnittene Version. Um den Freistellungsrahmen wieder anzuzeigen, klicken Sie einfach auf das **Freistellungswerkzeug**. Um den Beschnitt ganz zu löschen, drücken Sie die Esc- oder **Del/Rück-**Taste oder wählen **Freistellung löschen** aus dem Popup-Menü des **Freistellungswerkzeugs**. Wird das gewünschte Seitenverhältnis nicht in den Vorgaben angezeigt (etwa 3:5), wählen Sie aus dem Popup-Menü des **Freistellungswerkzeugs** die Option **Benutzerdefiniert**. Das abgebildete Dialogfenster wird geöffnet. Geben Sie das gewünschte Seitenverhältnis ein und klicken Sie auf **OK**. Von nun an wird dieses Seitenverhältnis in dem Popup-Menü angezeigt.

Schritt vier:

Hier erzeugen wir eine benutzerdefinierte Freistellung, sodass unser Foto das Seitenverhältnis 3:5 erhält. Geben Sie die benutzerdefinierte Größe ein, klicken Sie auf **OK** und ziehen Sie den Freistellungsrahmen auf. Der darin enthaltene Bereich bekommt das Seitenverhältnis 3:5. Klicken Sie in der Werkzeugleiste auf ein beliebiges anderes Symbol oder drücken Sie ↵. Sie sehen das freigestellte Bild. Klicken Sie auf die Schaltfläche **Bild öffnen**, wird das Bild nach Ihren Vorgaben freigestellt und in Photoshop geöffnet. Klicken Sie stattdessen auf die Schaltfläche **Fertig**, wird Camera Raw geschlossen und Ihr Bild bleibt unverändert, der Freistellungsrahmen bleibt hingegen für die Zukunft an Ort und Stelle.

Schritt fünf:

Wenn Sie ein zugeschnittenes JPEG- oder TIFF-Bild speichern, indem Sie auf die Schaltfläche **Fertig** klicken, müssen Sie das Foto erneut in Camera Raw öffnen, um die zugeschnittenen Bereiche zu rekonstruieren. Klicken Sie hingegen auf die Schaltfläche Bild speichern und wählen Sie **Photoshop** aus dem Popup-Menü **Format** (siehe Abbildung), erhalten Sie eine Option namens **Freigestellte Pixel erhalten**. Wenn Sie dieses Kontrollfeld aktivieren, bevor Sie auf **Speichern** klicken, öffnen Sie das beschnittene Bild in Photoshop. Es befindet sich auf einer separaten Ebene (ist also nicht auf die Hintergrundebene reduziert). Der beschnittene Bereich ist noch da – er erstreckt sich nur über das sichtbare Bild hinaus. Sie können den beschnittenen Bereich zurückholen, indem Sie Ihr Foto innerhalb des Bildausschnitts umherziehen (probieren Sie es – nutzen Sie dazu das **Verschieben**-Werkzeug (V)) – und Sie sehen, was ich meine).

Schritt sechs:

Wenn Sie mehrere ähnliche Fotos auf dieselbe Weise zuschneiden möchten, wird Ihnen dieser Schritt gefallen: Wählen Sie zuerst alle Bilder aus, die Sie in Camera Raw beschneiden möchten, dann öffnen Sie alle in Camera Raw. Die Bilder werden in einem senkrechten Filmstreifen entlang der linken Seite von Camera Raw aufgelistet (siehe Abbildung). Klicken Sie auf das Symbol rechts vom Filmstreifen und wählen Sie aus dem Popup-Menü **Alles auswählen**. Dann schneiden Sie das momentan ausgewählte Foto nach Ihren Wünschen zu. Betrachten Sie den Filmstreifen: Alle Miniaturen sind mit der neuen Freistellung aktualisiert worden. Außerdem sehen Sie in der linken unteren Ecke jedes Miniaturbilds ein kleines Freistellungssymbol, an dem Sie ablesen können, dass die Bilder in Camera Raw zugeschnitten wurden.

Schritt sieben:

Beim **Gerade-ausrichten**-Werkzeug handelt es sich um einen nahen Verwandten des **Freistellungswerkzeugs**, weil Sie damit im Grunde genommen Ihren Freistellungsrahmen drehen. Wenn Sie das Bild dann öffnen, ist es gerade ausgerichtet. In der Camera-Raw-Werkzeugleiste wählen Sie das **Gerade-ausrichten**-Werkzeug (direkt neben dem **Freistellungswerkzeug**, hier rot eingekreist). Jetzt ziehen Sie entlang der Horizontlinie in Ihrem Foto (siehe Abbildung). Sie können auch auf das Werkzeug selbst oder auf das Bild doppelklicken. Wenn Sie die Maustaste freigeben, sehen Sie einen Freistellungsrahmen, der exakt um den Wert gedreht ist, der zur Begradigung des Bilds nötig ist (wie in Schritt acht gezeigt).

Schritt acht:

Sie sehen das begradigte Foto erst, wenn Sie das Werkzeug wechseln, ↵ drücken oder das Bild in Photoshop öffnen (wenn Sie auf **Bild speichern** oder **Fertig** klicken, wird Camera Raw geschlossen und die Geraderichten-Information wird mit der Datei gespeichert). Öffnen Sie diese Datei erneut in Camera Raw, sehen Sie die begradigte Version und können sich nicht mehr vorstellen, dass sie jemals krumm war. Klicken Sie stattdessen auf **Bild öffnen**, wird das begradigte Bild in Photoshop geöffnet. Auch hier gilt wieder: Wenn es sich um ein RAW-Bild handelt (oder um ein JPEG- oder TIFF-Bild und Sie auf die Schaltfläche **Fertig** klicken), können Sie es stets wieder in Camera Raw öffnen und den Freistellungsrahmen entfernen, um das ursprüngliche unbeschnittene Foto wiederherzustellen.

TIPP: Die Begradigung verwerfen

Um den Begradigungsvorgang abzubrechen drücken Sie einfach die ⌜Esc⌟-Taste – der **Gerade-ausrichten**-Rahmen verschwindet.

Die Vorteile des Adobe-DNG-Formats für RAW-Bilder

Adobe hat DNG entwickelt, ein offenes Archivformat für RAW-Bilder, weil im Moment jeder Kamerahersteller sein eigenes proprietäres RAW-Dateiformat verwendet. Wenn eines Tages ein Hersteller sein proprietäres Format zugunsten eines neuen abschafft (wie Kodak sein Photo-CD-Format), können wir dann immer noch unsere RAW-Bilder öffnen? DNG ist nicht proprietär – Adobe hat es als offenes Archivformat entwickelt, das sicherstellt, dass Ihre Negative auch in Zukunft noch geöffnet werden können. Darüber hinaus bringt DNG noch einige weitere Vorteile mit sich.

Schritt eins:

Die Konvertierung Ihrer RAW-Dateien in Adobe DNG hat drei Vorteile: (1) DNG-Dateien sind generell etwa 20% kleiner. (2) DNG-Dateien benötigen keine XMP-Sidecar-Datei, um Camera-Raw-Bearbeitungen, Metadaten und Schlüsselwörter zu speichern – die Informationen werden in die DNG-Datei eingebettet, sodass Sie nur auf eine einzige Datei achten müssen. Und (3) DNG ist ein offenes Format, das Sie auch in Zukunft nutzen können, wie oben in der Einleitung erwähnt. Wenn Sie ein RAW-Bild in Camera Raw geöffnet haben, können Sie es als Adobe DNG speichern, indem Sie auf die Schaltfläche **Bild speichern** klicken (siehe Abbildung), um das Dialogfenster **Speicheroptionen** zu öffnen (siehe nächster Schritt). *Hinweis:* Es bringt keinen Vorteil, TIFF- oder JPEG-Bilder als DNG zu speichern. Deshalb konvertiere ich nur RAW-Bilder.

Schritt zwei:

In der Mitte des Dialogfensters **Speicheroptionen** wählen Sie aus dem Popup-Menü **Format** die Option **Digital-Negativ** (siehe Abbildung). Nun wird ein weiterer Satz Optionen am unteren Rand des Dialogfensters angezeigt (siehe Schritt drei).

Schritt drei:

Wenn Sie das Kontrollfeld **Schnell ladende Dateien einbetten** aktivieren, erhalten Sie eine kleinere, eingebettete RAW-Vorschau, mit der Sie schneller zwischen den Bildern wechseln können (ich schalte diese Funktion ein). Darunter ist eine etwas kontroverse Option, die aber – auf die richtige Weise genutzt – meiner Meinung nach in Ordnung ist. Dabei kommt es zu einer JPEG-artigen, verlustbehafteten Kompression (also zu einem Qualitätsverlust), aber im Gegenzug verringert sich die Dateigröße dramatisch auf etwa 25 % der Größe einer unkomprimierten RAW-Datei. Warum sollten Sie das Kontrollfeld also aktivieren, wenn es doch zu einem Qualitätsverlust kommt? Nun, ich würde es nicht für die besten Bilder eines Shootings verwenden – für Bilder, die ich drucken oder dem Kunden liefern möchte –, aber was ist mit den vielen hundert Bildern, die der Kunde abgelehnt hat oder die Ihnen selbst nicht gefallen? Diese könnten Kandidaten für die Kompression sein, um Plattenspeicher zu sparen. Es liegt bei Ihnen. Wenn Sie sich für die Kompression entscheiden, aktivieren Sie das Kontrollfeld, dann wählen Sie aus dem Popup-Menü, was für Sie am wichtigsten ist: Sie können die Bildabmessungen (die Pixelgröße) beibehalten oder die Dateigröße (die Megapixel). Sobald Sie Ihre Einstellungen vorgenommen haben, klicken Sie auf **Speichern** und erhalten Ihre DNG-Datei.

TIPP: DNG-Voreinstellungen einrichten

Drücken Sie in Camera Raw ⌘/Strg + K, um das **Voreinstellungen**-Dialogfenster zu öffnen. Es gibt im Bereich **Verarbeitung von DNG-Dateien** zwei Voreinstellungen: Wählen Sie **Filialdokumente ».xmp«** nur, wenn Sie statt Camera Raw oder Lightroom ein anderes RAW-Entwicklungsprogramm nutzen und Camera Raw alle XMP-Dateien ignorieren soll, die von dieser Anwendung erzeugt wurden. Wenn Sie das Kontrollfeld **Eingebettete JPEG-Vorschauen aktualisieren** aktivieren und Ihre bevorzugte Vorschaugröße aus dem Popup-Menü wählen, dann werden alle in der DNG-Datei vorgenommenen Änderungen auch der Vorschau zugewiesen.

Wie möchten Sie Ihre RAW-Bilder in Photoshop öffnen?

Nachdem Sie Ihr Bild in Camera Raw bearbeitet haben, ist Ihr nächster Halt wahrscheinlich Photoshop, stimmt's? Sie müssen nun wählen, wie Ihre Bilder übernommen werden sollen. Damit meine ich, dass Sie die Größe (Abmessungen), den Farbraum, die Bittiefe (8 oder 16 Bit/Kanal) usw. einstellen müssen. Wenn Sie nun nach einem Voreinstellungen-Button dafür suchen, haben Sie allerdings Pech: Die Leute bei Adobe haben ihr Bestes getan, ihn vor Ihren Augen zu verbergen. Hier sehen Sie, wie Sie ihn finden und auf die gewünschte Weise einrichten.

Schritt eins:

Wenn Sie direkt unter Ihrem Bild nachsehen, erkennen Sie eine Zeile mit unterstrichenem weißem Text (hier rot eingekreist). Der Text selbst sieht aus wie EXIF-Kameradaten. Sie erhalten keinen Hinweis, dass Sie genau hier klicken müssen, um das Dialogfenster zu öffnen und festzulegen, wie das Bild nach dem Öffnen in Photoshop aussehen soll. Wenn Ihnen das noch nicht obskur genug ist, hat Adobe das Dialogfenster nicht »Voreinstellungen« genannt, sondern **Arbeitsablauf-Optionen**, um Sie weiter aufs Glatteis zu führen. Wie auch immer, nachdem Sie nun wissen, worum es hier geht, klicken Sie auf diesen Link.

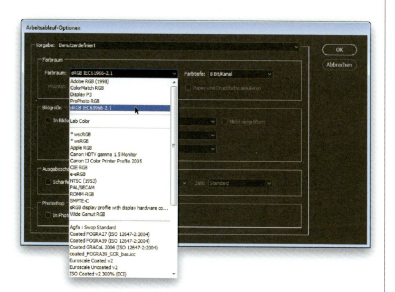

Schritt zwei:

Dadurch wird das Dialogfenster **Arbeitsablauf-Optionen** geöffnet (siehe Abbildung). Im oberen Bereich wählen Sie aus dem Popup-Menü, in welchem Farbraum Ihr Bild geöffnet werden soll (siehe Abbildung). Normalerweise sollten Sie den Farbraum wählen, der Ihrem Photoshop-Arbeitsfarbraum entspricht. Haben Sie diesen also auf **Adobe RGB (1998)** oder **sRGB** gesetzt, sollten Sie hier dasselbe einstellen, damit die Profile übereinstimmen. Die Wahl fällt meist leicht – wählen Sie einfach Ihren Photoshop-Arbeitsfarbraum aus.

Schritt drei:

Rechts vom Popup-Menü **Farbraum** legen Sie fest, in welcher Bittiefe Sie Ihr Foto öffnen möchten (8 oder 16 Bit/Kanal). Was Sie hier einstellen, ist Ihre Entscheidung. (Nur damit Sie es wissen: Meistens arbeite ich im 8-Bit-Modus, außer wenn ich in Himmelsbereichen eine Streifenbildung oder ein anderes Problem entdecke. In diesem Fall öffne ich das Foto wieder in Camera Raw als 16-Bit-Bild, aber das passiert recht selten.) Direkt darunter haben Sie die Möglichkeit, die **Bildgröße** anzupassen. Ich spreche deshalb von einer »Möglichkeit«, weil Ihr Bild bei ausgeschaltetem Kontrollfeld **In Bildschirm einpassen** nicht skaliert wird. Stattdessen wird es einfach in seiner nativen (ursprünglichen) Größe geöffnet. Müssen Sie es hingegen verkleinern oder an eine bestimmte Breite, Höhe, Pixelabmessung usw. anpassen, können Sie eine der Optionen aus dem Popup-Menü wählen und dann die gewünschte Größe und/oder Auflösung eintippen.

Schritt vier:

Darunter finden Sie die **Ausgabeschärfe**. Das ist die Scharfzeichnung, die dem Bild zugewiesen wird, bevor es in Photoshop geöffnet wird. Ich persönlich lasse diese Funktion in diesem Stadium ausgeschaltet. Ich schärfe später manuell mit dem Filter **Unscharf maskieren**. Möchten Sie jedoch gleich eine gewisse Scharfzeichnung zuweisen, schalten Sie das Kontrollfeld ein und wählen das finale Ausgabeziel für das Bild (ob es nur auf dem Bildschirm/einer Webseite betrachtet werden oder eher auf Glossy- oder Matt-Papier gedruckt werden soll). Dann stellen Sie die Stärke der Scharfzeichnung über das Popup-Menü **Zahl** ein. Übrigens sollte meiner Meinung nach die Einstellung **Niedrig** in »Keine« umbenannt werden, die mittlere Standardeinstellung sollte »Niedrig« heißen und die Einstellung **Hoch** sollte »Mittel, aber nur gerade so« heißen. Am unteren Rand des Dialogfensters finden Sie ein Kontrollfeld, mit dem Sie Ihr Bild in Photoshop als bearbeitbares Smartobjekt öffnen können (das heißt, dass Sie die ursprüngliche RAW-Datei mit einem Doppelklick auf ihr Symbol wieder in Camera Raw öffnen und dort bearbeiten können).

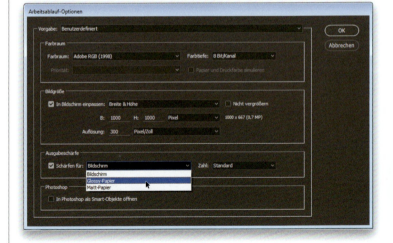

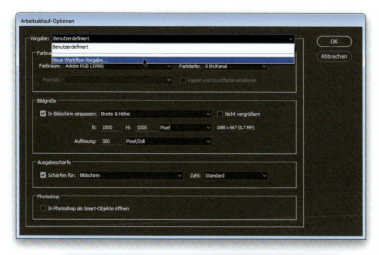

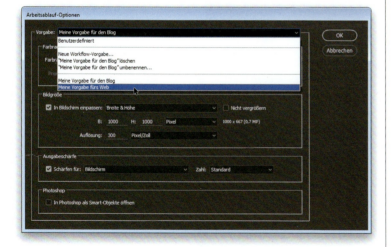

Schritt fünf:

Wenn Sie merken, dass Sie immer wieder zwischen unterschiedlichen Einstellungen hin und her schalten (nehmen wir beispielsweise an, dass Sie ein paar Bilder drucken möchten und dabei Adobe RGB [1998] bei 16 Bit/Kanal in der ursprünglichen Bildgröße mit der Scharfzeichnung **Hoch** wählen, den Rest aber dann in Ihrem Online-Portfolio veröffentlichen möchten und dafür sRGB bei 8 Bit/Kanal mit 1200 Pixel an der langen Kante und der Scharfzeichnung **Standard** einstellen), müssen Sie all das glücklicherweise nicht jedes Mal neu eingeben, wenn Sie umschalten. Alle Einstellungen sind nur einen Klick entfernt, wenn Sie sich eine Workflow-Vorgabe erstellen: Geben Sie alle gewünschten Einstellunen ein, dann öffnen Sie das Popup-Menü am oberen Dialogfensterrand und wählen Sie **Neue Workflow-Vorgabe** (siehe Abbildung). Ein kleines Dialogfenster wird angezeigt (siehe Abbildung unten), in dem Sie einen Namen eingeben und dann auf **OK** klicken.

Schritt sechs:

Nun erscheint Ihre neu erstellte Workflow-Vorgabe im Vorgabenmenü. Wenn Sie sie auswählen, werden alle Einstellungen für Sie vorgenommen. Sie können beliebig viele Vorgaben erstellen, sodass Sie für wiederkehrende Einstellungen nur noch einen Klick benötigen. Wenn Sie fertig sind, klicken Sie auf **OK** und jetzt sind diese Einstellungen Ihre neuen Standard-Einstellungen. Wenn Sie also im Camera-Raw-Fenster auf **Bild öffnen** klicken, werden alle Ihre entwickelten Fotos in Photoshop mit diesen Einstellungen geöffnet (und das bleibt so, bis Sie es wieder umstellen).

Camera Raw für Ihre eigene Kamera kalibrieren

Manche Kameras scheinen ihre eigene »Farbsignatur« zu haben. Damit meine ich, dass jedes Foto etwas zu rot oder zu grün usw. erscheint. Wenn Sie ein Foto aus dieser Kamera öffnen, wissen Sie bereits: Sie müssen einen leichten Farbstich entfernen. Wenn das der Fall ist, können Sie das in Camera Raw ausgleichen und dann die Farbeinstellung als Standard für diese spezielle Kamera einstellen. Sobald Sie nun ein Foto aus dieser Kamera öffnen, wird der Farbstich automatisch entfernt.

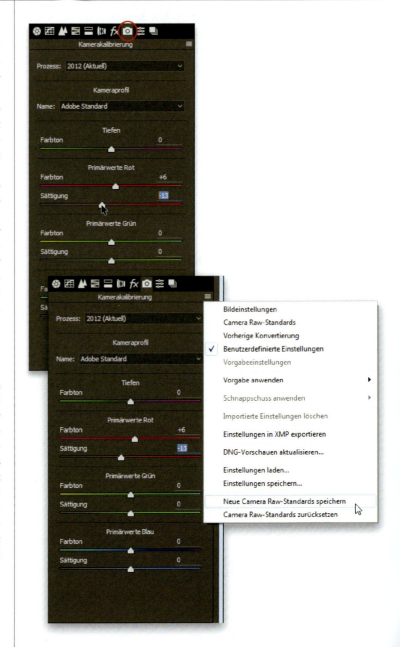

Schritt eins:

Um Camera Raw so zu kalibrieren, dass ein permanenter Farbstich Ihrer Kamera behoben wird, öffnen Sie ein typisches, mit dieser Kamera erzeugtes Foto in Camera Raw. Dann klicken Sie auf das Symbol **Kamerakalibrierung** (es sieht aus wie eine Kamera und ist das dritte Symbol von rechts im oberen Bedienfeldbereich). Nehmen wir also an, dass die Tiefen in jedem Foto aus dieser Kamera etwas zu rot erscheinen. Im **Kamerakalibrierung**-Bedienfeld ziehen Sie den **Sättigung**-Regler unter **Primärwerte Rot** nach links, wodurch das Bild insgesamt weniger rot erscheint. Wenn es sich um den falschen Rotton handelt (vielleicht ist er einfach nur etwas zu warm), passen Sie den **Farbton**-Regler unter **Primärwerte Rot** an, bis der Rotton Ihnen zusagt (wenn Sie nach rechts ziehen, gehen die Rottöne mehr ins Orange).

Schritt zwei:

Damit Camera Raw diese Kalibrierung jedes Mal automatisch zuweist, wenn Sie ein Bild aus dieser speziellen Kamera in Camera Raw öffnen, öffnen Sie das Camera-Raw-Flyout-Menü in der rechten oberen Bedienfelddecke und wählen **Neue Camera Raw-Standards speichern** (siehe Abbildung). Wenn Sie jetzt ein Foto aus dieser Kamera öffnen (Camera Raw liest die EXIF-Daten und ermittelt so, aus welcher Kamera eine Aufnahme stammt), wird diese Kalibrierung zugewiesen. *Hinweis:* Auf dieselbe Weise können Sie Ihre Blau- und Grüntöne anpassen.

Photoshop-Killer-Tipps

Vermeiden Sie den Filter Rauschen reduzieren in Photoshop

Es gibt zwei verschiedene Möglichkeiten, Rauschen zu reduzieren: Die Regler zur Rauschreduzierung in Camera Raw sind toll, der Filter **Rauschen reduzieren** in Photoshop (im Menü **Filter > Rauschfilter**) ist es nicht. Wir scherzen gerne, dass diese Regler für gar nichts geeignet sind, höchstens als Unschärfefilter. Mein Rat: Verwenden Sie nur die Rauschreduzierung im **Details**-Bedienfeld von Camera Raw.

Bilder drehen

Zum Schluss noch ein sehr sinnvolles Tastaturkürzel: Um Ihr Bild nach links zu drehen, drücken Sie L; um es nach rechs zu drehen, drücken Sie R. Das Schöne daran: Sobald Sie sich eine der Tasten gemerkt haben, vergessen Sie die andere nie wieder.

Camera Raw im Vollbildmodus

Damit Camera Raw Ihren ganzen Bildschirm ausfüllt, klicken Sie auf das Symbol *Vollbildmodus* im oberen Fensterbereich oder drücken Sie einfach die Taste F.

Probleme mit Bildrauschen vermeiden

Wenn Ihr Bild Rauschen aufweist, dann wahrscheinlich in den Tiefenbereichen. Das sollten Sie bei der Bildbearbeitung beachten. Wenn Sie die Schatten stark aufhellen (mit den Reglern **Tiefen**, **Schwarz** oder in manchen Fällen sogar **Belichtung**), wird das bereits im Bild vorhandene Rauschen noch verstärkt. Können Sie es nicht vermeiden, solche Tiefen zu öffnen, verwenden Sie die Camera-Raw-Rauschreduzierung, um das sichtbare Rauschen zu reduzieren.

Tipp für die Nutzer von Wacom-Tablets, die das Tablett auf dem Schoß halten

In CS4 führte Adobe die Ansichtdrehung ein. Als Grafiktablett-Nutzer können Sie die Ansicht drehen, falls Sie Ihr Tablett beispielsweise hochkant nutzen möchten. Um diese Funktion einzuschalten, wählen Sie das **Ansichtdrehung**-Werkzeug und ziehen dann mit der Maus, um die Arbeitsfläche zu drehen. Es gab jedoch ein Problem: Beim Drehen der Ansicht drehte sich Ihr Pinsel mit (im wirklichen Leben ist das nicht so). Glücklicherweise bleiben Ihre Pinsel beim Drehen der Arbeitsfläche mittlerweile unverändert.

Automatische Autokorrekturen

Die Autokorrektur-Funktionen wurde in den vorigen Versionen von Photoshop stark verbessert. Mittlerweile ist die Schaltfläche **Auto** ziemlich gut. Nicht fantastisch, nicht hervorragend, aber gut. Wie auch immer: Wenn Camera Raw jedem geöffneten Bild automatisch eine Autokorrektur zuweisen soll (als Ausgangspunkt für Ihre Bearbeitung), klicken Sie auf das **Voreinstellungen**-Symbol in der Camera-Raw-Werkzeugleiste (das dritte Symbol von rechts) und schalten Sie im Bereich **Standard-Bildeinstellungen** das Kontrollfeld **Automatische Farbtonkorrektur anwenden** ein. Jetzt erhält jedes Bild gleich beim Öffnen eine Autokorrektur.

Der versteckte Papierkorb

Wenn Sie sich fragen, warum Sie in Camera Raw kein Papierkorbsymbol sehen, über das Sie Dateien löschen können: Das liegt daran, dass es nur angezeigt wird, wenn Sie mehrere Bilder geöffnet haben (es erscheint dann am Ende der Werkzeugleiste). Klicken Sie es an und Ihre ausgewählten Bilder werden zum Löschen ausgewählt. Klicken Sie auf die Schaltfläche **Fertig** und die Bilder werden gelöscht (genauer gesagt in den Papierkorb Ihres Betriebssystems gelegt).

Location: Monaco | Belichtung: 1/1000 s. | Brennweite: 28 mm | Blendenwert: ƒ/5,6

Die Korrekturwerkzeuge von Camera Raw

Kennen Sie den Film *Der Plan* mit Tom Hanks und Meg Ryan? Falls Sie ihn nicht gesehen haben: Er war ziemlich gut, bis auf die schwache Darbietung von Sean Connery in der Rolle des Nathan Detroit (ein texanischer Abgeordneter, der immer dazu aufgelegt ist, zu scherzen oder jemandem Feuer zu geben, der aber in Wirklichkeit lieber woanders wäre). Wie dem auch sei, der Film spielt in der riesigen Fabrik, in der Adobe Photoshop fertigt. Es handelt sich dabei – und das ist auch in der Realität gut dokumentiert – um einen stillgelegten Raketensilo in Fairview Park, Ohio, nur einen Steinwurf entfernt von Westlake und North Olmsted (gute Leute da oben). Am besten gefällt mir der Teil, wo sie gerade die CC 2017-Version von Photoshop herausbringen wollen. Dazu mussten jedoch zwei Adobe-Ingenieure gleichzeitig einen Schlüssel herumdrehen und natürlich fand einer von ihnen seinen Schlüssel nicht. Dann kommt Tom Hanks mit einem großen, alten, sabbernden Hund und der Hund findet den Schlüssel, aber dann verschluckt er ihn und … na ja … die Szene ist einfach umwerfend komisch.

Natürlich ging ein großer Teil des Humors in der französischen Filmversion mit dem Titel *Avoir un Nom à Coucher Dehors* verloren (man kann das ungefähr als »Meiden Sie knusprige Vorspeisen« übersetzen). Manche denken, dass er teilweise auch deshalb so wenig an den Kinokassen in Marseille eingespielt hat. Das Problem entstand, als sich die Produzenten der französischen Version für Untertitel statt eine Synchronisierung entschieden. Denn natürlich konnte der Typ, der die Untertitel eingab, auf keinen Fall die französischen Begriffe für Photoshop-Funktionen wie etwa den Pompatus kennen. Er verwendete stattdessen einfach kurze englische Wörter mit vier Buchstaben, die er im Rap-Song »Naked (Boom Boom Boom)« von Kutt Calhoun hörte. Deshalb stuften sie den Film als nicht jugendfrei ein und das bedeutete mehr oder weniger sein Ende. Aus diesem Grund sind Filme mit Tom Hanks bis heute in Frankreich verboten. Das ist wirklich wahr (da können Sie jeden fragen). C'est vrai!

Abwedeln, nachbelichten und einzelne Bildbereiche korrigieren

Eine meiner Lieblingsfunktionen in Camera Raw ist die Möglichkeit, zerstörungsfreie Korrekturen an einzelnen Bildbereichen durchzuführen (Adobe bezeichnet dies als »lokale Korrekturen«). Die Funktion ist ziemlich clever implementiert – es arbeitet sich damit zwar anders als mit einem Photoshop-Pinsel, aber ich bin mir sicher, dass sie Ihnen in mancherlei Hinsicht sogar besser gefällt. Zunächst wollen wir abwedeln und nachbelichten und nehmen nach und nach noch weitere Optionen dazu.

Schritt eins:

In diesem Foto gibt es zwei Bildbereiche, die völlig unterschiedlich bearbeitet werden müssen: (1) Der Himmel muss dunkler werden und lebhaftere Farben bekommen und (2) der Felsen muss heller und ausdrucksstärker werden. Wählen Sie also den **Korrekturpinsel** oben in der Werkzeugleiste (hier rot eingekreist) oder drücken Sie einfach die Taste K auf Ihrer Tastatur. Ich empfehle aber, zunächst ganz normal alle standardmäßigen Bildkorrekturen im **Grundeinstellungen**-Register durchzuführen (Belichtung, Kontrast usw.).

Schritt zwei:

Sobald Sie auf den Pinsel klicken, erscheint rechts im Fenster ein **Korrekturpinsel**-Bedienfeld, das außer dem **Dynamik**-Regler auch alle Regler des **Grundeinstellungen**-Registers enthält, und dazu noch einige mehr (wie etwa Bildschärfe, Rauschreduzierung, Moiré-Reduzierung und Rand entfernen). Zuerst wollen wir den Himmel abdunkeln. Mit dem **Korrekturpinsel** wählen Sie, (1) welche Art Korrektur Sie verwenden wollen, beginnen dann (2) zu malen und verändern (3) bei Bedarf noch die Stärke Ihrer Korrektur. Klicken Sie also zuerst auf die Schaltfläche – (Minuszeichen) rechts vom **Belichtung**-Regler, um alle Regler auf 0 und den **Belichtung**-Regler (der die Mitteltöne steuert) auf –0,50 zu setzen. Das ist ein guter Ausgangswert.

Schritt drei:

Unten im Bedienfeld **Korrekturpinsel** finden Sie eine wirklich beeindruckende Funktion des **Korrekturpinsels** mit der Bezeichnung **Automatisch maskieren**. Mit dieser vermeiden Sie es, Bildbereiche ungewollt zu übermalen. Das ist besonders in Kantenbereichen nützlich. Wenn Sie so etwas Weitläufiges wie diesen Himmel hier übermalen, bremst Sie die Funktion allerdings aus, weil sie ständig nach einer Kante sucht. Für solche Korrekturen lasse ich das Kontrollfeld **Automatisch maskieren** also ausgeschaltet. Hier vermeide ich es einfach, in die Nähe der Felskanten zu kommen (jedenfalls vorerst). Also malen Sie jetzt ohne die Funktion **Automatisch maskieren** über den Himmel, aber kommen Sie dem Felsen dabei nicht zu nahe – beschränken Sie sich einfach auf offene Bereiche des Himmels (so wie hier gezeigt). Sehen Sie, wie er beim Malen immer dunkler wird?

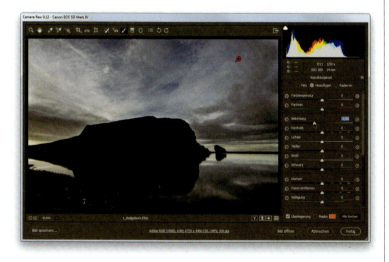

Schritt vier:

Wenn Sie den Himmel größtenteils übermalt haben (bis auf die Bereiche nahe der Felskanten), dann können Sie nun bestimmen, wie dunkel er sein soll. Probieren Sie, die Belichtung auf −1,00 zu senken (so wie hier gezeigt), und der übermalte Bereich wird um einiges dunkler. Das meinte ich mit »verändern Sie anschließend die Stärke der Korrektur«. Sehen Sie außerdem den roten Markierungspin oben rechts im Bild? Er repräsentiert diese eine Korrektur. (Es kann mehrere Korrekturen geben, daher brauchen wir eine Möglichkeit, sie nachzuverfolgen. Es geht gleich noch weiter.)

TIPP: Korrekturen löschen

Wenn Sie eine Korrektur löschen möchten, klicken Sie einfach auf die Korrekturmarkierung (die Mitte des Pins wird schwarz) und drücken Sie dann die ⟨Entf⟩-Taste.

Schritt fünf:

Okay, so langsam nervt mich der »Schein« rund um die Felskanten, wo wir den Himmel nicht übermalt haben. Also kümmern wir uns darum, ehe wir die Einstellungen weiter verfeinern. Wenn wir in die Nähe der Kanten kommen, empfiehlt es sich, die Funktion **Automatisch** wieder einzuschalten (so wie hier gezeigt). So können Sie direkt bis an die Kanten heranmalen und alle Bereiche ausfüllen, ohne versehentlich über den Felsen zu malen. Der Schlüssel zum automatischen Maskieren ist einfach – lassen Sie das kleine + (Pluszeichen) im inneren Kreis Ihres Pinsels nicht über den Felsen geraten, denn dieses bestimmt, welche Bildbereiche berücksichtigt werden (sobald das + auf den Felsen gerät, wird auch dieser mit übermalt). Mit dem äußeren Kreis dürfen Sie direkt über den Felsen fahren – nur nicht mit dem Fadenkreuz (sehen Sie, wie der Pinsel hier über die obere Felskante fährt, ohne dass dieser abgedunkelt wird? Das verdanken wir der Funktion **Automatisch maskieren**).

Schritt sechs:

Wie können Sie nun sicher sein, ob Sie wirklich die gesamte zu korrigierende Bildregion übermalt haben? Ob Sie nicht vielleicht ein kleines Fleckchen vergessen haben? Wenn Sie unten im Bedienfeld das Kontrollfeld **Maske** aktivieren, wird der übermalte Bereich eingefärbt (ich habe hier die Maskenfarbe mit einem Klick auf das Farbfeld neben dem Kontrollfeld in Rot geändert), sodass Sie fehlende Bereiche sofort erkennen. Wenn Sie das nicht permanent eingeschaltet lassen möchten, drücken Sie einfach die Taste Y, um die Maske ein- und auszuschalten. Sie können auch mit Ihrem Mauszeiger über einen inaktiven Pin fahren und Camera Raw zeigt Ihnen vorübergehend die Maske für diese Korrekturmarkierung an. Jetzt wissen Sie, wo überall Sie gemalt haben, und können eventuell fehlende Bereiche ergänzen.

Schritt sieben:

Nun wollen wir sehen, was noch im **Korrekturpinsel** steckt, indem wir einige weitere Regler anpassen. Richtig, wenn Sie einmal einen Bereich übermalt und somit maskiert haben, können Sie beliebige Regler anpassen und beeinflussen damit nur genau diesen soeben übermalten Bereich (hier ist das der Himmel). Fangen wir oben an und dunkeln ihn zunächst etwas ab, indem wir die Belichtung auf –1,05 absenken. Dann ziehen wir die Lichter hoch auf etwa +48, um mehr Details in den Wolken herauszuarbeiten. Gehen Sie jetzt runter zur Sättigung und stellen diese etwas höher ein (ich bin auf +64 gegangen). Schon wird der Wolkenhimmel viel lebhafter, so wie Sie es hier sehen – genauso habe ich ihn in Erinnerung (zwinker). Dieses Werkzeug ist so leistungsfähig, weil wir damit einen Bereich übermalen und dann mehrere Korrekturen auf genau diesen Bereich anwenden können.

Schritt acht:

Arbeiten wir als Nächstes an der Felsformation. Klicken Sie zunächst auf das Optionsfeld **Neu** am oberen Bedienfeldrand, sodass wir einen neuen Bereich übermalen können (sonst würde der Felsen dieselben Einstellungen wie der Himmel bekommen). Klicken Sie dann rechts neben Belichtung zweimal auf die Schaltfläche **+**, um alle Regler auf 0 zurückzusetzen und den Belichtungswert auf +1,00 zu erhöhen. Lassen Sie die Funktion **Automatisch maskieren** eingeschaltet und malen Sie jetzt über den Felsen, so wie hier gezeigt. Sie hellen diese Bereiche damit auf, weil Sie den Belichtungswert recht deutlich erhöht haben. Beachten Sie auch, dass es jetzt zwei Pins gibt, und dass die Markierung des Himmels jetzt weiß ist, da sie nicht mehr aktiv ist. Um den Himmel weiter anzupassen, müssten Sie auf diese Markierung klicken, und schon hätten Sie wieder die entsprechenden Einstellungen vor sich.

Schritt neun:

Übermalen Sie auch den Rest des Felsens mitsamt seiner Reflexion und den kleinen Felsen rechts davon. Dann wollen wir beide etwas »aufpeppen«. Nehmen Sie zuerst die Belichtung etwas zurück. Ich habe sie hier auf +0,85 heruntergezogen. Dann erhöhen Sie den Kontrast auf +53. Öffnen Sie die Tiefen, indem Sie den **Tiefen**-Regler etwas nach rechts ziehen. Ich bin hier bis auf +8 gegangen. Anschließend ziehen Sie den **Lichter**-Regler nach oben (auf +39). Fügen wir noch etwas Ausdruck hinzu, indem wir die Klarheit erhöhen – ziehen Sie sie bis auf etwa +61. Bringen Sie dann das Grün des Felsens heraus, indem Sie die Sättigung auf +64 anheben und den Farbton auf –35 absenken. Jetzt sticht der Felsen schon richtig heraus, aber Sie können sehen, dass ich das kleine + in der Mitte des Pinsels oben links etwas aus dem Felsen herausbewegt habe. Dadurch ist auch der Himmel betroffen, und das sieht nicht gut aus. Hierum müssen wir uns also als Nächstes kümmern.

TIPP: Was möchten Sie bearbeiten?

Wenn Sie einen Regler bei mehreren vorhandenen Markierungen verschieben, dann passt Camera Raw immer den gerade aktiven Pin an (der in Rot-Schwarz angezeigt wird). Um zu wählen, welche Anpassung Sie bearbeiten möchten, klicken Sie zuerst auf den entsprechenden Pin und treffen Sie dann Ihre Veränderungen.

Schritt zehn:

Wenn Sie einen Fehler machen oder einen zu weit übermalten Bereich löschen müssen, halten Sie die [Alt]-Taste gedrückt, um den Pinsel in den **Radieren**-Modus zu schalten. Übermalen Sie nun einfach den Überlaufbereich und schon können Sie ihn löschen, so wie hier gezeigt. Sie können zum Umschalten auch auf das Optionsfeld **Radieren** oben im **Korrekturpinsel**-Bedienfeld klicken. Dann können Sie auch die Größe, die Kantenhärte, den Fluss und die Dichte des Radieren-Pinsels bestimmen (mehr dazu gleich). Es empfiehlt sich also, zumindest einmal dieses Optionsfeld anzuklicken, die bevorzugte Pinselgröße einzustellen, und dann bei Korrekturbedarf einfach nur noch [Alt] gedrückt zu halten.

Schritt elf:

Sie sollten noch einige weitere Dinge über den **Korrekturpinsel** wissen: Unten im Bedienfeld liegt der Regler **Weiche Kante**, mit dem Sie die Weichheit der Pinselkanten einstellen – je höher der Wert, desto weicher der Pinsel (ich nutze zu 90 % einen weichen Pinsel). Für eine harte Pinselkante ziehen Sie den Regler **Weiche Kante** auf 0. Standardmäßig ist der Pinsel so eingestellt, dass Sie beim Malen damit mehrere Lagen aufbauen können. Wenn Sie also einen Bereich übermalen und er ihnen noch nicht dunkel genug ist, malen Sie mit einem weiteren Pinselstrich nochmals darüber. Dieser Aufbau lässt sich über die Regler **Fluss** und **Dichte** steuern. Der **Dichte**-Regler simuliert gewissermaßen die Airbrush-Eigenschaften der Photoshop-Pinsel, aber der Effekt ist hier so subtil, dass ich den Standardwert von 100 fast nie ändere. Der **Fluss**-Regler bestimmt den Farbauftrag des Pinsels (ich verwende derzeit meistens den Wert 100, aber wenn ich »Schichten aufbauen« möchte, senke ich ihn auf 50 ab). Unten sehen Sie anhand einer Vorher/Nachher-Darstellung, wie nützlich das Abwedeln und Nachbelichten mit dem **Korrekturpinsel** sein kann.

Vorher

Nachher

Porträts in Camera Raw retuschieren

Die Porträtretusche war bisher einer der wichtigsten Gründe für uns, Photoshop einzusetzen. Jetzt können Sie aber mit dem Werkzeug **Makel entfernen** und dem **Korrekturpinsel** einfache Retuscheaufgaben direkt hier in Camera Raw durchführen. Das funktioniert komplett zerstörungsfrei und bietet zugleich erstaunlich viel Flexibilität.

Schritt eins:

Im hier gezeigten Porträt wollen wir drei Retuschen durchführen: (1) eventuelle Makel entfernen und die Haut weichzeichnen, (2) das Weiß der Augen und die Augen insgesamt aufhellen und im Kontrast verstärken und (3) die Augen, Augenbrauen und Wimpern schärfen.

Schritt zwei:

Zuerst entfernen wir die Makel. Zoomen Sie dazu ins Gesicht hinein und aktivieren Sie oben in der Werkzeugleiste das Werkzeug **Makel entfernen** (B) (hier rot eingekreist). Stellen Sie Ihre Pinselgröße etwas größer als den zu entfernenden Makel ein. Bewegen Sie nun den Cursor über die entsprechende Stelle und klicken Sie einfach. Malen Sie keinen Pinselstrich auf oder Ähnliches – ein einfacher Mausklick genügt. Wenn das Ergebnis nicht richtig gut aussieht, dann hat Camera Raw eine schlechte Stelle für reine Haut als Reparaturquelle ausgesucht. Klicken Sie dann in den Quellbereich im grünen Kreis und ziehen Sie ihn auf eine nahe gelegene Hautpartie, und die Retusche wird wiederholt (so wie hier gezeigt). Entfernen Sie nun auch die übrigen Makel mit jeweils einem einzigen Klick und passen Sie bei Bedarf wieder die Positionen der grünen Kreise an.

Schritt drei:

Jetzt wollen wir die Haut etwas weichzeichnen. Klicken Sie auf den (hier eingekreist dargestellten) **Korrekturpinsel** (K) in der Werkzeugleiste, dann klicken Sie viermal auf das – (Minuszeichen) links von **Klarheit**, um einen **Klarheit**-Wert von –100 einzustellen (wer gerne allem einen Namen gibt, sagt hierzu »negative Klarheit«). Ziehen Sie den **Bildschärfe**-Regler nun hoch auf +25 und schon sind Sie startklar. Vergrößern Sie Ihren Pinsel (entweder mit dem **Größe**-Regler oder mit gedrückter rechter Maustaste) und übermalen Sie dann die Gesichtshaut, um sie weichzuzeichnen (so wie hier gezeigt). Vermeiden Sie dabei aber sorgfältig Bereiche, die viele Details enthalten und scharf bleiben sollten, wie etwa die Augenbrauen, Wimpern, Nasenlöcher, den Haaransatz usw. Beim Malen bemerken Sie vielleicht keine sehr große Änderung, aber wenn Sie mit der (P)-Taste die Vorschau ein- und ausschalten, dann sehen Sie, dass doch viel mehr passiert, als Sie vielleicht denken. Wenn Sie mit dem Übermalen fertig sind und Ihnen der Effekt zu stark erscheint, können Sie die Klarheit natürlich auch wieder anheben (probieren Sie es mit –75 oder –50; ich bin am Ende bei –50 gelandet).

Schritt vier:

Kümmern wir uns als Nächstes um die Augen. Klicken Sie auf das Optionsfeld **Neu** am oberen Bedienfeldrand, um einen neuen Bereich zu bearbeiten. Dann setzen Sie die Regler **Klarheit** und **Bildschärfe** jeweils mit einem Doppelklick auf den Reglerknopf auf 0 zurück. Ziehen Sie nun den **Belichtung**-Regler etwas nach rechts (ich habe mit +35 angefangen), verkleinern Sie Ihren Pinsel, und übermalen Sie dann die weißen Bereiche der Augen, so wie hier gezeigt. Sobald das gut aussieht (ich habe die Belichtung wieder auf +25 zurückgenommen), klicken Sie nochmals auf das Optionsfeld **Neu** und stellen den Regler wieder auf Null, damit wir uns im Anschluss um die Verstärkung des Kontrasts und die Aufhellung der Iris kümmern können.

Schritt fünf:

Um mehr Kontrast zu erhalten, ziehen wir den **Kontrast**-Regler hier richtig weit hoch – bis auf +73. Um die Iris zugleich auch aufzuhellen und in der Textur zu verbessern, erhöhen Sie außerdem die Belichtung auf +85 und die Klarheit auf +18. Dann malen Sie direkt über die Iris und beobachten, wie viel besser die Augen danach aussehen. Ich habe die Belichtung am Ende wieder auf +55 zurückgenommen! Schließlich wollen wir noch die Augen, Wimpern und Augenbrauen schärfen. Klicken Sie nochmals auf die Schaltfläche **Neu** und setzen Sie alle Regler zurück auf 0. Dazu klicken Sie einfach auf das **+** (Pluszeichen) neben der Bildschärfe, um alle Regler zurückzusetzen und die Bildschärfe auf +25 zu stellen. Malen Sie nun über die Pupillen und Iris (aber nicht bis ganz an den Rand der Iris), dann übermalen Sie noch die Augenwimpern und Augenbrauen, um sie schärfer und knackiger aussehen zu lassen und die Retusche abzuschließen (unten sehen Sie einen Vorher/Nachher-Vergleich).

Vorher

Nachher

Himmel (und andere Dinge) mit dem Verlaufsfilter korrigieren

Der Verlaufsfilter ist eigentlich eher ein Werkzeug, mit dem Sie die Wirkung eines traditionellen Grauverlaufsfilters nachstellen können. Diese aus Glas- oder Kunststoff gefertigten Filter sind oben dunkel und werden nach unten hin immer heller, bis zur völligen Transparenz. Bei Landschaftsfotografen sind sie besonders beliebt, weil sie das Problem lösen, dass man ansonsten entweder ein Foto mit perfekt belichtetem Vordergrund oder eines mit perfekt belichtetem Himmel bekommt, aber nicht beides zugleich. Mit Adobes Umsetzung können Sie diese Funktion jedoch noch deutlich vielseitiger einsetzen, als nur für den Grauverlaufseffekt (obwohl das wahrscheinlich trotzdem die Hauptanwendung sein wird).

Schritt eins:

Wählen Sie zunächst den Verlaufsfilter (⟨G⟩) oben in der Werkzeugleiste aus (hier rot eingekreist dargestellt). Wenn Sie ihn anklicken, öffnet sich sein Bedienfeld (so wie hier gezeigt). Die Einstellungsmöglichkeiten entsprechen denen des **Korrekturpinsels**. Wir werden hier die Wirkung eines klassischen Grauverlaufsfilters nachstellen und den Himmel abdunkeln. Ziehen Sie zunächst den **Belichtung**-Regler nach links oder klicken Sie einfach zweimal auf die Schaltfläche mit dem – (Minuszeichen), um so wie hier gezeigt den Wert –1,00 einzustellen.

Schritt zwei:

Klicken Sie am oberen Bildrand in die Mitte und ziehen Sie gerade nach unten, bis Sie wie hier die Fahrbahndecke der Brücke erreichen. Halten Sie dabei die ⟨⇧⟩-Taste gedrückt, damit der Verlauf gerade bleibt. Sie sollten in der Regel immer nur bis zur Horizontlinie ziehen, da ansonsten auch Teile Ihres korrekt belichteten Vordergrunds abgedunkelt werden (hier hatten wir das Problem allerdings nicht). Mit dem abgedunkelten Himmel sieht das Foto jetzt bereits ausgewogener aus. *Hinweis:* Wenn Sie die ⟨⇧⟩-Taste loslassen, können Sie den Verlauf in eine beliebige Richtung ziehen.

Schritt drei:

Der grüne Pin markiert den oberen und der rote Pin den unteren Rand des Verlaufs. Hier wollen wir den Himmel noch etwas weiter abdunkeln, also ziehen Sie den **Belichtung**-Regler leicht nach links, um die Mitteltöne im Himmel abzudunkeln. Wenn Sie einmal einen Verlaufsfilter aufgezogen haben, können Sie noch weitere Effekte auf denselben Bereich anwenden – genau wie beim **Korrekturpinsel**. Falls Sie den Himmel gerne etwas blauer hätten, könnten Sie also auf das Farbfeld am unteren Bedienfeldrand klicken und im Farbwähler eine blaue Farbe auswählen, um Ihren Effekt zu vervollständigen (ich musste das hier nicht machen).

TIPP: Verlaufstipps

Sie können die Position Ihres Verlaufs auch nachträglich ändern – klicken Sie einfach auf die Linie zwischen dem grünen und dem roten Pin und ziehen Sie den Verlauf als Ganzes nach unten. Ziehen Sie einen der beiden Pins, um den Verlauf nachträglich zu drehen. Sie können auch mehrere Verläufe anlegen, indem Sie auf das Optionsfeld **Neu** am oberen Bedienfeldrand klicken. Zum Löschen eines Verlaufs klicken Sie ihn einfach an und drücken dann die [Entf]-Taste.

Vorher

Nachher

Farbprobleme beheben oder Effekte hinzufügen durch »Malen« mit Weißabgleich

In Camera Raw können wir mit Weißabgleich malen. Von allen neuen Funktionen, die Camera Raw im Lauf der Jahre erhalten hat, werden Sie diese hier vielleicht am häufigsten nutzen. Sehr oft liegt bei Tageslichtaufnahmen ein Teil des Fotos im Schatten. Die vom Tageslicht beleuchteten Bereiche haben eine bestimmte Farbe, der gegenüber die schattigen Bereiche meist einen Blaustich aufweisen. Das gilt besonders, wenn Sie an der Kamera den automatischen Weißabgleich einstellen, der ja in vielen Situationen auch gut funktioniert. So malen Sie mit Weißabgleich, um durchgängig stimmige Farben in Ihrem Bild zu bekommen.

Schritt eins:

In diesem Porträt hat unser Model einen schönen warmen Hautton. Das liegt zum Teil auch daran, dass ich den externen Blitz mit einer orangefarbigen Farbfilterfolie versehen habe. Aber sehen Sie sich den Hintergrund an – er liegt im Schatten und wirkt daher bläulich, so als wäre die Aufnahme in der Dämmerung entstanden. Dabei war es während des Sonnenuntergangs. Wenn ich einen wärmeren Weißabgleich anzuwenden versuche, wird die Haut richtig gelb aussehen. Zum Glück können wir jetzt den Weißabgleich nur für diesen einen Bereich anpassen.

Schritt zwei:

Aktivieren Sie den **Korrekturpinsel** (K), klicken Sie auf die Schaltfläche **+** (Pluszeichen) rechts von der **Farbtemperatur** (alle anderen Regler werden auf 0 und der **Farbtemperatur**-Regler auf +25 gesetzt), und beginnen Sie, diesen bläulichen Hintergrundbereich zu übermalen (so wie hier gezeigt). Anschließend können Sie den **Farbtemperatur**-Regler noch weiter anpassen. (Nach rechts wärmen Sie die Farbe auf und entziehen dem Bereich seinen Blaustich. Ich habe hier bis +51 gezogen. Oder Sie gehen weiter nach links, falls die Grundeinstellung +25 zu warme Farben ergibt.) Das ist das Tolle daran, den **Korrekturpinsel** hierfür einzusetzen – sobald Sie den blaustichigen Bereich übermalt haben, können Sie mit dem Regler genau die richtige Stärke für Ihren Weißabgleich »eingeben«. Jetzt sieht der Hintergrund neutraler aus. Für den Feinschliff habe ich auch die Lichter noch etwas angehoben.

Rauschreduzierung nur in den Tiefen

Wenn Sie Aufnahmen mit hoher ISO-Einstellung machen, dann werden Sie – natürlich je nach Kamerahersteller und -modell – ein mehr oder weniger stark ausgeprägtes Bildrauschen bekommen. Auf jeden Fall wird dieses Bildrauschen in den Tiefen am deutlichsten hervortreten. Noch schlimmer wird es, wenn Sie die Tiefen aufhellen müssen. Dabei wird das Bildrauschen sehr deutlich. Die Rauschreduzierung in Camera Raw funktioniert zwar sehr gut, aber wie jede Rauschreduzierung handelt es sich um einen Kompromiss, bei dem das Bild etwas unschärfer wird. Das Rauschen wird quasi weichgezeichnet. Mit dieser Technik können Sie die Rauschreduzierung nur dort einzeichnen, wo sie gebraucht wird, und der Rest des Bilds bleibt scharf.

Schritt eins:

Zuerst hellen wir den Fußboden und die Wände in diesem Bild auf. Es wurde mit ISO 6400 gemacht. Wenn wir diese Bereiche also aufhellen, wird das Bildrauschen in den Tiefen extrem deutlich. Aber jetzt können wir wenigstens etwas dagegen unternehmen. Aktivieren Sie zuerst den **Korrekturpinsel** (K), doppelklicken Sie auf die **+**-Schaltfläche (Pluszeichen) rechts vom **Tiefen**-Regler (alle anderen Regler werden dadurch auf 0 zurückgesetzt), dann ziehen Sie den **Tiefen**-Regler auf ungefähr +53 und übermalen den Fußboden und die Wände. Selbst jetzt sind diese Bereiche noch etwas zu dunkel, also probieren Sie die Lichter aufzuhellen, indem Sie diesen Regler auf +57 ziehen, und erhöhen Sie auch die Belichtung auf +0,20. Ziehen Sie schließlich den **Klarheit**-Regler auf +28 (um die Textur zu verbessern). Jetzt sieht es definitiv besser aus (zumindest in meinen Augen), aber wenn Sie den vergrößerten Ausschnitt betrachten, dann sehen Sie nun sehr starkes Bildrauschen, das zuvor in den Tiefen versteckt war.

Schritt zwei:

Zoomen Sie jetzt auf 100%, damit Sie das Rauschen in den Tiefen richtig erkennen können, und ziehen Sie den Regler **Rauschreduzierung** nach rechts. Beobachten Sie derweil das Bildrauschen. Ziehen Sie so weit, bis Sie den optimalen Punkt finden, an dem das Rauschen reduziert wurde, ohne dass die Tiefenbereiche zu stark verschwimmen (denken Sie daran, dass Sie Rauschreduzierung betreiben, keine Rauschentfernung). Diese Rauschreduzierung betrifft nur die von Ihnen übermalten Fußboden- und Wandbereiche, der Rest des Bilds bleibt unverändert scharf.

Wie Sie mehr als 100% aus jedem Korrekturpinsel-Effekt herausholen

Sagen wir mal, Sie wollen einem bestimmten Bereich Ihres Fotos mehr Klarheit verpassen. Also haben Sie den **Klarheit**-Regler auf 100 gestellt und den betreffenden Bildbereich übermalt. Jetzt betrachten Sie das Ergebnis und denken: »Ich habe den Regler zwar auf 100% gestellt, aber da muss doch noch mehr gehen!« Es ist, als wollten Sie Ihren Verstärker auf Stufe 11 stellen. :) Folgendes ist zu tun.

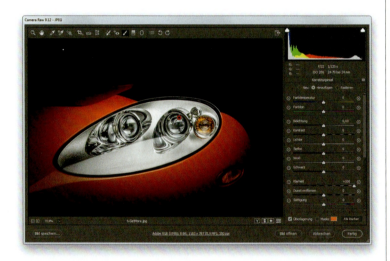

Schritt eins:

Dieses Bild wollen wir bearbeiten. Unser Ziel ist dabei, zusätzliche Details in den Autoscheinwerfern herauszubringen. Aktivieren Sie also den **Korrekturpinsel** ([K]), klicken Sie auf die **+**-Schaltfläche (Pluszeichen) rechts vom **Klarheit**-Regler (um alle anderen Regler zurück auf 0 zu stellen) und ziehen Sie dann nur den **Klarheit**-Regler ganz hoch auf +100. Als Nächstes übermalen Sie ausschließlich die Scheinwerfer komplett. Was, wenn Sie nun finden, dass sie mit noch mehr Details noch besser »herausstechen« würden? Den Klarheit-Effekt haben Sie ja bereits mit den vollen +100 eingezeichnet. Sie können den Regler ja schließlich auch nicht auf +200 ziehen oder so etwas in dieser Art?

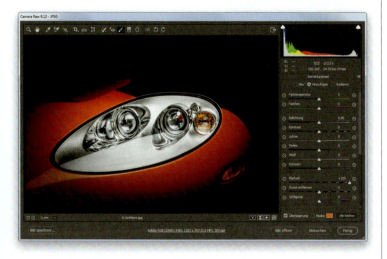

Schritt zwei:

Sie brauchen nur die Tasten [⌘]/[Strg] + [Alt] zu drücken und durch Anklicken und Ziehen des Bearbeitungs-Pins eine weitere Kopie der Anpassung zu erstellen (sodass Sie dann also zwei Pins für diesen Bereich haben: den ursprünglichen Pin mit 100% Klarheit und obendrauf noch einen weiteren Pin mit nochmals 100% Klarheit). Sie haben jetzt also im Prinzip 200% Klarheit auf die Scheinwerfer angewendet. Natürlich funktioniert das nicht nur mit der Klarheit, sondern mit allen Reglern hier im **Korrekturpinsel**-Bedienfeld.

Photoshop-Killer-Tipps

Einen Gaußschen Weichzeichner einmalen

Okay, technisch gesehen ist es kein Gaußscher Weichzeichner, aber in Camera Raw können Sie mit einem Weichzeichnungseffekt malen. Senken Sie dazu den Wert für die Bildschärfe (im **Korrekturpinsel**-Bedienfeld) auf unter 0 ab. Für einen guten Weichzeichnungseffekt würde ich gleich bis ganz auf –100 gehen. Das ist praktisch, um einen Hintergrund weichzuzeichnen, um eine geringere Schärfentiefe zu simulieren oder aus einem von 100 anderen Gründen, warum man etwas im Foto weichzeichnen sollte.

Warum gibt es zwei Cursor?

Beim Einsatz des **Korrekturpinsels** haben Sie gleichzeitig zwei ineinanderliegende Pinsel-Cursor. Der kleinere Kreis zeigt die gewählte Pinselgröße, der größere, gestrichelte zeigt die Größe der weichen Pinselkante.

Farbe auf »Keine« stellen

Wenn Sie im Farbwähler des **Korrekturpinsels** einmal eine Farbe ausgewählt haben, ist es nicht unbedingt klar, wie Sie wieder zurück zur Grundauswahl »Keine Farbe« gelangen. Der Trick ist, das Farbfeld anzuklicken, um den Farbwähler zu öffnen, und dann den **Sättigung**-Regler auf 0 zu ziehen. Dann sehen Sie das X über dem Farbfeld und haben es damit wieder auf »Keine Farbe« gestellt.

Nur eine einzelne Ebene betrachten

Klicken Sie einfach mit gedrückter Alt -Taste auf das Augensymbol rechts von der Ebene, die Sie betrachten wollen, und alle anderen Ebenen werden ausgeblendet. Obwohl die anderen Ebenen ausgeblendet sind, können Sie sie trotzdem mit gedrückter Alt -Taste und den Tasten ⌫ (Komma) und ⌦ (Punkt) durchscrollen. Wie blenden Sie die Ebenen wieder

alle zugleich ein? Klicken Sie einfach mit gedrückter Alt -Taste erneut auf das Augensymbol.

Gerade Linien zeichnen

Wenn Sie mit dem **Korrekturpinsel** eine gerade Linie zeichnen wollen, können Sie denselben Trick wie mit dem **Pinsel**-Werkzeug in Photoshop verwenden: Klicken Sie einfach auf den Anfangspunkt der Linie, dann halten Sie die ⇧ -Taste gedrückt und klicken erneut auf den gewünschten Endpunkt der geraden Linie. Der **Korrekturpinsel** zeichnet dann eine perfekte gerade Linie zwischen beide Punkte. Das ist sehr praktisch für harte Kanten wie etwa die Silhouette eines Gebäudes vor dem Himmel.

Speichern Sie einen Schnappschuss

Wenn Sie mit dem **Protokoll**-Bedienfeld in Photoshop vertraut sind und wissen, wie Sie während Ihrer Bildbearbeitung jederzeit einen **Schnappschuss** anlegen können, den Sie mit einem Klick wiederherstellen können, nun … dann habe ich gute Neuigkeiten: Das funktioniert jetzt auch in Camera Raw! Sie können aus jedem Bedienfeld heraus mit der Tastenkombination ⌘ / Strg + ⇧ + S einen **Schnappschuss** speichern. Dann brauchen Sie nur im **Schnappschuss**-Bedienfeld auf den **Schnappschuss** zu klicken, um zum vorherigen Aussehen des Bilds beim Anlegen des **Schnappschusses** zurückzuspringen.

Photoshop-Killer-Tipps

Von vorne beginnen

Wenn Sie einige Anpassungen mit dem **Korrekturpinsel** getroffen haben, dann aber doch lieber nochmal von vorne beginnen möchten, dann brauchen Sie nicht für jede einzelne Korrektur deren Pin anzuklicken und die ⌨Entf-Taste zu drücken. Klicken Sie stattdessen auf die Schaltfläche **Alle löschen** in der unteren rechten Ecke des **Korrekturpinsel**-Bedienfelds.

Pinselgröße mit der Maus verändern

Wenn Sie die rechte Maustaste mit dem **Korrekturpinsel** in Camera Raw gedrückt halten, erscheint ein kleiner Pfeil mit zwei Spitzen in der Mitte Ihres Pinsels. Nun können Sie seitlich ziehen, um die Korrekturpinselgröße einzustellen (nach links zum Verkleinern und nach rechts zum Vergrößern).

Beim Malen Farbe sehen

Wenn Sie mit dem **Korrekturpinsel** malen, wird Ihnen normalerweise die Korrektur angezeigt (wenn Sie also einen Bereich abdunkeln, dann wird dieser Bereich beim Malen nach und nach dunkler). Wenn Sie aber eine sehr dezente Korrektur durchführen, dann ist es vielleicht recht schwer zu erkennen, was Sie eigentlich anmalen (und ob Sie versehentlich in einen Bereich hineingeraten, der nicht abgedunkelt werden soll). Probieren Sie in diesem Fall Folgendes: Aktivieren Sie das Kontrollfeld **Maske** (unten im **Korrekturpinsel**-Bedienfeld). Wenn Sie jetzt malen, werden die Bildbereiche weiß ausgefüllt (das ist die Standardfarbe der Maske, die Sie mit einem Klick auf das Farbfeld rechts neben dem Kontrollfeld ändern können). So sehen Sie ganz genau, welche Bereiche Sie bearbeiten. Wenn Sie fertig sind, drücken Sie einfach die **Y**-Taste, um das Kontrollfeld **Maske** wieder auszuschalten. Es lohnt sich, das zu probieren.

Eigene Farbfelder hinzufügen

Wenn Sie auf das Farbfeld im **Korrekturpinsel**-Bedienfeld klicken, sehen Sie rechts unten im Farbwähler fünf Farbfelder. Dort können Sie die von Ihnen am häufigsten genutzten Farben für einen einfachen Zugriff speichern. Um eine eigene Farbe zu speichern, wählen Sie sie im Farbverlauf aus und halten dann die ⌨Alt-Taste gedrückt und fahren mit der Maus über eines der fünf Farbfelder. Der Cursor verwandelt sich dabei in einen Farbeimer. Klicken Sie damit auf ein beliebiges Farbfeld, um Ihre eingestellte Farbe zu hinterlegen.

Die Bearbeitungs-Pins verbergen

Um die Bearbeitungs-Pins des **Korrekturpinsels** vorübergehend auszublenden, drücken Sie einfach die Taste ⌨V (damit schalten Sie die Sichtbarkeit der Pins ein und aus).

Location: Rijksmuseum Amsterdam, Niederlande | Belichtung: 1/5 s. | Brennweite: 14 mm | Blendenwert: ƒ/8

Objektivfehler korrigieren

Sie wissen ja: Alle meine Kapiteleinleitungen haben etwas mit Film- oder Songtiteln zu tun. Na ja, man kann kaum hoffen, ein Lied namens »Objektivkorrektur« zu finden, es sei denn, es ist von Adobe Records. Ich hätte jedoch nicht damit gerechnet, dass es eine Plattenfirma namens Adobe Records geben würde. Aber – verflixt noch eins – bei einer Suche auf der Website Discogs.com habe ich zwei Einträge zu Songs von Adobe Records gefunden. Einer davon stammt von der bekannten Band REM aus Athens in Georgia. Witzigerweise ist der Bandname die Abkürzung von »Rendereinstellungen maskieren«. Diese Funktion wenden Sie in Photoshop an, wenn Sie zu einer pixelbasierten Ebene eine Vektormaske hinzufügen und diese beibehalten wollen, dabei jedoch die Pfade in Pixel konvertieren und die betroffenen Ebenen dann auf eine einzelne Ebene reduzieren möchten. Falls das kompliziert klingt, dann nur, weil ich es gerade erfunden habe. Genau das tun wir doch alle, wenn wir die Antworten auf komplizierte Fragestellungen zu Photoshop nicht kennen. Photoshop ist manchmal eben etwas schwerfällig. Es gibt Sachen in Photoshop, von denen kein Mensch weiß, wofür sie überhaupt gut sind oder ob sie überhaupt irgendetwas bewirken. Selbst Adobe weiß es nicht. Das liegt daran, dass es Photoshop jetzt schon seit über 25 Jahren gibt, und im Lauf dieser Jahre haben einige Photoshop-Entwickler nur aus Spaß Befehls- und Funktionsattrappen eingebaut, weil sie dachten, dass ohnehin niemand sie ausprobieren würde, aus Angst, seinen Computer zu beschädigen. Im Menü **Bild** gibt es zum Beispiel unter **Modus** ziemlich weit unten einen Menüeintrag namens **Virus im Betriebssystem freisetzen**. Mal ehrlich, wer würde das je auswählen? Oder im Menü **Filter** unter **Stilisieren**, da gibt es den Filter **Festplatte löschen**. Echt jetzt? Festplatte löschen? Ja genau, da klicke ich doch direkt mal drauf. Oder im **Datei**-Menü der Eintrag **Öffnen**. Also wirklich! Welcher vernünftige Mensch würde denn **Öffnen** wählen? Was öffnen? Spyware? Malware? Hehlerware? Tupperware? Nie im Leben. Irgendwann muss Adobe da mal rangehen und aufräumen.

Objektivfehler automatisch beheben

Camera Raw kann Korrekturen für häufige Objektivfehler automatisch zuweisen (etwa tonnen- oder kissenförmige Verzerrung, Kantenvignettierung und Ähnliches). Dazu werden die eingebetteten Kameradaten eingelesen. Camera Raw weiß dann, welche Kamera und welches Objektiv Sie verwendet haben, und durchsucht die große Camera-Raw-Datenbank mit Objektivprofilen nach einer Profilkorrektur. Anhand dieses Profils wird der Fehler behoben – und das erstaunlich gut. Es geht sehr schnell und Sie müssen nur ein einziges Kontrollfeld aktivieren, um die Funktion einzuschalten. Was aber, wenn Sie die automatische Objektivkorrektur einschalten und kein Profil für Ihr Objektiv finden oder wenn es keine EXIF-Daten in Ihrem Bild gibt (vielleicht haben Sie es eingescannt)? Ich zeige Ihnen auch, wie Sie dann vorgehen.

Schritt eins:

Öffnen Sie das Bild mit dem Objektivfehler in Camera Raw. Wenn Sie schon eine Weile mit Photoshop arbeiten, wissen Sie, dass es im Menü **Filter** ebenfalls eine **Objektivkorrektur** gibt. Sie enthält mittlerweile einige Funktionen der Camera-Raw-Version, aber aus den folgenden Gründen ist es besser, die Korrektur direkt in Camera Raw vorzunehmen: (1) Sie arbeiten dort zerstörungsfrei, (2) in Camera Raw sind einige Optionen besser und (3) Camera Raw ist schneller. Deshalb behebe ich Objektivfehler stets in Camera Raw und nicht in Photoshop.

Schritt zwei:

Klicken Sie auf das Symbol **Objektivkorrekturen** (das fünfte Symbol von rechts im oberen Bedienfeldbereich) und aktivieren Sie im Register **Profil** das Kontrollfeld **Profilkorrekturen aktivieren**. Es kann gut sein, dass es das schon war. Zack. Der Objektivfehler ist verschwunden, da Camera Raw anhand der in die Aufnahme eingebetteten Kameradaten herauszufinden versucht, welche Kamera und welches Objektiv Sie verwendet haben. Dann durchsucht es seine Datenbank nach einem Profil dieses Objektivs und korrigiert das Foto sofort (siehe Abbildung). Wird kein Profil gefunden, teilt Camera Raw Ihnen das am unteren Bedienfeldrand mit (siehe nächster Schritt). Normalerweise muss ich den Grad der Korrektur bei Fisheye-Objektiven auch ein wenig zurücknehmen, indem ich den Regler **Verzerrung** etwas nach links ziehe (siehe nebenstehende Abbildung).

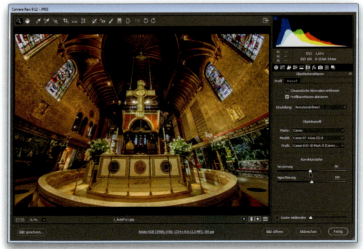

Schritt drei:

Was aber, wenn Sie ein Foto öffnen und kein automatisches Profil gefunden wird oder wenn das Bild keine eingebetteten EXIF-Daten enthält (zum Beispiel wenn Sie ein gescanntes Bild reparieren wollen oder eines, das Sie aus einer anderen Datei kopiert haben)? Sehen Sie sich dieses Foto an. Camera Raw konnte kein Profil finden. Deshalb ist die **Marke** im Bereich **Objektivprofil** auf **Ohne** gesetzt und die Popup-Menüs **Modell** und **Profil** sind ausgegraut. Hier müssen Sie nachhelfen, indem Sie das für das Foto verwendete Equipment auswählen (wenn Sie es kennen). Wenn nicht, müssen Sie raten.

Schritt vier:

Dieses Bild wurde mit einer Canon-Kamera fotografiert. Deshalb wähle ich aus dem Feld **Marke** die Option **Canon**. Anschließend funktioniert der Rest automatisch – es wurde ein passendes Objektiv gefunden und das Foto korrigiert. Allerdings ist es nicht immer 100 % sicher, dass Camera Raw das richtige Objektiv findet. Deshalb erhalten Sie eine Liste mit Objektiven, die nach Einschätzung von Camera Raw möglicherweise passen könnten. Klicken Sie auf das Popup-Menü **Modell** und Sie sehen eine Liste mit den von Camera Raw vorgeschlagenen Objektiven (siehe Abbildung). Probieren Sie die aufgelisteten Objektive durch und prüfen Sie, ob Sie mit einem von ihnen ein besseres Ergebnis erhalten. (Camera Raw funktioniert hier erstaunlich gut, deshalb nehme ich den Vorschlag normalerweise an. Gelegentlich gefällt mir jedoch ein anders Objektiv in der Liste besser, selbst wenn es nicht das Objektiv ist, das ich eigentlich verwendet habe.) Hier habe ich tatsächlich das 15-mm-Objektiv verwendet, deshalb wähle ich es aus dem Popup-Menü und passe dann die Verzerrung ein wenig an.

Objektivfehler automatisch mit Upright korrigieren

Upright ist eine der besten Funktionen, die Adobe in den letzten Jahren für Camera Raw entwickelt hat. Mit jeder neuen CC-Aktualisierung wird sie noch besser. Grundsätzlich übernimmt Upright die automatische, durch die Objektivkorrektur aktivierte Korrektur und verbessert sie noch deutlich. Aber keine Sorge – Sie müssen die Funktion nur einschalten und die ganze Schwerarbeit wird automatisch erledigt.

Schritt eins:

Hier sehen Sie ein Weitwinkelbild, das ich mit 14 mm aufgenommen habe. Sie erkennen das Problem: Das Interieur, die Säulen usw. stürzen nach hinten (sind unten größer als oben). Glücklicherweise lässt sich so etwas mit wenigen Klicks beheben: Klicken Sie auf das Symbol **Objektivkorrekturen** (das sechste von links), dann klicken Sie auf das Register **Profil**. Aktivieren Sie das Kontrollfeld **Profilkorrekturen** (die **Upright**-Funktion bringt bessere Ergebnisse, wenn Sie das Kontrollkästchen zuerst einschalten). Die automatische Profilkorrektur ist hier dem Bild bereits zugewiesen, aber wenn Sie das Kontrollfeld aus-/einschalten, erkennen Sie, dass sie im Moment recht dezent wirkt: Die Vignettierung in den Ecken und die tonnenförmige Verzerrung wurden teilweise entfernt (müssen Sie stärkere Verzerrungen entfernen, klicken Sie auf das Register **Manuell** und ziehen den Regler **Verzerrung** nach rechts).

Schritt zwei:

Um die **Upright**-Regler anzuzeigen, wählen Sie das **Transformieren**-Werkzeug in der Werkzeugleiste. Nun erscheint im rechten Bereich das **Transformieren**-Bedienfeld. Die **Upright**-Autokorrekturfunktionen finden Sie am oberen Bedienfeldrand in einer Zeile. In etwa 90 % der Fälle klicke ich auf das Symbol **A** (**Automatisch**). Damit erhalte ich normalerweise die natürlichste, am besten ausbalancierte Korrektur (siehe Abbildung). Das Ergebnis ist nicht perfekt und vielleicht sogar ein wenig überkorrigiert, trifft es aber schon recht gut. In den übrigen 10 % der Fälle klicke ich auf das Symbol rechts davon, **Nur horizontale Korrektur**. Es handelt sich um eine Funktion zum automatischen Geraderichten, die gut funktioniert (ebenfalls jedoch nicht hundertprozentig).

Schritt drei:

Übrigens nutze ich die nächsten beiden Upright-Optionen – **Nur vertikale Korrektur** sowie die vollständige Korrektur – nur selten, weil sie auf mich meist zu statisch und unnatürlich wirken. Normalerweise genügt das Symbol **Automatisch**. In diesem Fall wirkte das Bild allerdings etwas überkorrigiert und der untere Teil der Säulen sieht nun kleiner aus als der obere (siehe Schritt zwei). Deshalb habe ich den Regler **Vertikal** auf +18 gesetzt (siehe Abbildung). Jetzt wirkt das Bild ausgewogener.

TIPP: Sollen Sie den ObjektivkorrekturenFilter von Photoshop verwenden?

In Photoshop gibt es einen **Objektivkorrekturen**-Filter mit teilweise denselben Funktionen wie in Camera Raw. Ich empfehle jedoch, die Korrekturen in Camera Raw vorzunehmen: (1) arbeiten Sie hier zerstörungsfrei, (2) gibt es in Camera Raw mehr Optionen und (3) ist Camera Raw schneller (es gibt keine Fortschrittsbalken).

Schritt vier:

Möchten Sie noch stärkere Anpassungen vornehmen, verwenden Sie die Regler im **Transformieren**-Bedienfeld. Wenn Sie nicht sicher sind, was ein bestimmter Regler bewirkt, (1) betrachten Sie die Symbole links und rechts vom Regler, (2) ziehen Sie den fraglichen Regler einfach hin und her – Sie sehen sofort die Auswirkungen auf Ihr Bild. Diese Aufnahme ist nicht ganz zentriert, deshalb habe ich den Regler **Horizontal** ein wenig nach links auf –5 gesetzt, um die Perspektive etwas auszugleichen. Auch das ist wahrscheinlich nicht nötig, aber ich dachte, ich zeige es Ihnen, falls Sie es einmal brauchen (das wird hin und wieder vorkommen). Übrigens: Wo wir schon dabei sind – der Regler **Aspekt** ist ziemlich praktisch. Wirkt das Bild nach dem Anpassen eines Reglers zu »mager« und nach oben gestreckt, können Sie es mit dem **Aspekt**-Regler verbreitern (und umgekehrt, falls es zu breit wirkt).

Schritt fünf:

Nun müssen Sie die leeren Bereiche weg-schneiden, die übrig geblieben sind. Camera Raw behält so viele Bildbereiche bei wie mög-lich. Dazu klicken Sie auf das **Freistellungs-werkzeug** in der Werkzeugleiste und wählen **Auf Bild beschränken** (siehe Abbildung). Wenn Sie jetzt ziehen, schnappt die Freistel-lung automatisch dort ein, wo das Bild zu-geschnitten werden kann, ohne dass Lücken entstehen. Sie sehen, dass die Zuschneidung automatisch skaliert wurde, um möglichst viel beizubehalten. Sie erkennen aber auch, dass große Teile der Bodenfliesen verlorengehen. Deshalb sehen wir uns gleich eine andere Op-tion an. *Hinweis:* Mit der letzten **Upright**-Op-tion beschäftigen wir uns hier nicht, weil ich sie im nächsten Projekt behandle – sie ist übrigens ziemlich fantastisch und es lohnt sich auf jeden Fall, sie kennenzulernen.

Schritt sechs:

Die andere Zuschneideoption würde ich wahr-scheinlich für dieses Bild wählen, weil durch die Option **Auf Bild beschränken** so viele Bodenfliesen verlorengehen: Wir schalten **Auf Bild beschränken** ab und ziehen den Freistel-lungsrahmen, um die leeren Bereiche am obe-ren Rand wegzuschneiden, belassen aber die leeren Bereiche in den unteren Ecken. Wir versuchen, diese mit der inhaltsbasierten Füllung zu reparieren (mehr in Kapitel 9): Kli-cken Sie auf die Schaltfläche **Bild öffnen**, aktivieren Sie das **Zauberstab**-Werkzeug ([⇧] + [W]) und klicken Sie in die beiden leeren Bereiche in den unteren Ecken, um sie auszu-wählen. Dann öffnen Sie das **Auswahl**-Menü, wählen **Auswahl verändern > Erweitern** und geben 4 Pixel ein, damit Photoshop eine bes-sere Füllung vornehmen kann. Dann wählen Sie **Bearbeiten > Fläche füllen**, dann aus dem Popup-Menü **Inhalt** die Option **Inhaltsbasiert** und klicken auf **OK**. Das hat hier recht gut funktioniert, außer rechts, wo der Feuerlöscher dupliziert wurde. Das lässt sich aber mit dem **Kopierstempel**-Werkzeug ([S]) korrigieren. Ich habe beide Feuerlöscher weggeklont, wie Sie im Nachher-Bild auf der nächsten Seite sehen. Eine wirklich tolle Arbeit ist das aber nicht, sehen Sie also lieber nicht zu genau hin.

Vorher

Nachher: Hier ist das fertige Bild nach den Upright-Korrekturen und dem Zuschneiden (und einer etwas schlampigen Anwendung des Kopierstempels)

Mit Hilfslinien: Wenn Sie Camera Raw ein wenig helfen müssen

Wenn Sie die automatischen Upright-Korrekturen durchprobiert haben und keine von ihnen bei Ihrem Bild wirklich gut funktioniert hat, müssen Sie möglicherweise Camera Raw ein wenig nachhelfen und die Funktion **Mit Hilfslinien** nutzen. Dabei ziehen Sie gerade Linien über Bildteile, die horizontal und vertikal werden sollen. Camera Raw weiß dann, was Sie geraderichten möchten, und nimmt die Korrektur anhand dieser Linien vor (bis zu vier davon können Sie in Ihrem Bild platzieren).

Schritt eins:

Hier ist unser völlig verpfuschtes Bild mit einer ziemlich starken Objektivverzerrung (ich habe es vor vielen Jahren mit einem billigen Objektiv auf einer schaukelnden Gondel aufgenommen). Sie können sich an dieser Stelle gerne noch weitere Ausreden ausdenken, mit denen ich dieses schlechte Bild rechtfertigen könnte. Klicken Sie zuerst auf das Symbol **Objektiv-korrekturen** (das fünfte Symbol von rechts im oberen Bedienfeldbereich) und schalten Sie im Register **Profil** das Kontrollfeld **Profilkorrekturen aktivieren** ein (siehe Abbildung). Die **Upright**-Autokorrektur funktioniert dann besser.

Schritt zwei:

Drücken Sie jetzt ⌘ + T. Wenn Sie nach Stunden bezahlt werden, können Sie auch in der Werkzeugleiste auf das **Transformie-ren**-Werkzeug klicken (hier rot eingekreist). Anschließend klicken Sie auf das letzte Symbol im Bereich **Upright** (ebenfalls einge-kreist). Ziehen Sie nun zwei senkrechte Linien auf, um die vertikale Verzerrung zu korrigie-ren, sowie zwei waagerechte Linien für die horizontale Verzerrung. Wenn Sie fertig sind, sollte die Verzerrung verschwunden sein und Ihr Bild nicht mehr gequetscht wirken. Wir beginnen mit den senkrechten Linien. Damit das Gebäude nicht mehr nach hinten kippt, habe ich eine Linie entlang des Rohrs ganz links gezogen (beachten Sie die rot gepunktete Linie auf der rechten Rohrseite). Erst wenn Sie eine zweite Linie aufziehen, tut sich jedoch etwas. Also habe ich auf der rechten Bildseite eine zweite senkrechte Linie entlang des Rohrs auf der rechten Fensterseite gezogen (siehe Abbildung).

Schritt drei:

Sobald ich nach dem Ziehen der zweiten senkrechten Linie die Maustaste freigab, nahm Camera Raw die Korrektur vor (siehe Abbildung). Sie ist nicht wirklich gut: Es ist nach wie vor eine horizontale Korrektur nötig und es gibt nun Lücken auf beiden Seiten. Damit beschäftigen wir uns aber gleich. Im Moment sind Sie erst einmal auf der richtigen Spur.

TIPP: Probieren Sie es mit der adaptiven Weitwinkelkorrektur

Wenn Ihnen das Ergebnis der Upright-Funktion **Mit Hilfslinien** nicht zusagt, probieren Sie es mit dem Photoshop-Filter **Adaptive Weitwinkelkorrektur**. Dabei nutzen Sie eine ähnliche Funktion zur Begradigung Ihres Bilds und erhalten möglicherweise bessere Ergebnisse. Ich persönlich benötige diesen Filter kaum jemals. Weisen Sie ihn als Smartfilter zu, dann können Sie die Filtereinstellungen auch nachträglich noch jederzeit verändern.

Schritt vier:

Ziehen Sie nun die horizontalen Linien auf. Sie müssen nichts anklicken und auch sonst keine Vorbereitungen treffen. Camera Raw weiß, dass Sie die beiden senkrechten Linien erstellt haben – damit alles bereit ist, müssen Sie nur noch die waagerechten Linien anlegen. Hier habe ich die erste Linie entlang der Fensterreihe in der Mitte aufgezogen (sehen Sie die grün gepunktete Linie in der Bildmitte?). Wenn Sie den vorigen Schritt noch einmal betrachten, erkennen Sie, dass der Winkel dieser Fenster ziemlich fehlerhaft ist. Hier wurden sie korrigiert. Nun, sie werden erst komplett korrigiert, wenn Sie eine zweite waagerechte Linie entlang des unteren Fensterrands im oberen Bildbereich ziehen. Dadurch wird das Gebäude geradegerichtet. Übrigens sind die Linien dynamisch: Müssen Sie sie neu positionieren, können Sie sie einfach ein wenig in eine beliebige Richtung ziehen (siehe Abbildung) und die Korrektur wird neu ausgeführt. Oder klicken Sie einmal und drücken Sie die Taste **Del/Rück**, um ganz von vorne zu beginnen und eine neue Linie zu ziehen. Ihre Entscheidung.

Schritt fünf:

Es gibt immer noch einige Lücken, aber sie sind nicht mehr so groß. In einem solchen Fall müssen Sie entscheiden, ob Sie diese Lücken mit der **Inhaltsbasierten Füllung** von Photoshop füllen oder ob Sie diese Bereiche einfach wegschneiden möchten. Spaßeshalber habe ich das Bild in Photoshop geöffnet und es mit der **Inhaltsbasierten Füllung** versucht, obwohl ich schon wusste, dass die Lücken ziemlich groß sind (in Kapitel 9 erfahren Sie mehr über die **Inhaltsbasierte Füllung**). Sagen wir, das Ergebnis ist ... äh ... suboptimal. Wir müssen das Bild also zuschneiden, um die leeren Bereiche zu entfernen (übrigens könnten Sie sie auch nur ein wenig zuschneiden und dann die **Inhaltsbasierte Füllung** anwenden). Dann hätten Sie bessere Erfolgsaussichten. Einen Versuch ist es wert, stimmt's? Aber nur damit Sie es wissen: Als ich es probierte, sah die eine Seite ordentlich aus, die andere hingegen ... nun ... immer noch suboptimal. Mit ein bisschen Arbeit mit dem **Kopierstempel** (okay, viel Arbeit mit dem **Kopierstempel**) hätte man es hinbekommen können. Wie auch immer, die beste Möglichkeit ist hier, das Bild zuzuschneiden.

Schritt sechs:

Halten Sie die Maustaste auf dem **Freistellungswerkzeug** in der Werkzeugleiste gedrückt und wählen Sie aus dem nun angezeigten Popup-Menü die Option **Auf Bild beschränken** (siehe Abbildung). Wenn Sie jetzt Ihren Freistellungsrahmen über das gesamte Bild ziehen, rastet er innerhalb der Lücken ein. Nach dem Zuschneiden erhalten Sie also ein Bild ohne Lücken.

Schritt sieben:

Nehmen Sie jetzt das **Freistellungswerk-zeug** und klicken Sie in die linke obere Ecke. Ziehen Sie in die linke obere Ecke, dann über das ganze Bild. Es rastet passend ein (siehe Abbildung). Drücken Sie ⏎, um die Freistellung zuzuweisen. Sie erhalten das korrigierte Bild ohne Lücken in den Ecken. Vergleichen Sie die unten abgebildeten Vorher/Nachher-Versionen. Beachten Sie auch, dass wir zwar einiges wegschneiden mussten, das Bild insgesamt aber trotzdem ziemlich gut aussieht (ich habe es im Nachher-Bild links unten ein wenig mehr zugeschnitten).

Vorher

Nachher

Chromatische Aberration (Farbsäume) entfernen

Chromatische Aberration ist ein schicker Name für einen dünnen Farbsaum, der manchmal an Objektkanten sichtbar wird. Manchmal ist er rot, manchmal grün, manchmal violett, blau usw., aber immer sollten Sie ihn korrigieren. Glücklicherweise enthält Camera Raw einen eingebauten Reparaturmechanismus, der ziemlich gut funktioniert.

Schritt eins:

Öffnen Sie ein Bild mit chromatischer Aberration. Die Farbsäume zeigen sich normalerweise entlang einer Kontrastkante (etwa entlang den Kanten dieses Gebäudes).

Schritt zwei:

Aktivieren Sie mit der Taste Z das **Zoom**-Werkzeug. Zoomen Sie auf einen Bereich, in dem Sie Farbsäume vermuten oder bereits erkennen können. Hier zoomte ich in den oberen rechten Bereich ein. Sie sehen dünne rote und grüne Linien um die Kanten. Um sie zu entfernen, klicken Sie zunächst im oberen Bedienfeldbereich auf **Objektivkorrekturen** (das sechste Symbol von links). Anschließend klicken Sie auf das Register **Profil**, um zum Kontrollfeld für die chromatische Aberration zu gelangen.

Schritt drei:

In den meisten Fällen müssen Sie lediglich das Kontrollfeld **Chromatische Aberration entfernen** aktivieren (siehe Abbildung), und fertig – Camera Raw korrigiert den Farbsaum auf Basis der Marke und des Modells Ihres Objektivs. Diese Angaben werden aus den bei der Aufnahme in das Bild eingebetteten Metadaten entnommen. Benötigt das Bild jedoch aus irgendeinem Grund eine stärkere Korrektur (wenn das Kontrollfeld alleine bei diesem Bild nicht zum Ziel führt), können Sie versuchen, den Farbsaum manuell zu korrigieren, indem Sie auf das Register **Manuell** klicken und mit den Reglern im Bereich **Rand entfernen** arbeiten (siehe nächster Schritt). Damit Sie sehen, wie das funktioniert, schalten Sie nun das Kontrollfeld **Chromatische Aberration** aus.

Schritt vier:

Wir beginnen mit der roten Linie, indem wir den Regler **Lila Intensität** nach rechts ziehen, dann auch den Regler **Lila Farbton**, bis der Farbsaum verschwunden ist. In diesem Fall hat das gut funktioniert. Analog gehen Sie bei grünen Farbsäumen vor: Ziehen Sie zuerst den Regler **Grün Intensität** nach rechts und wenn dann noch etwas übrig ist, ziehen Sie den Regler **Grün Farbton**, bis Sie genau den richtigen Farbton getroffen haben und der Farbsaum komplett verschwunden ist. Wie gesagt, genügt mir meist das Kontrollfeld **Chromatische Aberration entfernen**. Aber zumindest wissen Sie nun, was zu tun ist, wenn es einmal nicht ausreicht.

Objektivvignettierung korrigieren

Wenn die Ecken Ihres Fotos abgedunkelt erscheinen, spricht man von Objektivvignettierung. Insgesamt sehe ich es so: Wenn es nur um die Ecken geht und diese nur etwas zu dunkel sind, ist das ein korrekturwürdiges Problem. Manchmal möchte ich allerdings den Blick des Betrachters auf einen bestimmten Bereich lenken. Dann erzeuge ich eine Vignette, dehne sie aber deutlich über die Ecken aus, sodass sie wie ein beabsichtigtes weiches Spotlight wirkt. Hier sehen Sie, wie Sie eine Vignettierung korrigieren, und im nächsten Kapitel erfahren Sie, wie Sie eine Vignette als Effekt hinzufügen.

Schritt eins:

Hier sehen Sie die abgedunkelten Ecken, also die unerwünschte Vignettierung. Sie wird normalerweise vom Kameraobjektiv verursacht. Sie selbst tragen keine Schuld (außer Sie haben ein wirklich billiges Objektiv gekauft – dann können Sie sich so viel Schuld geben, wie Sie ertragen können). Um diese Vignettierung aus den Ecken zu entfernen, klicken Sie zuerst auf das Symbol **Objektivkorrekturen** (das sechste von links) im oberen Bedienfeldbereich. Im Register **Profil** aktivieren Sie das Kontrollfeld **Profilkorrekturen aktivieren**. Camera Raw versucht dann, die Kantenvignettierung anhand der Marke und des Modells Ihres Objektivs zu korrigieren (diese Angaben werden aus den EXIF-Daten Ihres Bilds entnommen; auf Seite 88 erfahren Sie mehr darüber). Braucht das Bild immer noch eine Korrektur, probieren Sie den Regler **Vignettierung** unter **Korrekturstärke** aus.

Schritt zwei:

Wenn die automatische Korrektur nicht funktioniert, klicken Sie auf das Register **Manuell**. Im Bereich **Vignettierung** klicken Sie auf den **Stärke**-Regler und ziehen nach rechts, bis die Vignettierung in den Ecken verschwunden ist. Sobald Sie den **Stärke**-Regler ziehen, wird auch der **Mittenwert**-Regler aktiviert. Er bestimmt, wie weit die Vignettenkorrektur sich in Ihr Foto erstreckt. Ziehen Sie nach links, um die Aufhellung weiter in die Mitte Ihres Bilds reichen zu lassen.

Photoshop-Killer-Tipps

Dokumente in Registern anordnen

Wenn Sie mit mehreren Dokumenten arbeiten und dabei die Registerfunktion verwenden, klicken Sie einfach auf das Register des gewünschten Bilds im oberen Fensterbereich oder drücken **Strg** + →, um eins nach dem anderen durchzugehen. Um die Dokumente nicht mehr in Registern anzuordnen, wählen Sie **Photoshop / Bearbeiten > Voreinstellungen > Arbeitsbereich** und schalten das Kontrollfeld **Dokumente als Registerkarten öffnen** aus. Außerdem sollten Sie vielleicht auch das Kontrollfeld **Andocken schwebender Dokumentfenster aktivieren** ausschalten, sonst wird Ihr einzelnes geöffnetes Bild angedockt.

Ihren Arbeitsbereich einrichten

Photoshop enthält eine Reihe vordefinierter Arbeitsbereich-Layouts für unterschiedliche Aufgaben. In diesen sind nur diejenigen Bedienfelder sichtbar, von denen Adobe annimmt, dass Sie sie brauchen. Sie finden Sie, indem Sie auf das Popup-Menü am rechten Ende der Optionsleiste klicken. Um Ihr eigenes Arbeitsbereichlayout zu erstellen, ziehen Sie die Bedienfelder einfach an die gewünschte Stelle. Um Bedienfelder in einer Gruppe zusammenzufassen,

ziehen Sie ein Bedienfeld auf ein anderes. Sobald Sie einen blauen Umriss sehen, geben Sie die Maustaste frei. Weitere Bedienfelder finden Sie im Menü **Fenster**. Sobald Sie Ihre Bedienfelder wie gewünscht angeordnet haben, wählen Sie **Fenster > Arbeitsbereich > Neuer Arbeitsbereich**. So speichern Sie Ihr Layout, damit Sie es stets mit einem Klick öffnen können (es erscheint im erwähnten Popup-Menü). Wenn Sie einen Arbeitsbereich verwenden und die Position eines Bedienfelds ändern, erinnert sich Photoshop daran. Nun könnten Sie annehmen, dass ein Klick auf den Arbeitsbereich die Bedienfelder wieder entsprechend anordnen würde. Das ist nicht so – stattdessen müssen Sie das Popup-Menü öffnen und **[Arbeitsbereichname] zurücksetzen** wählen.

Scharfe Konturen

Wenn Sie über das Menü **Bearbeiten** oder einen **Kontur**-Ebenenstil (mit einem Klick auf das Symbol **Ebenenstil hinzufügen** am unteren Rand des **Ebenen**-Bedienfelds) eine breite Kontur zuweisen, wird Ihnen auffallen, dass die Ecken abgerundet werden. Je breiter die Kontur wird, desto runder werden die Ecken. Wie erhalten Sie also schöne scharfe Ecken? Setzen Sie einfach die Konturposition auf **Innen**.

Schneller Weißabgleich

Wenn Sie Ihr Bild in JPEG fotografiert haben und der Weißabgleich nicht stimmt, probieren Sie Folgendes: Wählen Sie **Bild > Korrekturen > Gleiche Farbe**. Im Dialogfenster aktivieren Sie im Bereich **Bildoptionen** das Kontrollfeld **Ausgleichen**. Bei den meisten Weißabgleich-Problemen funktioniert das erstaunlich gut (und Sie können eine Aktion dafür schreiben).

Linealeinheiten ändern

Wenn Sie schnell die Maßeinheit in Ihrem Lineal ändern möchten (etwa von Zentimeter in Millimeter), klicken Sie einfach mit der rechten Maustaste irgendwo in das Lineal und wählen Ihre neue Maßeinheit aus dem angezeigten Popup-Menü.

Reglerwerte schneller ändern

Bei allen numerischen Feldern in Photoshop (etwa dem **Deckkraft**-Feld im **Ebenen**-Bedienfeld) können Sie die Einstellung ändern, ohne einen Wert einzutippen oder den winzigen Regler zu ziehen: Klicken Sie direkt auf das Wort **Deckkraft** und ziehen Sie nach links (um die Deckkraft zu verringern) oder nach rechts (um sie zu erhöhen). Das geht sehr schnell und macht richtig süchtig. Wenn Sie diese Funktion bisher noch nicht nutzen, sollten Sie sie ausprobieren (halten Sie dabei die ⇧-Taste gedrückt, geht es noch schneller.)

Location: Amsterdam, Niederlande | Belichtung: 0,5 s. | Brennweite: 35 mm | Blendenwert: ƒ/2,8

Spezialeffekte mit Camera Raw

Das Album »Special Effects« der Band Tech-N9ne passt natürlich ganz hervorragend zum Thema dieses Kapitels. Als ich das gesehe habe, bin ich sofort ins Netz gegangen und habe das Online-Antragsformular zur Aufnahme in die Ruhmesliste der besten Kapiteleröffnungen ausgefüllt. (Diese Sammlung wird dauerhaft im Smithsonian's National Museum of American History in Washington, D.C. ausgestellt. Sie umfasst ein komplettes Archiv meiner Kapiteleinleitungen und eine tiefgreifende Analyse zum Hintergrund jeder Einleitung mitsamt Entwürfen, Höhlenmalereien und mündlich überlieferten Erzählungen zu einigen der substanzlosesten und mitteilungsärmsten Eröffnungen, die jemals diese Seiten zieren durften.) Wie dem auch sei, es muss nicht extra erwähnt werden: Natürlich zeugt es schon an sich von gewaltiger Inkompetenz, mit einer Einleitung in die prestigeträchtige SNMOAH-Kapiteleinleitungsruhmesliste aufgenommen zu werden, aber die Preisverleihung ist wirklich der absolute Gipfel. (Es handelt sich um eine förmliche Veranstaltung im Meridian House in D.C., die von verschiedenen Hollywoodgrößen ausgerichtet wird, darunter Mike Johnson, Ann Johnson, ihr Sohn Josh Johnson, ihre Babysitterin Amy Williams, ihr Gärtner und Poolreiniger Alan Clark sowie der stellvertretende Leiter der ihrem Haus am nächsten gelegenen Bank-of-America-Filiale, Bill »Scooter« Davis. Es ist also wirklich so, als würde die Hollywood-Elite einem persönlich den roten Teppich ausrollen.) Aber trotz des ganzen Glamours und Drumherums einer prestigeträchtigen Aufnahme in die Kapiteleinleitungsruhmesliste sind die Preisträger vor allem auf die Geschenktüte scharf, die sie erwartet. Darin findet sich ein Sortiment fantastischer Dinge, zum Beispiel: Ein 20-Dollar-Geschenkgutschein für Applebee's, ein hellblaues T-Shirt mit dem Aufdruck »Come to the Nerd Side. We Have Pi« und einem Pi-Symbol (in XL oder S), ein Schlüsselanhänger der Geico-Versicherung (ziemlich nett und praktisch), ein Neopren-Bierdosenkühler mit dem Logo eines Golfturniers, ein mittelgroßer 1875-Watt-Fön von Conair (schwarz mit aufrollbarem Kabel) und ein Gutschein für 50% Rabatt auf ein 30-cm-Sandwich bei Subway für 5 Dollar (sodass es nur noch 2,50 Dollar kostet). Das ist kaum zu toppen. 2,50 Dollar für ein 30-cm-Sub. 30 cm! Mal ehrlich, wo sonst kriegen Sie noch so einen Deal?

Vignettierungseffekte hinzufügen

Bei einer Kantenvignettierung dunkeln Sie alle Kanten um Ihr Bild herum ab, um die Aufmerksamkeit auf die Mitte des Fotos zu lenken. Diese Art von Effekten muss man entweder lieben oder sie treiben einen in den Wahnsinn. Ich für meinen Teil liebe sie jedenfalls. Wir betrachten hier die Erstellung einer einfachen Vignette, einer sogenannten »Vignettierung nach Freistellen« sowie weitere Vignettierungsoptionen.

Schritt eins:

Um eine Kantenvignette hinzuzufügen, klicken Sie zunächst auf das Symbol **Objektiv-korrekturen** (das sechste Symbol von links im oberen Bedienfeldbereich) und anschließend auf das Register **Manuell** (siehe Abbildung).

Schritt zwei:

Je weiter Sie den Regler **Stärke** im Bereich Vignettierung nach links ziehen, desto stärker vignettieren die Ecken. Da aber nur die Ecken betroffen sind, sieht diese Vignettierung nicht wirklich gut aus. Wir wollen eher einen sanften Spotlight-Effekt auf unserem Motiv. Ziehen Sie den **Mittenwert**-Regler ziemlich weit nach links, um die Vignettierung zu vergrößern und einen sanften, angenehmen Effekt zu erzeugen. Sehr beliebt ist er in der Porträtfotografie oder überall da, wo Sie Aufmerksamkeit auf das Motiv lenken möchten. Das war's!

Schritt drei:

Bis jetzt ging das mit der Vignette ja ziemlich einfach – Sie mussten nur ein paar Regler verstellen, stimmt's? Ein Problem gibt es aber beim Freistellen des Bilds, weil Sie dabei auch die Vignette wegschneiden. Schließlich ist das ein Kanteneffekt und die Bildkanten liegen anschließend woanders, und Camera Raw zeichnet die Vignette nicht automatisch in der neuen, freigestellten Bildgröße nach. Wenden Sie also zunächst eine normale Kantenvignette an (siehe Abbildung).

Schritt vier:

Wechseln Sie nun zum **Freistellungswerkzeug** (C) in der Werkzeugleiste und wählen Sie einen recht engen Bildausschnitt. Sie sehen jetzt, wo das Problem liegt – unser neuer Vignettierungseffekt ist nahezu vollständig verschwunden (die dunklen Kanten wurden abgeschnitten).

Schritt fünf:

Fügen wir eine **Vignettierung nach Freistellen** hinzu, indem wir auf das Symbol Effekte (das vierte Symbol von rechts im oberen Bedienfeldbereich) klicken und dann unter **Vignettierung nach Freistellen** den Regler **Stärke** nach links ziehen, um die Kanten abzudunkeln. Bestimmen Sie dann über den Regler Mittenwert, wie weit die Vignettierung in Ihr Bild hineinreichen soll (so wie hier gezeigt). Am oberen Rand des Bereichs **Vignettierung nach Freistellen** ist ein Popup-Menü mit drei unterschiedlichen Vignettierungsarten: **Lichterpriorität** versucht, die Details in den Lichtern trotz der Kantenabdunkelung beizubehalten (sie sieht meiner Meinung nach am weitaus besten aus und kommt auch der ursprünglich von uns in Schritt drei angewendeten Vignettierung am nächsten); **Farbpriorität** probiert, die Farben in den abgedunkelten Kanten beizubehalten (das sieht okay aus, aber nicht überragend) und **Farbüberlagerung** ist eine alte Methode aus CS4, die fast jeder hasste – irgendjemand muss wohl Gefallen daran gefunden haben, weshalb sie immer noch da ist. Diese Option würde ich komplett meiden.

Schritt sechs:

Unter dem **Mittenwert**-Regler ist der **Rundheit**-Regler, mit dem Sie die Rundung der Vignette steuern können (senken Sie den Wert für **Weiche Kante** auf 0 ab, um einen besseren Eindruck von der Wirkungsweise des **Rundheit**-Reglers zu bekommen). Je weiter Sie ihn nach rechts ziehen, desto runder wird die Form. Wenn Sie noch weiter nach rechts gehen, erhalten Sie eher ein großes Rechteck mit abgerundeten Ecken. Der Regler **Weiche Kante** bestimmt die Weichheit der mit dem **Rundheit**-Regler erzeugten Ellipse. Für mich darf sie ruhig sehr weich aussehen, damit sie eher wie ein Spotlight wirkt, also ziehe ich diesen Regler meist ziemlich weit nach rechts. Hier bin ich bis 73 gegangen, aber ich würde je nach Wirkung im Bild auch ohne zu zögern noch höhere Werte wählen.

Benutzerdefinierte Vignetten und Spotlights hinzufügen

Im letzten Projekt haben wir Kantenvignetten in Camera Raw erzeugt (wobei die äußeren Bildkanten abgedunkelt wurden). Bei diesen Methoden muss sich Ihr Motiv allerdings direkt in der Bildmitte befinden, da die äußeren Kanten rundherum gleichmäßig abgedunkelt werden. Mit dem **Radial-Filter** können Sie die Platzierung Ihrer Vignette nach Belieben steuern und mehrere Lichtquellen verwenden, um Spotlight-Effekte zu erzeugen oder die Bildausleuchtung nachträglich zu manipulieren.

Schritt eins:

Wir wollen hier die Aufmerksamkeit des Betrachters mit einer dramatischen Beleuchtung auf die scharfe Lampe richten, statt auf die äußeren Bildkanten. Klicken Sie also oben in der Werkzeugleiste auf den hier rot eingekreisten **Radial-Filter** (J). Da wir die äußeren Kanten abdunkeln wollen, klicken Sie einige Male auf die Schaltfläche mit dem – (Minuszeichen) links vom **Belichtung**-Regler, damit Sie den Effekt beim Verwenden des Werkzeugs gut erkennen können (wir können die Stärke später immer noch ändern).

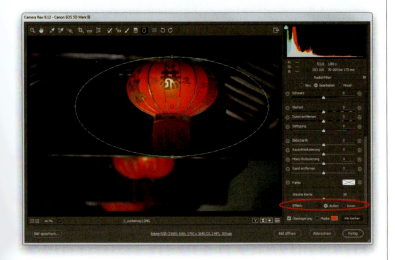

Schritt zwei:

Am unteren Bedienfeldrand sehen Sie eine Effekt-Option. Hier können Sie wählen, ob der Bereich innerhalb oder außerhalb des Kreises beeinflusst wird. In diesem Fall soll der innere Bereich unverändert bleiben und alles, was außerhalb des Kreises liegt, soll abgedunkelt werden. Klicken Sie daher auf das Optionsfeld Außen. Klicken und ziehen Sie nun mit dem Werkzeug in die grundlegende Richtung, in der Ihr elliptischer (oder kreisförmiger) Lichtkegel erscheinen soll. Ich habe ihn hier über der Mitte des Bereichs aufgezogen, den ich beeinflussen möchte.

TIPP: Beim Aufziehen verschieben

Beim Aufziehen der Ellipse können Sie auch deren Position verändern, indem Sie die Leertaste gedrückt halten. Probieren Sie es. Das ist wirklich sehr praktisch.

Schritt drei:

Nachdem Sie Ihre Ellipse platziert haben, können Sie sie auch drehen. Platzieren Sie dazu Ihren Cursor außerhalb der grünen Umrandung und klicken und ziehen Sie in die gewünschte Richtung. Um die Größe der Ellipse zu verändern, klicken Sie auf einen der Anfasser auf der Linie und ziehen Sie ihn nach außen oder nach innen. Zum Verschieben klicken Sie in die Ellipse und ziehen sie an den gewünschten Ort. Dunkeln wir jetzt den Bereich außerhalb des »Lichtkegels« etwas ab. Ziehen Sie den **Belichtung**-Regler nach links bis auf –1,75 (so, wie hier gezeigt).

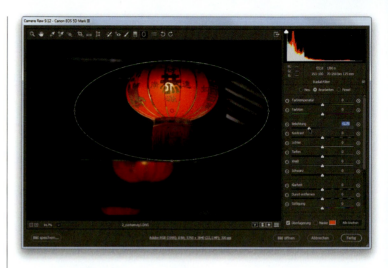

TIPP: Zwei praktische Tastenkürzel

Mit der Taste V verbergen Sie die grün eingeblendete Ellipse. Drücken Sie erneut V, um sie wieder anzuzeigen. Im nächsten Schritt habe ich sie ausgeblendet. Mit der Taste X wechseln Sie den Effekt von der Außen- zur Innenseite. Es wird dann also in diesem Fall nicht der äußere Rand abgedunkelt, sondern das Innere der Ellipse. Alles darum herum bleibt unverändert.

Schritt vier:

Das Schöne an diesem Filter ist, dass Sie viel mehr als nur die Belichtung anpassen können. Ziehen Sie zum Beispiel den **Kontrast**-Regler nach rechts (so wie ich hier auf +34), um dem äußeren Bereich mehr Kontrast zu geben. Sie könnten auch die Sättigung verringern, um den Bereich außerhalb der Ellipse nicht nur abzudunkeln, sondern auch in Schwarzweiß darzustellen (oder Sie erhöhen umgekehrt die Sättigung). In der Einleitung auf der vorherigen Seite habe ich erwähnt, dass Sie auch mehrere Filter auf dasselbe Bild anwenden können, um das Bild damit sozusagen neu zu beleuchten. Das wollen wir jetzt also als Nächstes tun.

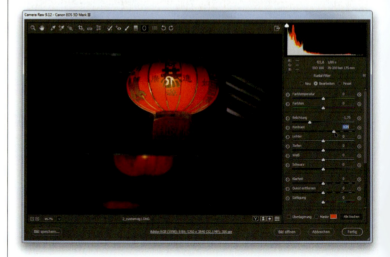

Schritt fünf:

Wir beleuchten dieses Bild mit dem **Radial-Filter** neu. Der Blick des Betrachters wird zuerst vom hellsten Bildbereich angezogen. Leider ist die Braut in dieser Aufnahme nicht so hell beleuchtet wie das Bleiglasfenster oder der Altar im Hintergrund. Deshalb wird der Blick von ihrem Gesicht abgelenkt. Die Braut wird zumindest mit schön gerichtetem und weichem Licht angeleuchtet, das aber einfach nicht hell genug ist.

Schritt sechs:

Wir beginnen genau wie zuvor, indem wir an der gewünschten Stelle eine Ellipse mit dem **Radial-Filter** aufziehen. In diesem Fall soll die Braut unverändert bleiben und der Bereich um sie herum stark abgedunkelt werden. Aktivieren Sie also auf jeden Fall das Effekt-Optionsfeld Außen und bewegen Sie den **Belichtung**-Regler weit nach links, um den Bereich außerhalb der Ellipse abzudunkeln (ich habe ihn hier auf –1,40 gezogen).

TIPP: Ellipsen löschen

Wenn Sie eine von Ihnen erstellte Ellipse löschen möchten, klicken Sie sie an und drücken Sie die ⌨Entf-Taste oder fahren Sie mit dem Cursor über den Mittelpunkt der Ellipse und halten die ⌨Alt-Taste gedrückt. Ihr Cursor verwandelt sich dabei in eine Schere. Klicken Sie nun auf den Mittelpunkt der Ellipse, um sie zu löschen.

Schritt sieben:

Um eine weitere Ellipse hinzuzufügen, klicken Sie auf das Optionsfeld **Neu** im oberen Bedienfeldbereich. Damit weiß Camera Raw, dass Sie einen neuen Lichtkegel anlegen möchten. Schalten Sie dann am unteren Bedienfeldrand den Effekt auf **Innen** (oder verwenden Sie das bereits erwähnte Tastenkürzel X). Mit dieser Ellipse wollen wir nun den Brautstrauß beleuchten, der hier etwas untergeht. Ziehen Sie also eine kleine Ellipse über dem Strauß auf. Dieses Mal hellen Sie den Bereich allerdings auf, indem Sie den **Belichtung**-Regler leicht nach rechts schieben (ich bin hier auf +1,10 gegangen).

Schritt acht:

Wir brauchen nochmals genauso eine Ellipse, um das Gesicht besser zu beleuchten. Statt komplett von vorne zu beginnen, duplizieren wir die zweite Ellipse. Halten Sie ⌘/Strg + Alt gedrückt und wenn Ihr Cursor sich in zwei kleine Pfeile verwandelt, klicken Sie auf die Mitte der zweiten Ellipse und ziehen Sie eine Kopie davon heraus (lassen Sie die Maustaste und die übrigen Tasten am gewünschten Zielort los). Platzieren Sie die Ellipse direkt über dem Gesicht (siehe Abbildung) und drehen und skalieren Sie sie nach Bedarf. Erhöhen Sie die Belichtung noch etwas – ich habe +1,15 eingestellt. Sie könnten auch probieren, die Tiefen anzuheben, um die Details zu öffnen – ich bin bis auf +14 gegangen. Denken Sie daran, dass Ihnen sämtliche Regler im Bedienfeld zur Verfügung stehen. Ich habe noch eine weitere Kopie der Ellipse über den Blumen angefertigt und sie links über dem Arm platziert (wie im nächsten Schritt zu sehen), weil dieser ein wenig zu dunkel aussah.

TIPP: Den Kantenübergang steuern

Die Weichheit des Übergangs zwischen dem Ellipsen-Mittelpunkt und dem von den Effektreglern betroffenen Bereich steuern Sie über den Regler **Weiche Kante**. Eine Einstellung von 100 ergibt den weichsten Übergang. Wenn Sie den Wert absenken, wird der Übergangsbereich schmaler und bei 0 bekommen Sie dann entsprechend eine richtige harte Kante. Dafür hatte ich wirklich noch niemals Verwendung.

Schritt neun:

Eine Sache sollten wir noch bedenken: Wir haben hier vor allen Dingen den Bereich um die Braut herum abgedunkelt (nun, abgesehen von den kleinen Bereichen, die wir aufgehellt haben). Aber wenn wir die Braut aufhellen wollten, könnten wir zurück ins Register **Grundeinstellungen** gehen und dort den **Belichtung**-Regler nach rechts ziehen (hier war das nicht erforderlich). Damit würden wir sie aufhellen, aber das gesamte Foto auch gleich mit ihr. Wenn die Randbereiche des Bilds dann also zu hell aussehen, können Sie wieder den **Radial-Filter** aufrufen, die erste von Ihnen angelegte Ellipse anklicken und den Belichtungswert noch etwas weiter absenken (abdunkeln). Das betrifft dann nur den entsprechenden Bereich um die Ellipse herum. Unten zeige ich Ihnen auch nochmal das Vorher-Bild, damit Sie sehen, wie dramatisch wir die Beleuchtung mit dem **Radial-Filter** verändert haben.

Vorher

Nachher

Panoramen direkt in Camera Raw zusammenfügen

Wir können jetzt sehr breite oder sehr hohe Panoramabilder aus mehreren Einzelbildern direkt in Camera Raw zusammenfügen, ohne Ausflüge nach Photoshop zu unternehmen. Und ich kann Ihnen sagen, dass mir die Methode von Camera Raw sowieso besser gefällt als die von Photoshop – schnell, einfach und mit einem Superergebnis. Und so beginnen Sie, Ihre eigenen Panoramen zusammenzufügen:

Schritt eins:

Wählen Sie zunächst in Bridge die gewünschten Quellbilder für Ihr Panorama aus und drücken Sie dann ⌘/Strg + R, um sie in Camera Raw zu öffnen.

Schritt zwei:

Die geöffneten Bilder erscheinen im Filmstreifen am rechten Rand des Camera-Raw-Fensters. Wenn Sie vor der Erstellung des Panoramas Bildkorrekturen vornehmen möchten, klicken Sie auf das kleine Symbol rechts über dem Filmstreifen und wählen Sie **Alles auswählen** (oder drücken Sie einfach ⌘/Strg + A), damit alle Änderungen automatisch auf alle markierten Bilder angewendet werden. Ich habe hier die Belichtung auf –0,50 abgesenkt, den Kontrast auf +23 erhöht, die Lichter auf –93 zurückgenommen, um etwas Farbe zurück in den Himmel zu bringen, und die Tiefen auf +95 angehoben, um mehr Details zu bekommen. Außerdem habe ich den Weiß- und den Schwarzpunkt durch Anklicken des Weiß- und des Schwarzreglers mit gedrückter ◇-Taste eingestellt und dann die Klarheit auf +41 erhöht, um die Struktur zu akzentuieren, ebenso die Dynamik auf +30. Wenn Sie die Korrekturen abgeschlossen haben, achten Sie darauf, dass weiterhin alle Bilder ausgewählt sind, und wählen Sie im Flyout-Menü des Filmstreifens die Option **Zu Panorama zusammenfügen** (siehe Abbildung; oder drücken Sie einfach ⌘/Strg + M).

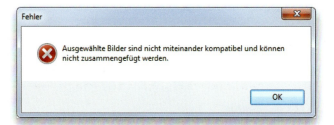

Schritt drei:

Nun sollte sich das Fenster **Zusammenfügen zu Panorama Vorschau** öffnen, es sei denn, Camera Raw kann die Bilder nicht zusammenfügen. Vielleicht ist die Überlappung zwischen den einzelnen Bildern nicht groß genug oder Sie haben die Kamera zu stark geneigt, sodass es einfach nicht funktioniert. In so einem Fall bekommen Sie die hier dargestellte Fehlermeldung, die Ihnen mitteilt: »Ich kann das nicht zusammenfügen«, nur eben um einiges förmlicher. Leider können Sie dann nicht viel tun, außer die Panoramaaufnahme zu wiederholen.

Schritt vier:

Gelingt das Zusammenfügen der Bilder, erhalten Sie die Meldung, dass die Panoramavorschau erstellt wird. Anschließend erscheint das Dialogfenster **Zusammenfügen zu Panorama Vorschau** (so wie hier dargestellt). Sie können die Fenstergröße übrigens verändern. Klicken Sie also zum Beispiel die untere rechte Ecke an und ziehen sie weit heraus, um das Fenster besser an die Form des horizontalen Panoramas anzugleichen.

Schritt fünf:

Rechts im Bereich Optionen gibt es die Möglichkeit, die weißen Randbereiche automatisch wegzuschneiden, die normalerweise beim Erzeugen eines Panoramas aus mehreren Einzelbildern entstehen. Wenn Sie selbst besser steuern möchten, was weggeschnitten wird, lassen Sie das Kontrollfeld **Automatisches Freistellen** ausgeschaltet und verwenden Sie den Regler **Randverkrümmung**, um die Bildfläche so weit wie möglich auszufüllen. Schalten Sie dann das Kontrollfeld **Automatisches Freistellen** ein, um die verbleibenden weißen Flächen zu entfernen (wieder zurück in Camera Raw können Sie im fertigen Panorama das **Freistellen**-Werkzeug aufrufen, um die abgeschnittenen Bereiche anzuzeigen und das Bild bei Bedarf neu freizustellen).

Schritt sechs:

Über den Optionen auf der rechten Seite können Sie die Projektion auswählen. Dies ist die Methode, mit der Camera Raw Ihr Panorama berechnet. Drei Möglichkeiten stehen zur Auswahl: **Perspektivisch** geht davon aus, dass das mittlere Quellbild des Panoramas der Bildmittelpunkt ist, und Camera Raw bearbeitet die übrigen Bilder so, wie es nötig ist (inklusive Verschieben, Verdrehen, Verzerren usw.), damit sie schön zu diesem mittleren Bild passen. **Zylindrisch** scheint am besten für sehr breite Panoramen zu funktionieren, hierbei versucht Camera Raw, die Höhe aller Bilder konstant zu halten. So vermeiden Sie die sonst typische Verzerrung, bei der die Enden des Panoramas höher sind und sich das Bild zur Mitte hin verjüngt. **Kugelförmig** dient zum Zusammenfügen von 360°-Panoramen (und ich habe diese Einstellung hier auch beibehalten, weil sie mir das beste Ergebnis lieferte). Okay, jetzt können Sie auf die Schaltfläche **Zusammenfügen** klicken und Ihr endgültiges Panorama wird berechnet. Das dauert ein bis zwei Minuten. Oder noch länger.

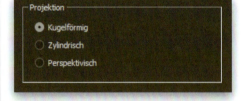

Schritt sieben:

Wenn die Berechnung abgeschlossen ist, erscheint Ihr fertig zusammengefügtes Panorama als DNG-Datei (ein RAW-Format) im Filmstreifen von Camera Raw und sie wird im selben Verzeichnis wie die verwendeten Quellfotos abgespeichert. Sie können das Panorama jetzt wie ein normales Einzelbild weiterbearbeiten. *Hinweis:* Bei Erstellen des Panoramas fügt Camera Raw am Ende des Dateinamens das Wort »Panorama« an (so wie hier gezeigt).

TIPP: HDR-Panoramen erstellen

Wenn Sie Ihr Panorama mit einer Belichtungsreihe aufgenommen haben, nutzen Sie zuerst die Funktion **Zu HDR zusammenfügen** (siehe Kapitel 8 für weitere HDR-Themen), um einzelne HDR-Bilder aus den Belichtungsreihen zu erstellen. Anschließend wählen Sie die fertig berechneten HDR-Bilder aus. Um daraus ein HDR-Panorama zu berechnen, öffnen Sie sie in Camera Raw und wählen **Zu Panorama zusammenfügen** aus dem Flyout-Menü des Filmstreifens.

Zweifache Bildentwicklung für extreme Tonwertumfänge

Die heutigen Digitalkameras sind zwar sehr gut geworden, aber im Bereich Belichtung lässt das menschliche Auge sie immer noch weit hinter sich. Deshalb machen wir so viele Gegenlichtaufnahmen, denn unser Auge passt sich an und lässt uns das Motiv super erkennen. Wenn wir das Foto dann aber öffnen, bleibt uns praktisch nur noch eine Silhouette. Oder denken Sie an Sonnenuntergänge. Hier müssen wir entscheiden, worauf wir die Belichtung einstellen – auf den Boden oder auf den Himmel – denn beides kann die Kamera nicht richtig belichten. Lernen Sie hier, diese Belichtungseinschränkungen mit Camera Raw zu überwinden.

Schritt eins:

Öffnen Sie das Foto, das Sie zweifach entwickeln möchten. In diesem Beispiel hat die Kamera den Himmel im Hintergrund richtig belichtet, die Gebäude und der Fluss im Vordergrund sind also dunkel. Natürlich wollen wir eher ein Bild, wie wir es mit unseren Augen wahrnehmen. Ein Bild, in dem die Gebäude, der Fluss und der Himmel jeweils korrekt belichtet sind. Dazu ist die Kamera aber nicht in der Lage. Bei der doppelten Entwicklung (indem wir also dasselbe RAW-Foto zweimal bearbeiten), können wir einen Satz Korrekturen auf den Himmel und einen weiteren Satz Korrekturen auf den Vordergrund anwenden, um genau das gewünschte Ergebnis zu erhalten. (*Hinweis:* Viel davon können Sie auch mit dem **Korrekturpinsel** von Camera Raw bewerkstelligen. In Kapitel 3 finden Sie mehr darüber.)

Schritt zwei:

Bringen wir zunächst den Vordergrund besser zur Geltung. Ziehen Sie den **Tiefen**-Regler nach rechts. Ich habe ihn auf +37 gezogen. Erhöhen Sie auch den Wert der Belichtung. Ich habe den Regler hier auf +0,65 gezogen. Die Gebäude und der Fluss sehen vom Kontrast her etwas »flau« aus, also heben Sie auch den Kontrast ein wenig an – gehen wir auf +45. Da es sich schließlich um Backsteinbauten handelt, deren Struktur wir akzentuieren möchten, heben wir die Klarheit auf etwa +32 an und lassen dann die wenigen vorhandenen Farben mit einer Dynamikeinstellung von etwa +28 etwas stärker leuchten. Halten Sie jetzt die ⇧-Taste gedrückt, um die Schaltfläche **Bild öffnen** in **Objekt öffnen** zu ändern (so wie hier gezeigt). Klicken Sie darauf.

Schritt drei:

Wenn Sie auf **Objekt öffnen** klicken, wird Ihr Bild in Photoshop als Smartobjekt geöffnet (Sie sehen eine Ebenenminiatur mit einem kleinen Seitensymbol in der unteren rechten Ecke). Jetzt brauchen wir eine zweite Version dieses Bilds, weil der Himmel hier etwas zu hell geworden ist. In der zweiten Version unserer RAW-Datei konzentrieren wir uns nur auf den Himmel. Wenn Sie die Ebene durch Ziehen auf das Symbol Neue Ebene erstellen duplizierten, würde die doppelte Entwicklung nicht funktionieren, da die Ebenenkopie dann mit der Originalebene verknüpft wäre und alle Änderungen an der Kopie automatisch auch auf die Quellebene angewendet würden. Wir müssen in der Lage sein, die beiden Ebenen getrennt voneinander zu bearbeiten. Dazu müssen wir im Grunde die Verknüpfung zwischen den beiden Ebenen auflösen. Gehen Sie hierzu ins **Ebenen**-Bedienfeld, klicken Sie die Ebene mit der rechten Maustaste an und wählen Sie im Kontextmenü den Eintrag **Neues Smartobjekt durch Kopie**. So bekommen Sie eine Ebenenkopie, die aber nicht mehr mit der ursprünglichen Ebene verknüpft ist.

Schritt vier:

Mit einem direkten Doppelklick auf ihre Miniatur öffnen Sie diese Ebenenkopie nun in Camera Raw. Hier stellen Sie die Belichtung des Himmels ein, ohne sich im Geringsten um das Aussehen des Vordergrunds zu kümmern. Er wird sehr dunkel werden, aber das ist egal – Sie haben ja bereits eine korrekt belichtete Version auf einer separaten Ebene, nicht wahr? Klicken Sie also zuerst auf die Schaltfläche **Standard**, um die Regler auf 0 zurückzusetzen, dann ziehen Sie den **Belichtung**-Regler nach links. Ich bin auf –0,30 gegangen. Ziehen Sie weiterhin den **Kontrast**-Regler auf +31, um die Definition der Wolken zu verbessern. Ich habe außerdem den **Farbtemperatur**-Regler etwas nach links gezogen (auf 5050), um das Blau des Himmels zu intensivieren, und schließlich habe ich noch die Regler für Klarheit und Dynamik mit +54 und +38 etwas höher eingestellt. Wenn der Himmel gut aussieht, klicken Sie auf **OK**.

Schritt fünf:

Jetzt haben Sie zwei Versionen Ihres Fotos, jeweils auf einer eigenen Ebene – in der unteren Ebene sind die Gebäude und der Fluss im Vordergrund korrekt belichtet und die Version mit dem dunkleren Himmel liegt in der Ebene direkt darüber – und beide sind perfekt deckungsgleich übereinander ausgerichtet. Deshalb nennen wir den Vorgang »zweifache Entwicklung«, weil zwei Versionen desselben Bilds mit unterschiedlichen Entwicklungseinstellungen vorliegen. Diese unterschiedlichen Ebenen (mit verschiedener Belichtung) müssen wir in idealer Weise zu einem einzigen Bild kombinieren. Das geht einfacher, wenn das Bild mit dem korrekt belichteten Vordergrund auf der oberen Ebene liegt, also klicken Sie diese Ebene ziehen Sie sie über die Ebene mit dem dunkleren Himmel (so, wie hier gezeigt). Wir führen diese Bilder mit einer Ebenenmaske zusammen, aber statt sie mühsam einzuzeichnen, können wir schummeln und das **Schnellauswahl**-Werkzeug (W) verwenden. Holen Sie sich es also aus der Werkzeugleiste und übermalen Sie den Himmel. So haben Sie ihn in wenigen Sekunden ausgewählt (siehe Abbildung).

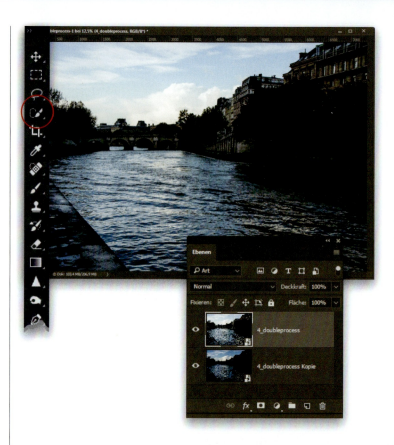

Schritt sechs:

Drücken Sie ⌘/Strg + ⇧ + I, um Ihre Auswahl umzukehren. Damit ist jetzt der Vordergrund ausgewählt. Gehen Sie ins **Ebenen**-Bedienfeld und klicken Sie auf das Symbol **Ebenenmaske hinzufügen** am unteren Rand des Bedienfelds (hier rot eingekreist). So wandeln Sie Ihre Auswahl in eine Ebenenmaske um, die den hellen Himmel verbirgt und stattdessen den dunkleren Himmel zum Vorschein bringt, so wie hier gezeigt.

Schritt sieben:

Jetzt verringern Sie die Deckkraft dieser oberen Ebene (der helleren Vordergrundebene), damit sie sich etwas besser in die Ebene mit dem dunklen Himmel einfügt. Ich bin hier auf 80% heruntergegangen und die Farben passen nun besser.

TIPP: Bilder immer als Smartobjekte öffnen

Wenn Sie Ihre entwickelten RAW-Bilder stets als Smartobjekte öffnen möchten, klicken Sie auf den Link **Arbeitsablauf-Optionen** am unteren Rand des Camera-Raw-Fensters (den weißen unterstrichenen Text unterhalb des Vorschaubereichs). Aktivieren Sie dann unten im Dialogfenster das Kontrollfeld In Photoshop als Smartobjekte öffnen.

Schritt acht:

Jetzt treffen wir auf ein recht häufiges Problem: Beim Aufhellen des Vordergrunds entstand zugleich auch etwas Bildrauschen. Ich habe hier auf 100% herangezoomt, sodass Sie es besser erkennen können. Glücklicherweise lässt sich das in Camera Raw recht einfach beheben. Zuerst müssen wir ins **Ebenen**-Bedienfeld gehen und aus dem Flyout-Menü oben rechts **Auf Hintergrundebene reduzieren** auswählen, um das Bild auf eine einzige Ebene zu reduzieren und es dann abzuspeichern.

Schritt neun:

Gehen Sie nun ins **Filter**-Menü und wählen Sie **Camera Raw-Filter**, um das Bild erneut in Camera Raw zu öffnen.

Schritt zehn:

Gehen Sie ins **Details**-Bedienfeld (das dritte Symbol von links im oberen Bedienfeldbereich) und ziehen Sie den **Luminanz**-Regler im Bereich Rauschreduzierung so weit nach rechts, bis das Rauschen verschwindet. Ich habe ihn bis auf 20 gezogen.

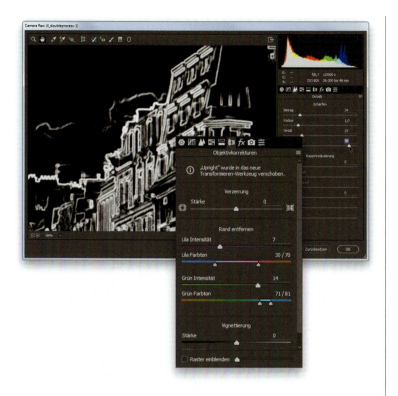

Schritt elf:

Die Rauschreduzierung hat die Kanten etwas aufgeweicht, also gehen Sie nach oben in den **Schärfen**-Bereich und ziehen den **Betrag**-Regler etwas nach rechts. Ich bin auf 34 gegangen. Um die Scharfzeichnung dann auf die Kanten zu beschränken, halten Sie die [Alt]-Taste gedrückt und ziehen den **Maskieren**-Regler nach rechts. Schließlich bin ich noch ins Bedienfeld **Objektivkorrekturen** (das vierte Symbol von rechts im oberen Bedienfeldbereich) gegangen und habe dort die **Rand-entfernen**-Regler angepasst, um die an einigen Gebäudekanten sichtbaren grünen und violetten Ränder zu entfernen. Wenn Sie fertig sind, klicken Sie auf **OK**. Unten sehen Sie eine Vorher/Nachher-Ansicht des zweifach entwickelten Bilds.

Vorher

Nachher

Color-Key in Camera Raw

Sie können direkt in Camera Raw einige sehr schöne Spezialeffekte anwenden. Teilweise geht das sogar einfacher, als ins Photoshop-Hauptprogramm zu wechseln und dort mit Ebenen und Masken zu hantieren. Ein in der Porträt- und Hochzeitsfotografie beliebter Spezialeffekt ist es, alles in Schwarzweiß umzuwandeln und nur ein einzelnes Schlüsselobjekt in Farbe beizubehalten. Uns Fotografen rollen sich bei diesem Anblick zwar die Zehennägel hoch, aber die Kunden lieben den Look einfach nur.

Schritt eins:

Mit diesem Effekt heben wir einen Bildteil hervor, indem wir ihn farbig belassen, während der Rest des Bilds schwarzweiß wird. Wir beide wissen, wie kitschig das ist, aber die Kunden lieben es wie gesagt. Zunächst stellen wir den **Korrekturpinsel** so ein, dass er schwarzweiß malt. Aktivieren Sie den **Korrekturpinsel** (K) in der Werkzeugleiste und klicken Sie dann im **Korrekturpinsel**-Bedienfeld rechts vom **Sättigung**-Regler viermal auf die Schaltfläche mit dem – (Minuszeichen), um alle anderen Regler auf 0 und die Sättigung auf –100 zu stellen. Jetzt werden alle übermalten Bereiche schwarzweiß dargestellt.

Schritt zwei:

Gleich werden wir den größten Teil des Bilds übermalen. Das geht viel schneller, wenn wir das Kontrollfeld **Automatisch maskieren** nahe des unteren Bedienfeldrands deaktivieren, damit Camera Raw beim Malen keine Kantenerkennung durchführt. Stellen Sie danach eine schön große Pinselspitze ein (ziehen Sie den Regler **Größe** nach rechts oder halten Sie die rechte Maustaste gedrückt, während Sie die Maus nach rechts bewegen) und übermalen Sie den größten Teil des Bilds. Achten Sie dabei aber darauf, dem Blumenstrauß nicht zu nahe zu kommen. Ich habe hier in der Abbildung rundum einen Bereich von einem guten Zentimeter unberührt gelassen.

Schritt drei:

Jetzt müssen Sie zwei Dinge tun: (1) den Pinsel verkleinern und (2) das Kontrollfeld **Automatisch maskieren** aktivieren. Die Funktion **Automatisch maskieren** macht das Ganze hier überhaupt erst möglich. Sie stellt automatisch sicher, dass Sie nicht versehentlich das Objekt in Ihrem Bild, das farbig bleiben soll, in Schwarzweiß umwandeln. Sie brauchen sich dazu nur an folgende einfache Regel zu halten: Lassen Sie das kleine Pluszeichen-Fadenkreuz in der Pinselmitte nicht mit dem Objekt in Berührung kommen, das farbig bleiben soll. In unserem Fall ist das der Blumenstrauß. Alles, was mit diesem kleinen Fadenkreuz in Berührung kommt, wird unweigerlich schwarzweiß (weil wir die Sättigung auf –100 gestellt haben). Daher ist es Ihre Aufgabe, nahe an die Blumen heranzumalen, ohne sie dabei aber mit dem Fadenkreuz zu berühren. Wenn die Ränder des Pinsels (die runden Ringe) in die Blumen hineinreichen, ist das kein Problem. Sie müssen es sogar, um dicht genug heranzukommen. Aber vermeiden Sie eben eine Berührung mit diesem kleinen Fadenkreuz und dann klappt alles. Das funktioniert erstaunlich gut, probieren Sie es einfach aus und sehen Sie selbst.

Schritt vier:

Jetzt haben wir bis an den Strauß herangemalt und dennoch sind die Blumen und sogar die grünen Stiele weiterhin in Farbe zu sehen. Wir waren also vorsichtig genug, um nicht mit dem Fadenkreuz darüberzufahren.

Nasse Straßen und Pflastersteine

Mit dieser schnellen Technik machen Sie aus einer trockenen Kopfsteinpflaster- oder Asphaltstraße eine nasse. Ich habe sie bei einem Live-Webcast über Reisefotografie demonstriert und einen Monat später erhielt ich immer noch Anfragen dazu. Darum wollte ich sie auch hier im Buch zeigen. Am besten gefällt mir, dass es so schnell und einfach geht und meistens gut funktioniert.

Schritt eins:

Sie müssen hier in Camera Raw arbeiten, aber keine Sorge: Falls Sie Ihr Bild nicht im RAW-Format aufgenommen haben (dies ist ein JPEG-Foto von einer Islandreise), dann können Sie es trotzdem in Camera Raw bearbeiten. Rufen Sie für das geöffnete Bild das **Filter**-Menü in Photoshop auf und wählen Sie **Camera Raw-Filter**, um das Bild so wie hier gezeigt in Camera Raw zu öffnen. Fahren Sie zunächst mit den üblichen Bildkorrekturen im **Grundeinstellungen**-Register fort. Ich habe hier die Belichtung etwas angehoben und dann mit gedrückter ⌥-Taste auf die **Weiß**- und **Schwarz**-Regler geklickt, um Camera Raw automatisch den Weiß- und den Schwarzpunkt setzen zu lassen. Außerdem habe ich die Dynamik etwas angehoben.

Schritt zwei:

Klicken Sie oben in der Werkzeugleiste auf den **Korrekturpinsel** (K) und klicken Sie dann rechts im **Korrekturpinsel**-Bedienfeld auf die **+**-Schaltfläche (Pluszeichen) rechts von **Kontrast**. Damit stellen Sie alle anderen Regler auf 0 und erhöhen den Kontrastwert um +25. Ziehen Sie diesen Regler nun auf +100. Dann ziehen Sie auch den **Klarheit**-Regler auf +100. Das war es schon, das ist das Rezept. Übermalen Sie die Fläche, die feucht aussehen soll, und beim Malen sehen Sie, dass der Bereich feucht wirkt und scheinbar Reflexionen wie bei einer richtigen nassen Straße auftreten.

Schritt drei:

Vergessen Sie auch nicht, mögliche Bordsteine und Fußwege in Ihren Fotos zu übermalen. Wenn Ihnen die übermalte Straße nicht »nass« genug aussieht, können Sie außerdem das Optionsfeld **Neu** oben im **Korrekturpinsel**-Bedienfeld markieren und denselben Bereich erneut übermalen. Beginnen Sie dabei aber an einem anderen Teil der Straße (so stapeln Sie den zweiten Durchgang über die erste »nasse« Schicht). Falls die Straße aus irgendeinem Grund durch die stark erhöhte Klarheit zu hell wirkt, senken Sie einfach den **Belichtung**-Regler für beide Pins ein wenig ab, sodass Sie überall ungefähr dieselbe Helligkeit erhalten.

Schritt vier:

Diese Technik funktioniert besonders gut mit gepflasterten Straßen und ich habe hier in Camera Raw eine Vorher/Nachher-Ansicht erstellt, damit Sie ein Beispiel sehen können. Okay, das war's. Nasse Straßen in Sekunden.

In Schwarzweiß umwandeln

Photoshop hat zwar eine eigene Einstellungsebene zur Schwarzweißumwandlung, aber die verwende ich nie, weil sie einfach nur total schlecht ist. Ich kenne keinen Profi, der sie benutzt. Meiner Meinung nach gelingen in Camera Raw wesentlich bessere Schwarzweißumwandlungen – es geht schneller und sieht einfach viel besser aus. Jedenfalls, solange Sie sich nicht zur Nutzung des **HSL/Graustufen**-Bedienfelds in Camera Raw verleiten lassen, in dessen Form sich die Schwarzweiß-Einstellungsebene in Camera Raw versteckt hält, um einer ahnungslosen, unschuldigen Seele aufzulauern.

Schritt eins:

Wir öffnen zunächst ein Farbbild in Camera Raw (so wie hier gezeigt). Die Umwandlung von Farbe in Schwarzweiß ist einfach – klicken Sie dazu nur im oberen Bedienfeldbereich auf das **HSL/Graustufen**-Symbol (das vierte von links) und aktivieren Sie dann das Kontrollfeld **In Graustufen konvertieren** am oberen Bedienfeldrand (so wie hier gezeigt). Mehr brauchen Sie hier nicht zu tun (glauben Sie mir).

Schritt zwei:

Wenn Sie das Kontrollfeld **In Graustufen umwandeln** angeklickt haben, erhalten Sie eine unglaublich flaue Graustufenversion Ihres Bilds (so wie hier gezeigt) und Sie könnten in Versuchung geraten, die Regler umherzuziehen, bis Sie dann feststellen, dass das Foto ja bereits umgewandelt ist und Sie daher quasi im Dunkeln tappen. Mein bester Ratschlag für Sie ist also, dieses Bedienfeld so schnell wie möglich wieder zu verlassen. Nur so besteht die Hoffnung, aus diesem flauen Graustufenbild einen wundervollen Schmetterling von Schwarzweißbild erblühen zu lassen. Kommen Sie schon, für die Schmetterlingsmetapher kriege ich mindestens fünf Punkte.

Schritt drei:

Wenn Sie sich mit Fotografen über tolle Schwarzweißbilder unterhalten, dann kommt das Gespräch immer wieder auf hochkontrastige Schwarzweißbilder. Sie wissen demnach bereits, was zu tun ist – Sie müssen den Kontrast stark anheben. Die Weißtöne müssen also weißer und die Schwarztöne schwärzer werden. Beginnen Sie im **Grundeinstellungen**-Register mit der Einstellung des **Belichtung**-Reglers. Ich habe ihn hier auf +0,25 gezogen. Dann erhöhen Sie den Kontrast dramatisch, indem Sie den **Kontrast**-Regler weit nach rechts ziehen. Ich bin hier auf +83 gegangen. Das sieht etwas besser aus, aber wir haben noch einiges mehr zu tun!

Schritt vier:

Setzen wir jetzt den Weiß- und den Schwarzpunkt. Ziehen Sie zuerst den **Weiß**-Regler so weit wie möglich nach rechts, ohne die Lichter zu beschneiden. Ziehen Sie mit anderen Worten so weit, bis das weiße Dreieck oben rechts im Histogramm erscheint. Das ist die Warnung zur Lichterbeschneidung. Dann nehmen Sie den Regler wieder etwas zurück, bis das Dreieck wieder schwarz wird. Hier bin ich bis auf +68 gegangen. Ziehen Sie jetzt den **Schwarz**-Regler nach links, bis das Bild wirklich schön kontrastreich aussieht (in der Abbildung habe ich ihn bis auf –37 gezogen). Okay, das sieht jetzt schon etwas besser aus, aber wir sind noch nicht ganz am Ziel.

Schritt fünf:

Die Reflexion ist etwas dunkel, also ziehen Sie den **Tiefen**-Regler nach rechts, um diesen Bereich etwas aufzuhellen. Ich habe ihn auf +19 gezogen. Erhöhen Sie dann noch die Klarheit ein gutes Stück, um den Mitteltonkontrast zu verstärken und das Bild knackiger und auch etwas heller zu machen. Ich bin hier bis auf +35 gegangen. Der Himmel sieht außerdem noch sehr weiß aus, also ziehen wir den **Lichter**-Regler etwas nach links. Ich bin hier auf −67 gegangen. Auch den **Weiß**-Regler habe ich noch etwas zurückgezogen, damit die Lichter nicht übersteuern.

Schritt sechs:

Wenn Sie sich jetzt – so wie ich – noch etwas mehr Kontrast wünschen, dann gehen Sie ins **Gradationskurve**-Bedienfeld (das zweite Symbol von links im oberen Bedienfeldbereich) und wählen Sie oben im Register **Punkt Mittlerer Kontrast** aus dem Popup-Menü **Gradationskurve**, so wie abgebildet. Für noch mehr Kontrast können Sie stattdesen auch **Starker Kontrast** ausprobieren. Auf der nächsten Seite sehen Sie die Vorher/Nachher-Ansicht. Ein Wahnsinnsunterschied, oder?

Vorher

Nachher

Teiltonung

Teiltonung ist ein traditioneller Spezialeffekt aus der Dunkelkammer, bei dem Sie eine bestimmte Tonung auf die Lichter im Bild anwenden und eine weitere Tonung auf die Tiefen des Fotos. Dabei können Sie sogar auch die Sättigung der jeweiligen Tonung und das Gleichgewicht zwischen den beiden beeinflussen und recht interessante Effekte erzielen. Teiltonungseffekte können zwar auf Farb- und Schwarzweißfotos angewendet werden, aber am häufigsten treffen wir sie wohl im Schwarzweißbereich an. Wir wandeln hier also zuerst ein Farbbild in Schwarzweiß um und wenden dann den Teiltonungseffekt an.

Schritt eins:

Öffnen Sie zuerst Ihr Farbbild in Camera Raw und wandeln Sie es dann in Schwarzweiß um. Dazu klicken Sie auf das Symbol **HSL/Graustufen** (das vierte von links im oberen Bedienfeldbereich) und aktivieren dann das Kontrollfeld **In Graustufen konvertieren** am oberen Bedienfeldrand (in Kapitel 10 beschreibe ich eine meiner Lieblingsmethoden zur Schwarzweißumwandlung).

Schritt zwei:

Klicken Sie jetzt auf das Symbol **Teiltonung** (das fünfte Symbol von links im oberen Bedienfeldbereich). Wenn Sie jetzt die **Farbton**-Regler in den Bereichen Lichter oder Tiefen betätigen, passiert überhaupt nichts, weil die **Sättigung**-Regler standardmäßig auf 0 stehen. Tun Sie sich also einen Gefallen und ziehen Sie den **Sättigung**-Regler für die Lichter auf etwa 25, sodass Sie beim Ziehen des **Farbton**-Reglers wenigstens etwas sehen können. Sobald Sie das getan haben, sehen Sie den Standardfarbton, der etwas ins Rosa geht.

TIPP: Die Farben sehen

Um die Farbtöne vorübergehend mit 100 % Sättigung zu sehen, halten Sie die [Alt]-Taste gedrückt, während Sie einen **Farbton**-Regler ziehen. Das erleichtert Ihnen die Farbwahl, falls Sie meinen Rat nicht annehmen möchten, die Sättigung zu erhöhen (so wie ich es am Ende von Schritt zwei erwähnt habe).

Schritt drei:

Jetzt, können Sie sehen, was passiert. Klicken und ziehen Sie den **Farbton**-Regler für die Lichter, bis Sie einen ansprechenden Farbton gefunden haben. Für dieses Bild verwende ich eine Farbton-Einstellung von 50 und ich habe zudem die Sättigung der Lichter auf etwa 50 erhöht, um die Tonung etwas zu verstärken.

Schritt vier:

Lassen Sie uns die Tiefen blaugrün einfärben (eine ziemlich beliebte Kombination für die Teiltonung), indem wir den **Sättigung**-Regler der Tiefen auf 40 ziehen (sodass Sie die Tonung der Tiefen sehen können) und dann den **Farbton**-Regler der Tiefen auf 215 ziehen. Jetzt sehen Sie die blaugrüne Tonung der Tiefenbereiche. Nun bleibt uns nur noch eine Einstellung – der **Abgleich**-Regler, mit dem Sie einstellen, ob in der Teiltonung die Farbe der Lichter oder die der Tiefen überwiegen sollte. Ziehen Sie ihn einfach nach links und wieder zurück nach rechts, um seine Wirkungsweise sofort zu erkennen. Ich habe den Regler **Abgleich** hier nach rechts auf +25 gezogen und Sie sehen, dass die Teiltonung nun mehr Gelb in den Lichtern aufweist. Wenn Sie eine Kombination gefunden haben, die Ihnen zusagt (das könnte passieren), dann sollten Sie unbedingt auf Seite 133 springen und herausfinden, wie Sie daraus eine mit einem Klick anwendbare Vorgabe machen. Sie müssen diese ganze Prozedur dann nicht jedes Mal wiederholen, wenn Sie mal eben einen Teiltonungseffekt anwenden möchten.

Zweitonbilder leicht gemacht

Lassen Sie sich nicht davon irreleiten, dass dieses Projekt auf eine Seite passt. Das ist trotzdem eine Wahnsinnstechnik – die beste und schnellste Zweitontechnik, die ich je verwendet habe, und die einzige, die ich in meinem eigenen Workflow benutze. Früher nutzte ich eine kompliziertere Version, aber dann zeigte mir mein Kumpel Terry White eine Technik, die er von seinen Kumpels gelernt hatte, deren Zweitonbilder er bewunderte. Und jetzt gebe ich sie an Sie weiter. Sie ist sehr einfach anzuwenden, funktioniert aber hervorragend.

Schritt eins:

Öffnen Sie zuerst Ihr Farbbild in Camera Raw und wandeln Sie es dann in Schwarzweiß um. Dazu klicken Sie auf das Symbol **HSL/ Graustufen** (das vierte von links im oberen Bedienfeldbereich) und aktivieren dann das Kontrollfeld **In Graustufen konvertieren** am oberen Bedienfeldrand (in Kapitel 10 beschreibe ich eine meiner Lieblingsmethoden zur Schwarzweißumwandlung).

Schritt zwei:

Klicken Sie jetzt auf das Symbol Teilonung (das fünfte Symbol von links im oberen Bedienfeldbereich). Erhöhen Sie dann im Bereich **Tiefen** die Sättigung als Ausgangspunkt auf 25. Als Nächstes ziehen Sie den **Farbton**-Regler für die Tiefen so weit, bis Sie einen schönen Sepia-Farbton erhalten. Ich verwende immer Werte um 30 herum. Wenn Ihnen das zu intensiv erscheint, nehmen Sie die Sättigung etwas zurück und schon sind Sie fertig. Richtig – die Einstellungen im Bereich **Lichter** ignorieren Sie einfach komplett und Sie werden tolle Ergebnisse bekommen. Widerstehen Sie der gewaltigen Anziehungskraft der **Lichter**-Regler. Ich weiß, dass Sie an einem bestimmten Punkt denken werden, dass sie alles verbessern werden, aber Sie halten den magischen Schlüssel zu hervorragenden Zweitonbildern bereits in Ihren Händen. Vermasseln Sie es nicht! Das war's – das ist das volle Programm. Ich sagte ja, dass es einfach sein würde, aber lassen Sie sich davon nicht in die Irre führen. Drucken Sie so ein Bild mal aus, dann sehen Sie, was ich meine. Mmmh. Zweitonbild.

Eigene Vorgaben in Camera Raw anlegen

Wir haben inzwischen ein Teiltonungs- und ein Zweitonbild erstellt – damit ist der perfekte Zeitpunkt gekommen, um eigene Vorgaben anzulegen. Diese können Sie später mit einem einzigen Mausklick anwenden. Wenn Sie dann das nächste Mal ein Foto öffnen und denselben Effekt darauf anwenden möchten, müssen Sie nicht mehr alle Einzelschritte durchlaufen (Schwarzweißumwandlung, Bildkorrekturen und Anwenden der Teiltonungseinstellungen). Stattdessen klicken Sie einfach nur auf eine Schaltfläche und all diese Einstellungen werden auf einen Schlag angewendet. Natürlich sind die Vorgaben nicht nur für Teiltonungen und Zweitonbilder reserviert – erstellen Sie immer dann eine Vorgabe, wenn Sie bestimmte Einstellungen in Camera Raw mehrfach nutzen möchten.

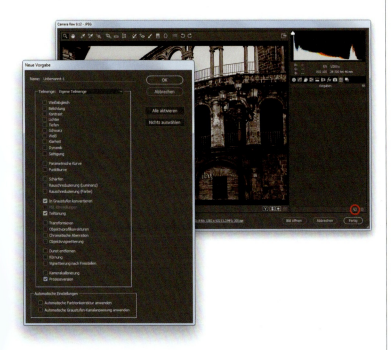

Schritt eins:

Da wir gerade den Zweitoneffekt in Camera Raw erstellt haben, werden wir ihn auch direkt für unsere neue Vorgabe verwenden. Denken Sie einfach daran – immer, wenn Ihnen ein bestimmter neuer Look gefällt, können Sie ihn als Vorgabe speichern. Um eine Vorgabe anzulegen, klicken Sie auf das **Vorgaben**-Symbol (das zweite von rechts im oberen Bedienfeldbereich) und anschließend auf das Symbol **Neue Vorgabe** (hier rot eingekreist). Damit öffnet sich das Dialogfenster **Neue Vorgabe**, so wie hier gezeigt. Jetzt aktivieren Sie einfach die Kontrollfelder für die Anpassungen, die mit in die Vorlage kopiert werden sollen, so wie ich es hier getan habe. Dann geben Sie Ihrer Vorgabe einen Namen und klicken auf **OK**.

Schritt zwei:

Nachdem Sie die Vorgabe gespeichert haben, erscheint sie in der Vorgabenliste (da es hier nur eine Vorgabe gibt, weiß ich nicht, ob man im Moment wirklich von einer Liste sprechen kann, aber Sie verstehen, was ich meine?). Um sie anzuwenden, genügt wirklich ein Klick. Öffnen Sie ein neues Foto, gehen Sie ins Bedienfeld Vorgaben und klicken Sie auf die Vorgabe (siehe Abbildung). Schon werden alle Ihre Einstellungen angewendet. Denken Sie aber daran, dass jedes Bild unterschiedlich belichtet ist. Wenn Sie also eine Vorgabe speichern, in der Sie die Belichtung stark verändert haben, dann werden diese Belichtungseinstellungen bei jeder Anwendung der Vorgabe erneut übernommen. Deshalb sollten Sie nur die Teiltonungs-/Zweiton-Einstellungen speichern und nicht auch die komplette Belichtungskorrektur.

Photoshop-Killer-Tipps

Warum das Dialogfenster Fläche füllen mal erscheint und mal nicht

Wenn Sie ein Bild auf die Hintergrundebene reduziert haben und Sie dann eine Auswahl treffen und die `Entf`-Taste drücken, erscheint das Dialogfenster **Fläche füllen** (in dem Popup-Menü **Inhalt** ist standardmäßig die Option **Inhaltsbasiert** ausgewählt). Manchmal erscheint beim Drücken der `Entf`-Taste aber auch nicht das Dialogfenster **Fläche füllen**. In einem Dokument mit mehreren Ebenen wird der ausgewählte Bereich stattdessen gelöscht und damit transparent. (Das ist je nach Standpunkt entweder »Mist!« oder »Klasse!«) Wenn Sie nur eine einzige Ebene haben (die nicht Hintergrundebene ist), dann löschen Sie ebenfalls den Auswahlbereich und machen ihn transparent. Um in diesen Fällen stattdessen das Dialogfenster **Fläche füllen** aufzurufen, verwenden Sie einfach die alternative Tastenkombination `⇧` + `Entf`.

Ein Objekt zwischen Dokumenten hin- und herschieben und an genau derselben Stelle einfügen

Wenn Sie innerhalb eines Dokuments ein Objekt auf einer Ebene liegen haben, das in einem anderen geöffneten Dokument an genau derselben Stelle erscheinen soll, dann tun Sie Folgendes: Halten Sie zunächst die `⌘`/`Strg`-Taste gedrückt und klicken Sie im **Ebenen**-Bedienfeld auf

die Ebenenminiatur, um eine Auswahl um Ihr Objekt zu legen. Drücken Sie `⌘`/`Strg` + `C`, um das Objekt in die Zwischenablage zu kopieren. Wechseln Sie zum anderen Dokument und wählen Sie im Menü **Bearbeiten** unter **Einfügen Spezial** den Eintrag **An Originalposition einfügen**. Das Objekt erscheint nun im anderen Dokument an genau derselben Position (falls das andere Dokument natürlich auch dieselbe Größe und Auflösung besitzt). Das funktioniert auch mit markierten Bereichen, nicht nur mit Ebenen.

Rote Augen entfernen

Wenn eine Person in Ihrem Foto den gefürchteten Rote-Augen-Effekt zeigt, dann haben Sie das Problem in 15 Sekunden behoben. Zoomen Sie mit dem **Zoom**-Werkzeug (`Z`) nahe an das Auge heran und wählen Sie in der Werkzeugleiste das **Rote-Augen**-Werkzeug aus. Das finden Sie unter dem **Bereichsreparatur**-Pinsel. Alternativ drücken Sie so oft `⇧` + `J`, bis es ausgewählt ist. Klicken Sie damit einmal auf den roten Bereich des Auges und in ein oder zwei Sekunden ist das Rot verschwunden. Wenn Ihr erster Versuch nicht den gesamten roten Bereich markiert, erhöhen Sie die Pupillengröße in der Optionsleiste. Wenn die Retusche nicht dunkel genug ist (die Pupille also eher grau als schwarz aussieht), erhöhen Sie einfach den Verdunkelungsbetrag oben in der Optionsleiste.

Durch Klicken und Ziehen eingefügte Bilder müssen keine Smartobjekte werden

Sie können Bilder aus Bridge direkt in Ihre geöffneten Dokumente ziehen (falls Sie kein Dokument geöffnet haben, öffnet sich dann ein neues Dokument). Standardmäßig entsteht dabei jedoch ein Smartobjekt. Wenn Sie das nicht möchten, drücken Sie zuerst `⌘`/`Strg` + `K`, um die Photoshop-Voreinstellungen aufzurufen. Klicken Sie dann links aufs Register **Allgemein** und deaktivieren Sie im Bereich **Optionen** das Kontrollfeld **Beim Platzieren immer Smartobjekte erstellen**.

Weiches Hereinzoomen

Zum Hereinzoomen können Sie auch mit aktiviertem Zoomwerkzeug (dem Lupensymbol) auf den zu vergrößernden Bereich klicken und die Maustaste gedrückt halten. Photoshop zoomt dann weich an diesen Punkt heran. Leider geschieht das so weich, dass es zugleich sehr langsam ist. Es sieht zwar cool aus, ist aber eben langsam. Viel besser funktioniert es deshalb,

Photoshop-Killer-Tipps

mit dem Werkzeug zu klicken und mit gedrückter Maustaste nach rechts zu ziehen. (Natürlich ist es nicht ganz so cool, Ihren Freunden das zu zeigen, wie das »langsame Zoomen«).

Ihrem RAW-Bild ein Farbprofil zuweisen

Bei RAW-Fotos bettet Ihre Kamera – anders als bei JPEG- und TIFF-Bildern – kein Farbprofil in die Bilddatei ein. Das Farbprofil müssen Sie selbst in Camera Raw zuweisen. Wenn Sie sämtliche Arbeiten an Ihrem Bild in Camera Raw durchführen und es dann einfach als JPEG-Datei für E-Mail-Anhänge oder das Web speichern, sollten Sie ein Farbprofil einbetten. Dieses sorgt dafür, dass die Bildfarben der Darstellung in Camera Raw entsprechen. Klicken Sie hierzu auf den weißen Link unter dem Vorschaubereich in Camera Raw. Damit öffnen Sie das Fenster **Arbeitsablauf-Optionen**, in dem Sie auswählen können, welches Farbprofil in Ihr Bild eingebettet wird (in dem Popup-Menü **Farbraum**). Wenn Sie das Bild per E-Mail versenden oder es im Web veröffentlichen, wählen Sie **sRGB** als Farbraum – auf diese Weise behält das Bild die Farben aus Camera Raw weitgehend bei. Würden Sie die Voreinstellung dagegen auf ProPhoto RGB oder gar Adobe RGB [1998] belassen, dann würden die Farben im Web oder in der E-Mail wahrscheinlich dumpf und verwaschen wirken.

Farben der Benutzeroberfläche schnell umschalten

Mit Photoshop CS6 führte Adobe das neue »dunkle« Farbschema ein, um die alte, hellgraue Benutzeroberfläche abzulösen, die Photoshop seit der Version 1.0 aufwies. Wenn Sie die Benutzeroberfläche in Photoshop heller oder dunkler einstellen möchten,

drücken Sie ⇧ + F1 zum Abdunkeln um eine Stufe oder ⇧ + F2 zum Aufhellen um eine Stufe (Sie können die Tastenkombinationen mehrfach verwenden, je nachdem, auf welche Helligkeit Ihre Benutzeroberfläche aktuell eingestellt ist). Auf einem Laptop müssen Sie je nach Gerät gegebenenfalls noch zusätzlich die Fn-Taste gedrückt halten (also: Fn + ⇧ + F1 oder Fn + ⇧ + F2).

Schnell die besten Bilder finden

Im letzten Kapitel habe ich erwähnt, dass Sie in Camera Raw auch genau wie in Bridge Sterne als Bewertungen für Fotos vergeben können, wenn mehrere Bilder zugleich geöffnet sind (es gelten hierfür sogar dieselben Tastenkürzel). Mit diesem Tipp gelangen Sie schnell zu Ihren bewerteten Fotos: Wählen Sie im Flyout-Menü des Filmstreifens den Eintrag **Gewertete auswählen** und schon werden automatisch alle Bilder mit einer Sternebewertung für Sie ausgewählt, sodass Sie raschen Zugriff auf Ihre besten Bilder bekommen.

Ein Histogramm für den wichtigsten Bereich Ihres Fotos anzeigen

Wenn Sie ein Porträt in Camera Raw bearbeiten, ist die Person natürlich der wichtigste Bildteil. Das Histogramm in Camera Raw wertet aber die gesamte Bildfläche aus. Wenn Sie die Person vor einem weißen Hintergrund aufgenommen haben, kann Ihnen das Histogramm daher keine allzu große Hilfe beim Bewerten des Hauttons bieten. Um das zu umgehen, schnappen Sie sich das **Freistellungswerkzeug** (C) und ziehen Sie einen Freistellungsrahmen um das Gesicht herum auf, ohne das Bild aber tatsächlich freizustellen. Sobald Sie die Maustaste loslassen, zeigt das Histogramm oben rechts im Programmfenster nur noch die Werte für den Freistellungsrahmen an – also für das porträtierte Gesicht. Das ist sehr praktisch!

Zoomstufe über Rechtsklick auswählen

Ein Rechtsklick auf Ihr Bild im Vorschaubereich von Camera Raw öffnet ein Popup-Menü mit verschiedenen voreingestellten Zoomstufen.

Location: Paris, Frankreich | Belichtung: 1/800 s. | Brennweite: 18 mm | Blendenwert: ƒ/4

Bilder skalieren und freistellen

Habe ich Ihnen eigentlich schon erzählt, wie sehr ich Mais hasse? Ich weiß auch nicht genau, warum das so ist. Vielleicht liegt es ja an seiner gelben Farbe? Ich konnte einfach nie so richtig warm damit werden. Vielleicht mag ich auch einfach den Geruch von Mais nicht und wenn man mal darüber nachdenkt, dann ist es bei Nahrungsmitteln ja generell so, dass wir sie nicht mögen, wenn uns schon der Geruch nicht zusagt. Oder wann haben Sie zuletzt eine große Gabel mit Essen in Ihren Mund befördert und dabei gesagt, »Wow, das riecht echt ekelhaft!«, und es dann auch noch wirklich gegessen? Ich meine jetzt nach dieser Mutprobe in der Studentenverbindung, wann war das? Was? Sie essen wirklich stinkende Nahrung? Wow, das hätte ich nicht von Ihnen gedacht. Ich bin, ehrlich gesagt, etwas überrascht, denn bisher dachte ich, wir würden ganz gut miteinander auskommen. Ich schreibe absurdes Zeug und Sie geben das Buch nicht zurück, um sich den Kaufpreis erstatten zu lassen. Sie überspringen sogar ganze Kapitel, einfach nur um die nächste Einleitung zu lesen. Ich dachte, wir sind Kumpel, aber jetzt … mache ich mir echte Sorgen.

Was haben Sie mir denn noch verschwiegen? Was? Das gibt's doch gar nicht! Ist Ihnen da nicht schlecht geworden? Oh Mann, das muss ja echt schlimm gewesen sein. Haben Sie die Polizei gerufen? Warum nicht? Oh. Und dann? Ach Quatsch! Was? Was? Was? Uuuh! Sehen Sie, ich weiß nicht, ob wir noch weitere Kapiteleröffnungen zusammen durchnehmen können. Ich weiß nicht, ob Ihnen diese Lektüre gut tut. Ich glaube, Sie befinden sich in einer Art Abwärtsspirale. Was? Nein, ich möchte nicht über Sie urteilen. Na gut, ich urteile über Sie, aber auch nicht mehr, als es jeder andere tun würde, der weiß, was Sie gemacht haben. Und das war übrigens ziemlich krank und Sie hätten auf jeden Fall lieber die Polizei rufen sollen oder einen Anwalt oder einen Fußpfleger oder einen Tierpräparator. Mais also, ja? All das, aber Mais zu essen ist für Sie völlig normal, obwohl Sie den Geruch überhaupt nicht mögen. Nun, wenn es Sie irgendwie beruhigt, ich esse keinen Weizen. Ich meine, wo sollte ich auch ein Büschel Weizen herbekommen? Im Reiterladen? Bei Fressnapf? Bei Subway? Hey, ich habe einen 50 %-Rabattgutschein!

Grundlegende Freistellung für Fotos

Adobe hat die Freistellungsfunktion in Photoshop CS6 komplett überarbeitet. Diese deutliche Verbesserung war lange überfällig: Bis auf ein paar kleinere Neuerungen war die Freistellungsfunktion seit Photoshop 1.0 mehr oder weniger unverändert geblieben. Hier beschäftigen wir uns mit dem einfachen Freistellen und der neuen Freistellungsmethode. Es gibt viele Möglichkeiten, ein Bild in Photoshop zuzuschneiden, und verschiedene Gründe, warum Sie die eine Technik gegenüber der anderen bevorzugen könnten. Deshalb zeige ich alle Methoden. Wenn Sie Lightroom nutzen, wird Ihnen die überarbeitete Freistellungtechnik bereits vertraut sein.

Schritt eins:

Drücken Sie die Taste [C], um das **Freistellungswerkzeug** zu aktivieren. Die erste Verbesserung gegenüber früheren Versionen sehen Sie sofort: Sie müssen den Zuschneiderahmen nicht über Ihr Foto ziehen – er wird automatisch hinzugefügt. Juhu! Nun ziehen Sie einen der Eck- oder Kantengriffe nach innen, um mit dem Freistellen zu beginnen (siehe Abbildung). Das Bild wird nach innen in Richtung Bildmitte zugeschnitten (der Bereich, der weggeschnitten wird, erscheint gedimmt). Möchten Sie die Bildproportionen beim Freistellen beibehalten (ich tue das normalerweise), halten Sie die [⇧]-Taste gedrückt, während Sie einen der Zuschneidegriffe ziehen. Sie können Ihr Bild auch innerhalb des Rahmens an eine neue Stelle ziehen.

Schritt zwei:

Das in Schritt 1 abgebildete Drittelregel-Gitter wird erst dann über dem Bild angezeigt, wenn Sie tatsächlich einen der Freistellgriffe ziehen. Sehen Sie eine andere Überlagerung, klicken Sie einfach auf das Symbol **Überlagerungsoptionen** in der Optionsleiste (rechts vom Werkzeug **Gerade ausrichten**). Sie erhalten ein Popup-Menü mit den verschiedenen Überlagerungen, aus denen Sie wählen können (wenn Sie nicht sicher sind, können Sie sie mit der Taste [O] durchgehen. Es gibt drei Überlagerungseinstellungen im Menü: **Überlagerung immer anzeigen** (sobald Sie mit dem Freistellen beginnen, ist die Überlagerung immer sichtbar), **Überlagerung nie anzeigen** und **Überlagerung automatisch anzeigen** (meine Lieblingseinstellung – die Überlagerung wird nur angezeigt, wenn Sie tatsächlich den Freistellrahmen nutzen).

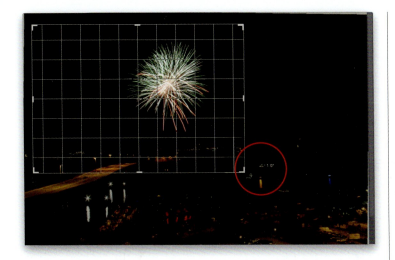

Schritt drei:

Möchten Sie Ihr Bild bei angezeigtem Freistellungsrahmen drehen, zeigen Sie einfach mit der Maus auf eine beliebige Stelle außerhalb des Rahmens. Der Mauszeiger wird zu einem Doppelpfeil. Klicken Sie, halten Sie die Maustaste gedrückt und ziehen Sie nach oben oder unten. Das Bild (nicht der Freistellungsrahmen) dreht sich in der gewählten Richtung. Dadurch wird der Vorgang deutlich vereinfacht (besonders wenn Sie versuchen, einen Horizont oder ein Gebäude geradezurichten). Außerdem wird eine kleine Anzeige mit dem Drehwinkel angezeigt (hier rot eingekreist).

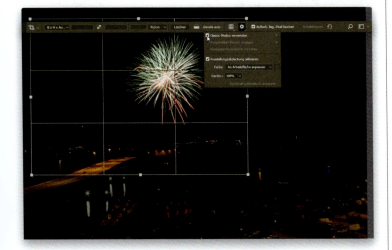

Schritt vier:

Möchten Sie Ihren Freistellrahmen lieber auf die herkömmliche Art zuschneiden (dabei dreht sich nicht das Bild, sondern der Rahmen), klicken Sie in der Optionsleiste auf das Symbol **Zusätzliche Freistellungsoptionen festlegen** (es sieht wie ein Zahnrad aus) und aktivieren Sie das Kontrollfeld **Classic-Modus verwenden** (von den heutigen Hipster-Freistellern auch als »Old-School«- oder »historische« Freistellung bezeichnet) und Sie sind wieder bei der alten Methode. Ich empfehle Ihnen jedoch, die neuere Technik auszuprobieren – Sie müssen sich ein wenig umgewöhnen, aber dann werden Sie sie wirklich sinnvoll finden. Wo wir gerade beim Optionsmenü sind – außer im Classic-Modus haben Sie hier zwei Optionen: (1) Sie können verhindern, dass Ihr Freistellungsrahmen automatisch zentriert wird (diese Option ist automatisch aktiviert). Mit der anderen beschäftigen wir uns auf der nächsten Seite (sie ist etwas komplexer).

Schritt fünf:

(2) Die andere Option ist leistungsfähiger, als man meinen könnte. Sie übernimmt eine der populärsten Freistellungfunktionen von Lightroom. In Lightroom heißt sie **Beleuchtung aus**: Alles, was sich außerhalb des Zuschneiderahmens befindet, wird schwarz. Ziehen Sie also einen Freistellgriff, sehen Sie genau und ohne Ablenkungen, wie das fertige Bild aussieht. Klicken Sie auf das Symbol **Zusätzliche Freistellungsoptionen festlegen**, können Sie dies über das Kontrollfeld **Freigestellten Bereich anzeigen** ein- oder ausschalten, aber ehrlich gesagt geht es schneller, wenn Sie einfach die Taste H auf Ihrer Tastatur drücken (klicken Sie zuerst auf einen Freistellgriff, sonst wechseln Sie zum **Hand**-Werkzeug). Wollen Sie noch einen Schritt weitergehen? Drücken Sie die →-Taste und alles andere (Werkzeugleiste, Bedienfelder, Optionsleiste usw.) wird temporär ebenfalls ausgeblendet (drücken Sie erneut die →-Taste, um die Bildschirmelemente wieder einzublenden). Die anderen Optionen hier werden nur aktuell, wenn der gedimmte, weggeschnittene Bereich (die Freistellungsabdeckung) sichtbar ist. Sie können ihn heller oder dunkler machen, indem Sie die Deckkraft ändern oder ganz ausschalten, indem Sie das Kontrollfeld **Freistellungsabdeckung aktivieren** einschalten.

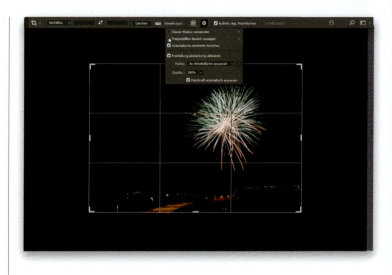

Schritt sechs:

Wenn Sie Zeit sparen möchten, gibt es eine Liste von vordefinierten Standard-Freistellungsgrößen in dem Popup-Menü am linken Ende der Optionsleiste (siehe Abbildung). Wählen Sie einfach das gewünschte Freistellverhältnis (hier habe ich **1:1** für ein Quadrat gewählt) und Ihr Freistellrahmen erhält automatisch dieses Größenverhältnis (siehe Abbildung).

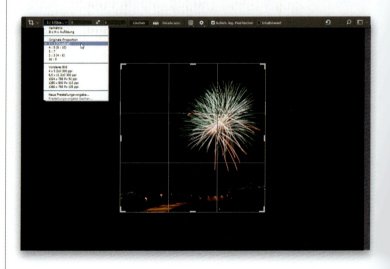

Schritt sieben:

Wenn Sie irgendwann feststellen, dass Sie das Bild überhaupt nicht zuschneiden möchten, können Sie entweder die [Esc]-Taste auf der Tastatur drücken, auf das **Zurücksetzen**-Symbol in der Optionsleiste (siehe Abbildung) oder einfach auf ein anderes Werkzeug in der Werkzeugleiste klicken. Sie erhalten dann ein Dialogfenster mit der Frage, ob Sie das Bild zuschneiden möchten oder nicht.

TIPP: Den Freistellungsrahmen um 90 Grad drehen

Möchten Sie den Freistellungsrahmen nach dem Aufziehen um 90 Grad drehen, damit Sie Ihr Querformat-Bild im Hochformat, aber mit demselben Seitenverhältnis zuschneiden können (oder umgekehrt)? Drücken Sie dazu einfach die Taste [X] auf der Tastatur.

Schritt acht:

Bisher haben wir uns die standardmäßige Zuschneidung angesehen: Klicken Sie auf das Werkzeug und ziehen Sie die Griffe an die gewünschte Position. Sie können aber auch die Freistil-Zuschneidetechnik wählen (wie in den vorherigen Versionen von Photoshop), indem Sie das **Freistellungswerkzeug** selbst nehmen und einfach über den Bereich, den Sie zuschneiden möchten, ziehen (siehe Abbildung). Wundern Sie sich nicht, dass bereits ein Freistellungsrahmen vorhanden ist – ziehen Sie ihn einfach auf und sobald Sie die Maustaste loslassen, zeigt er Ihren neuen Freistellungsrahmen an. Natürlich können Sie die Griffe nun wie zuvor anpassen.

Schritt neun:

Sie können auch die Arbeitsfläche mithilfe des **Freistellungswerkzeugs** vergrößern. Zuerst sollten Sie aber schnell die Hintergrundfarbe prüfen: Wenn Ihre Arbeitsfläche weiß sein soll (und ich nehme an, das trifft meistens zu), dann sollten Sie vor dem Aktivieren des **Freistellungswerkzeugs** die Taste [D] auf der Tastatur drücken, um die Hintergrundfarbe auf Weiß zu setzen. Nachdem Sie dann auf das **Freistellungswerkzeug** geklickt haben, vergewissern Sie sich, dass am linken Rand der Optionsleiste **Verhältnis** ausgewählt ist. Dann klicken Sie auf die Schaltfläche **Löschen**, um die Felder **Breite** und **Höhe** zu leeren. Anderenfalls wird der Freistellungsrahmen auf das Seitenverhältnis Ihres Bilds beschränkt (in diesem Fall soll der untere Bereich größer sein als der seitliche und der obere Bereich). Nehmen Sie nun einen Freistellgriff und ziehen Sie den Rahmen nach außen, um die Arbeitsfläche zu vergrößern. Hier habe ich auf den oberen linken Freistellgriff geklickt und im 45°-Winkel nach oben und links gezogen, um den oberen und linken Bereich meines Bilds zu erweitern.

Schritt zehn:

Hier zog ich die rechte Seite hinaus und dann den unteren mittleren Anfasser etwas nach unten, um den Look eines Kunstposters zu erzielen.

TIPP: Die [⇧]-Taste brauchen Sie nicht mehr

Sie wissen bereits, dass Sie die Freistellung proportional durchführen können, wenn Sie die [⇧]-Taste gedrückt halten, nicht wahr? So können Sie es vermeiden, diese Taste immer wieder gedrückt zu halten, wenn Sie die Bildproportionen bewahren möchten: Schließen Sie alle geöffneten Bilder, nehmen Sie das **Freistellungswerkzeug** und wählen Sie dann **Originale Proportion** aus dem Popup-Menü am linken Ende der Optionsleiste. Das ist nun Ihre Standardeinstellung. Wie cool ist das denn?

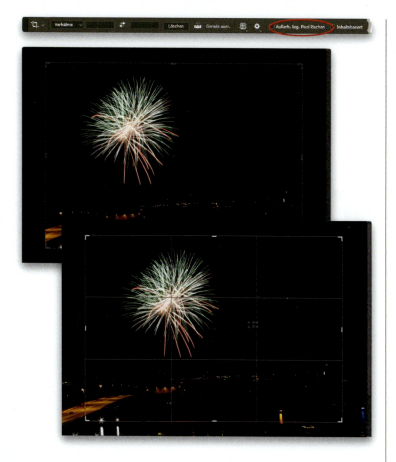

Schritt elf:

Bevor Sie Ihr Bild tatsächlich freistellen, müssen Sie eine Entscheidung treffen – möglicherweise nur einmal, je nachdem, welche Technik Sie bevorzugen. Entscheiden Sie, ob weggeschnittene Bildteile (a) für immer verschwinden oder (b) nur ausgeblendet werden sollen, sodass sie bei Bedarf wiederhergestellt werden können. Dazu schalten Sie das Kontrollfeld **Außerh. lieg. Pixel löschen** (hier rot eingekreist) ein oder aus. Haben Sie es eingeschaltet, wird alles außerhalb des Rahmens gelöscht (und die Dateigröße verringert sich). Wenn Sie das Kontrollfeld ausschalten, bleiben diese Bereiche in der Datei erhalten, auch wenn Sie sie nicht sehen können (na ja, bis Sie auf das **Freistellungswerkzeug** klicken und den Freistellungsrahmen wieder nach außen ziehen). Wenn Sie das Foto in einer bestimmten Größe brauchen, Ihnen aber Ihre erste Freistellung nicht gefällt, können Sie das Bild mit dem **Verschieben**-Werkzeug ([V]) umherziehen oder bei aktiviertem **Freistellungswerkzeug** erst auf den Freistellungsrahmen und dann auf das Bild klicken und es verschieben.

Schritt zwölf:

Sobald sich Ihr Freistellungsrahmen an Ort und Stelle befindet, drücken Sie die [↵]-Taste, um Ihr Bild zuzuschneiden. Sie sehen hier das fertig zugeschnittene Bild. Ich habe den größten Teil des Vordergrunds im unteren Bereich weggeschnitten.

Auf eine bestimmte Größe zuschneiden

Wenn Sie eine der Standardgrößen oder eines der Standardseitenverhältnisse in dem Popup-Menü des **Freistellungswerkzeugs** nutzen, müssen Sie sich um nichts mehr kümmern. Es gibt hier jedoch nur ein paar gängige Größen. Deshalb müssen Sie wissen, wie Sie (a) benutzerdefinierte Größen erstellen und, wie Sie (b) diese in dem Popup-Menü speichern, sodass Sie sie nächstes Mal nicht wieder ganz neu eingeben müssen. Außerdem zeige ich Ihnen eine weitere Möglichkeit, ein Bild zuzuschneiden, auf die ich ... hm ... nicht stolz bin, aber ich kenne eine Menge Fotografen, die sie verwenden. Nun, ich sage nicht, dass ich sie schon einmal genutzt habe, aber ... hm ... nun ..., ich habe sie schon genutzt. Öfter, als ich zugeben möchte.

Schritt eins:

Hier ist das Bild, das ich mit 20 x 16 Zoll drucken möchte (heute eine sehr gängige Größe, die allerdings nicht auf der Digitalfotografie, sondern auf der Größe von traditionell auf Film fotografierten Bildern basiert. Sie müssen Ihre Digitalfotos also zuschneiden, damit sie in das Format passen). Klicken Sie zuerst in der Werkzeugleiste auf das **Freistellungswerkzeug** (C). Dann wählen Sie aus dem Popup-Menü am linken Ende der Optionsleiste **B x H x Auflösung** (siehe Abbildung).

Schritt zwei:

Dadurch erscheint in der Optionsleiste neben den Feldern **Breite** und **Höhe** ein Auflösungsfeld. Geben Sie die gewünschte benutzerdefinierte Größe ein (in diesem Fall 50 x 40 Zentimeter bei einer Auflösung von 240 ppi, also ziemlich gut geeignet für die meisten Farbtintenstrahldrucker). Die Größe wird automatisch angepasst. Wenn Sie annehmen, dass Sie diese Größe später noch einmal benötigen werden, öffnen Sie das Popup-Menü und wählen Sie **Neue Freistellungsvorgabe**. Geben Sie einen Namen ein, klicken Sie auf **OK** und die neue Größe wird in das Popup-Menü aufgenommen, sodass Sie sie nicht jedes Mal neu erstellen müssen. Sie können das Bild nach rechts oder links ziehen, damit der gewünschte Bereich im Freistellungsrahmen angezeigt wird. Jetzt drücken Sie ⏎ und Ihr Bild wird auf diese Größe zugeschnitten.

Schritt drei:

Okay, hier ist die … ähm … andere Methode: Öffnen Sie das Menü **Datei** und wählen Sie **Neu** (oder drücken Sie ⌘/Strg + N). Im Dialogfenster **Neues Dokument** geben Sie beispielsweise **50 x 40 Zentimeter** ein, als Auflösung **240**. Dann klicken Sie auf **OK**, um ein neues Dokument in der exakt benötigten Größe und Auflösung zu erstellen (siehe Abbildung).

TIPP: Auf die Größe eines anderen Fotos zuschneiden

Wenn Sie bereits ein Bild mit der exakten Größe und Auflösung vorliegen haben, können Sie seine Einstellungen übernehmen. Öffnen Sie zuerst das Foto, das Sie skalieren möchten, dann öffnen Sie das Bild mit der idealen Größe und Auflösung. Nehmen Sie das **Freistellungswerkzeug** und wählen Sie aus dem Popup-Menü am linken Ende der Optionsleiste die Option **Vorderes Bild**. Photoshop fügt die Abmessungen dieses Bilds automatisch in die Felder **Breite**, **Höhe** und **Auflösung** der Optionsleiste ein. Sie müssen nur noch auf das andere Bild klicken und sehen einen Freistellungsrahmen, der exakt dieselben Eigenschaften hat wie Ihr Foto mit den idealen Abmessungen.

Schritt vier:

Jetzt nehmen Sie das **Verschieben**-Werkzeug (V), klicken auf das Bild, das Sie auf diese Größe zuschneiden möchten, und ziehen es in das neue leere Dokument. Bei immer noch aktiviertem **Verschieben**-Werkzeug ziehen Sie das Bild innerhalb des Fensters umher, sodass es auf die gewünschte Weise zugeschnitten wird. Dann drücken Sie ⌘/Strg + E, um diese Ebene auf die Hintergrundebene zu reduzieren – fertig. Wie Sie sehen, führt beides zu genau demselben Ergebnis – welche Methode ist also besser? Diejenige, die Ihnen am besten gefällt.

Ihr eigenes benutzerdefiniertes Freistellungswerkzeug erstellen

Auch wenn die folgende Technik eher fortgeschritten ist, ist es nicht schwierig, Ihre eigenen benutzerdefinierten Werkzeuge zu erzeugen. Tatsächlich werden diese Ihnen Zeit und Geld sparen, sobald Sie sie eingerichtet haben. Wir erstellen dazu sogenannte »Werkzeugvorgaben«. Dabei richten Sie für ein Werkzeug – in diesem Fall das **Freistellungswerkzeug** – alle benötigten Optionen ein und rufen diese bei Bedarf wieder ab. Sie können also ein **Freistellungswerkzeug** mit 18 x 13 Zentimeter, 15 x 10 Zentimeter oder einer beliebigen anderen benötigten Größe erstellen. Wenn wir dann ein Bild auf 18 x 13 Zentimeter zuschneiden möchten, müssen wir nur noch die entsprechende **Freistellungswerkzeug**-Vorgabe auswählen. So geht es:

Schritt eins:

Drücken Sie die Taste C, um zum **Freistellungswerkzeug** zu wechseln. Aus dem Menü **Fenster** wählen Sie **Werkzeugvorgaben**, um das **Werkzeugvorgaben**-Bedienfeld zu öffnen. Sie finden hier bereits fünf **Freistellungswerkzeug**-Vorgaben vor. (Vergewissern Sie sich, dass das Kontrollfeld **Nur aktuelles Werkzeug** am unteren Bedienfeldrand eingeschaltet ist, damit Sie nur die Vorgaben des **Freistellungswerkzeugs** und nicht die für alle Werkzeuge sehen.)

Schritt zwei:

Wählen Sie aus dem Popup-Menü der Optionsleiste die Option **Verhältnis**. Geben Sie die Abmessungen für das erste Werkzeug ein, das Sie erzeugen möchten (in diesem Fall erstellen wir ein **Freistellungswerkzeug** für ein Bild im Scheckkartenformat). In das Feld **Breite** geben Sie 5,5 cm ein, drücken Sie die →-Taste, um zum Feld **Höhe** zu gelangen, geben Sie dort 8,5 cm ein und drücken Sie ↵. *Hinweis:* Wenn Sie die Auflösung in Ihre Werkzeugvorgabe mit aufnehmen möchten, wählen Sie aus dem Popup-Menü **B x H x Auflösung**. Geben Sie die Höhe, Breite und Auflösung in die Felder rechts von dem Popup-Menü ein und drücken Sie ↵.

Schritt drei:

Am unteren Rand des **Werkzeugvorgaben**-Bedienfelds klicken Sie auf das Symbol **Neue Werkzeugvorgabe erstellen** (links vom Papierkorb-Symbol). Dialogfenster **Neue Werkzeugvorgabe** geöffnet, in dem Sie Ihre neue Vorgabe benennen können. Klicken Sie anschließend auf **OK** und das neue Werkzeug wird ins **Werkzeugvorgaben**-Bedienfeld aufgenommen. Geben Sie weitere Abmessungen in die Optionsleiste des **Freistellungswerkzeugs** ein und klicken Sie auf das Symbol **Neue Werkzeugvorgabe erstellen**, bis Sie benutzerdefinierte Freistellungswerkzeuge für die von Ihnen am häufigsten verwendeten Größen erstellt haben. Vergeben Sie beschreibende Namen wie etwa »Hochformat« oder »Querformat«. Um den Namen einer Vorgabe zu ändern, doppelklicken Sie direkt auf ihren Namen im Bedienfeld und übertippen Sie ihn.

Schritt vier:

Es kann gut sein, dass Ihre benutzerdefinierten Werkzeugvorgaben nicht die gewünschte Reihenfolge haben. In dem Fall öffnen Sie das Menü **Bearbeiten** und wählen unter **Vorgaben** den Befehl **Vorgaben-Manager**. Im daraufhin angezeigten Dialogfenster wählen Sie aus dem Popup-Menü **Vorgabe** die Option **Werkzeuge**. Scrollen Sie nach unten, bis Sie Ihre benutzerdefinierten Freistellwerkzeuge sehen. Jetzt ziehen Sie sie in der Liste an die gewünschte Stelle und klicken Sie auf **Fertig**.

Schritt fünf:

Das **Werkzeugvorgaben**-Bedienfeld können Sie nun schließen, weil es eine einfachere Möglichkeit gibt, auf Ihre Vorgaben zuzugreifen: Bei ausgewähltem **Freistellungswerkzeug** klicken Sie auf das Freistellungssymbol am linken Ende der Optionsleiste. Aus dem nun angezeigten Menü können Sie eine Vorgabe wählen. Ihr Freistellungsrahmen erhält genau die für dieses Werkzeug gewählten Abmessungen.

Benutzerdefinierte Größen für Fotografen

Das Dialogfenster zum Erstellen von neuen Dokumenten enthält eine Anzahl voreingestellter Größen. Sie denken vielleicht: »Hey, es gibt 13 x 9 cm, 15 x 10 cm und 18 x 13 cm – mehr brauche ich nicht.« Das Problem ist nur, dass es keine Möglichkeit gibt, die Auflösung dieser Vorgaben umzustellen (die Größe **Querformat, 13 x 9 cm** ist stets ein Dokument mit 300 ppi). Aus diesem Grund ist es so wichtig, dass Sie Ihre eigenen neuen Dokumentgrößen erstellen können. Hier erfahren Sie, wie es geht:

Schritt eins:

Öffnen Sie das Menü **Datei** und wählen Sie **Neu** (oder drücken Sie ⌘/Strg + N). Klicken Sie am oberen Rand des Dialogfensters **Neues Dokument** auf **Foto**. Die voreingestellten Größen 13 x 9 cm, 15 x 10 cm und 18 x 13 im Hoch- und im Querformat werden angezeigt. Das einzige Problem ist, dass die Auflösung jeweils auf 300 ppi eingestellt ist. Möchten Sie eine andere Auflösung, müssen Sie Ihre eigene Dokumentvorgabe erstellen.

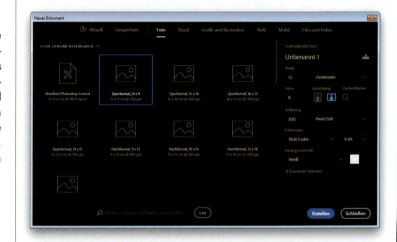

Schritt zwei:

Nehmen wir beispielsweise an, dass Sie ein Dokument mit 15 x 10 cm im Querformat benötigen (also 15 cm breit und 10 cm hoch). Klicken Sie zuerst auf **Foto**, dann auf die Vorgabe **Querformat, 15 x 10 cm** (klicken Sie auf **Alle Vorgaben anzeigen** in der Mitte des Dialogfensters, um weitere Vorgaben anzuzeigen). Auf der rechten Seite des Dialogs wählen Sie den gewünschten Farbmodus (unter **Auflösung**) und das Farbprofil (unter **Erweiterte Optionen**). Dann geben Sie eine Auflösung ein (ich habe 212 ppi eingegeben; das reicht, um mein Bild auf einem High-End-Drucker auszugeben). Sobald Sie Ihre Einstellungen vorgenommen haben, klicken Sie auf das Symbol **Dokumentvorgabe speichern** im rechten oberen Dialogfensterbereich (siehe Abbildung).

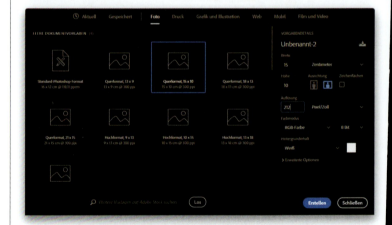

Schritt drei:

Dadurch öffnen Sie das Feld **Dokumentvorgabe speichern** im rechten oberen Bereich. Geben Sie einen Namen für Ihre Vorgabe ein (ich habe die Größe und die Auflösung verwendet) und klicken Sie auf die Schaltfläche **Vorgabe speichern**.

TIPP: Vorlagen für neue Dokumente verwenden

Unter den leeren Dokumentvorgaben hat Adobe eine Reihe von kostenlosen Vorlagen für alle möglichen Dokumentarten hinzugefügt. Klicken Sie auf eine davon, dann auf die Schaltfläche **Vorschau anzeigen** im rechten Dialogfensterbereich, um zu prüfen, ob Sie diese Vorlage herunterladen möchten.

Schritt vier:

Ihre neue Vorgabe erscheint nun unter **Gespeicherte leere Dokumentvorgaben** im Dialogfenster **Neues Dokument** (klicken Sie auf das Symbol **Gespeichert** im oberen Dialogfensterbereich, um sie anzuzeigen). Sie müssen diese Schritte nur einmal durchführen – Photoshop erinnert sich an Ihre benutzerdefinierten Einstellungen und diese erscheinen von nun an hier.

Schritt fünf:

Möchten Sie eine Vorgabe löschen, gehen Sie folgendermaßen vor: Öffnen Sie das Dialogfenster **Neues Dokument**, klicken Sie auf **Gespeichert**, dann auf die Vorgabe, die Sie löschen möchten. Klicken Sie auf das Papierkorb-Symbol in der rechten oberen Ecke (hier rot eingekreist) und die Vorlage ist verschwunden!

TIPP: Das alte Dialogfenster nutzen

Möchten Sie lieber das alte Dialogfenster **Neues Dokument** statt des überarbeiteten verwenden, kein Problem. Sie schalten zum alten Dialogfenster zurück, indem Sie die **Allgemeinen Voreinstellungen** von Photoshop öffnen (⌘/Strg + K) und das Kontrollfeld **Gewohnte Benutzeroberfläche »Neues Dokument« verwenden** aktivieren (siehe obere Abbildung). Um zu den Vorgaben im alten Dialogfenster zu gelangen, wählen Sie aus dem Popup-Menü **Dokumenttyp** die Option **Foto**. Dann klicken Sie auf das Popup-Menü **Größe** (siehe untere Abbildung).

Die Bildgröße ändern

Wenn Sie bisher die Bildgröße von Scans geändert haben, werden Ihnen die Unterschiede zu Digitalfotos auffallen. Scanner erzeugen hochaufgelöste Scans (normalerweise 300 ppi oder mehr), viele Digitalkameras hingegen in der Grundeinstellung ein Bild mit großer physischer Abmessung, aber mit geringerer Pixelanzahl pro Zoll (meist 72 ppi). Der Trick besteht darin, die physische Größe Ihres Digitalkamerabilds zu verringern (und seine Auflösung zu erhöhen), ohne dass etwas von der Qualität verloren geht. So geht es:

Schritt eins:

Öffnen Sie das Digitalfoto, dessen Größe Sie ändern möchten. Drücken Sie ⌘/Strg + R, um die Lineale von Photoshop sichtbar zu machen. Wie Sie an den Linealen erkennen, ist das Foto etwa 150 Zentimeter breit und 100 Zentimeter hoch.

Schritt zwei:

Öffnen Sie das Menü **Bild** und wählen Sie **Bildgröße** (oder drücken Sie ⌘/Strg + Alt + I), um das Dialogfenster **Bildgröße** zu öffnen. Wie Sie hier sehen, beträgt die Auflösung 72 ppi. Eine Auflösung von von 72 ppi wird als »niedrige Auflösung« betrachtet und eignet sich ideal für Fotos, die nur am Bildschirm betrachtet werden sollen (beispielsweise Webgrafiken, Slideshows usw.), aber für hochqualitative Ergebnisse auf einem Farbtintenstrahldrucker, Farblaserdrucker oder einer Offsetdruckmaschine ist sie zu niedrig.

Schritt drei:

Möchten wir dieses Bild auf einem beliebigen Ausgabegerät ausgeben, ist es ziemlich klar, dass wir die Auflösung erhöhen müssen, um gute Ergebnisse zu erzielen. Ich wünschte, wir könnten einfach die gewünschte Auflösung in das Feld **Auflösung** eingeben (beispielsweise 200 oder 240 ppi), aber leider wird durch diese »Neuberechnung« unser niedrig aufgelöstes Bild weichgezeichnet (unscharf) und verpixelt. Aus diesem Grund müssen wir das Kontrollfeld **Neu berechnen** abschalten (standardmäßig ist es eingeschaltet). Auf diese Weise passt Photoshop automatisch die Breite und Höhe des Bilds an, wenn wir die benötigte Auflösung eingeben, und behält dabei die Proportionen exakt bei. Wenn Sie die Breite und Höhe verringern (bei deaktiviertem Kontrollfeld **Neu berechnen**), erhöht sich die Auflösung. Das Beste daran: Es gibt absolut keinen Qualitätsverlust. Ziemlich cool!

Schritt vier:

Hier habe ich das Kontrollfeld **Neu berechnen** deaktiviert und **240** in das Feld **Auflösung** für die Ausgabe auf einem Farbtintenstrahldrucker eingegeben. (Ich weiß, Sie denken wahrscheinlich, dass Sie viel mehr Auflösung brauchen, aber das ist nicht der Fall. Tatsächlich drucke ich niemals mit einer Auflösung über 240 ppi.) Bei einer Auflösung von 240 ppi könnte ich ein Foto drucken, das etwa 45 Zentimeter breit und etwa 30 Zentimeter hoch ist.

Schritt fünf:

Hier habe ich die Auflösung auf 180 ppi gesetzt. (Auch hier brauchen Sie nicht so viel Auflösung, wie Sie annehmen könnten; aber unter 180 ppi sollten Sie nicht gehen, wenn Sie auf einem Farbtintenstrahldrucker ausgeben.) Wie Sie sehen, ist mein Bild nun etwa 60 Zentimeter breit und etwa 40 Zentimeter hoch. Das Beste daran: Wir haben kein einziges Pixel beschädigt, weil wir **Neu berechnen** abschalten konnten, was bei Scans usw. normalerweise nicht geht.

Schritt sechs:

Wenn Sie auf **OK** klicken, sehen Sie keine Änderung im Bildfenster – das Bild wird in exakt derselben Größe auf dem Bildschirm angezeigt –, aber sehen Sie sich die Lineale an. Sie erkennen, dass das Bild nun fast etwa 40 Zentimeter hoch und etwa 60 Zentimeter breit ist. Die Größenänderung bewirkt bei dieser Technik dreierlei: (1) Die physischen Abmessungen werden verringert (das Bild passt jetzt problemlos auf einen Bogen mit 40 x 60 cm); (2) die Auflösung wird so stark erhöht, dass Sie dieses Bild auf einem Farbtintenstrahldrucker ausgeben können; und (3) Sie haben das Bild in keiner Weise weichgezeichnet oder aufgepixelt – die Bildqualität bleibt unverändert –, all das, weil Sie das Kontrollfeld **Neu berechnen** abgeschaltet haben. *Hinweis:* Schalten Sie **Neu berechnen** nicht bei gescannten Bildern ab – diese sind von vornherein hochaufgelöst –, sondern nur bei niedrig aufgelösten Bildern aus der Digitalkamera.

Automatisiertes Speichern und Skalieren

Wenn Sie die Größe einer Reihe von Bildern ändern oder von TIFF in JPEG konvertieren (oder auch von PSD in JPEG) konvertieren müssen, dann werden Sie den eingebauten Bildprozessor lieben. Er versteckt sich an einer Stelle, wo Sie ihn vielleicht nicht vermuten, nämlich im Menü **Skripten**. Davon sollten Sie sich aber nicht verunsichern lassen – dies ist ein wirklich praktisches und leicht anwendbares, völlig automatisiertes Werkzeug, das Ihnen eine Menge Zeit sparen kann.

Schritt eins:

Öffnen Sie das Menü **Datei** und wählen Sie unter **Skripten** den Befehl **Bildprozessor**. Übrigens: Wenn Sie gerade in Adobe Bridge sind, können Sie mit gedrückter ⌘/Strg-Taste auf alle Fotos klicken, auf die Sie den Bildprozessor anwenden möchten. Dann gehen Sie ins Menü **Werkzeuge** und wählen unter **Photoshop** den Befehl **Bildprozessor**. Auf diese Weise sind die gewünschten Fotos bereits ausgewählt, wenn der Bildprozessor in Photoshop geöffnet wird. Toll!

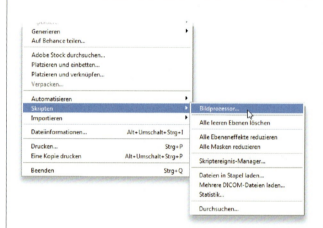

Schritt zwei:

Im Dialogfenster **Bildprozessor** müssen Sie zuerst den gewünschten Bilderordner wählen, indem Sie auf die Schaltfläche **Ordner auswählen** klicken. Dann wählen Sie den Ordner aus und klicken auf **Öffnen** (PC: **OK**). Sind bereits Bilder in Photoshop geöffnet, können Sie auf das Optionsfeld **Geöffnete Bilder verwenden** klicken. (Wenn Sie den Bildprozessor aus Bridge öffnen, fehlt die Schaltfläche **Ordner auswählen** – stattdessen erhalten Sie eine Liste der in Bridge ausgewählten Bilder.) Im zweiten Abschnitt entscheiden Sie, ob die Kopien in demselben Ordner gespeichert werden sollen oder in einem anderen.

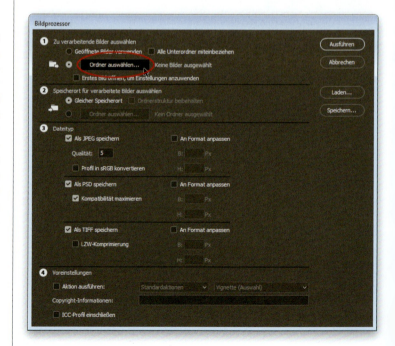

Schritt drei:

Im dritten Abschnitt beginnt der eigentliche Spaß. Hier entscheiden Sie, wie viele Kopien Ihres Originals Sie haben möchten und in welchem Format. Wenn Sie die Kontrollfelder **Als JPEG speichern**, **Als PSD speichern** und **Als TIFF speichern** aktivieren, erhalten Sie drei neue Kopien von jedem Foto. Wenn Sie die Kontrollfelder **An Format anpassen** aktivieren (und eine Größe in die Felder **Breite** und **Höhe** eingeben), werden Ihre Kopien auch skaliert (im hier gezeigten Beispiel habe ich für jede Datei eine kleine JPEG-Datei sowie eine größere TIFF-Datei gewählt, sodass mein Ordner schließlich für jede Originaldatei eine kleinere JPEG- und eine größere TIFF-Datei enthalten wird).

Schritt vier:

Wenn Sie Ihren Kopien eine Photoshop-Aktion zuweisen möchten, können Sie dies im vierten Abschnitt veranlassen. Schalten Sie dazu einfach das Kontrollfeld **Aktion ausführen** ein, dann wählen Sie aus dem Popup-Menü die gewünschte Aktion. Möchten Sie automatisch Ihre Copyright-Informationen in die Kopien einbetten, füllen Sie das Feld **Copyright-Informationen** entsprechend aus. Zuletzt können Sie per Kontrollfeld entscheiden, ob Sie in jedes Bild ein ICC-Profil einbetten möchten oder nicht. Klicken Sie auf die Schaltfläche **Ausführen**, lehnen Sie sich zurück und lassen Sie den Bildprozessor seine Arbeit tun. Bevor Sie es sich versehen, haben Sie schöne, saubere Kopien in Hülle und Fülle.

Skalierung für Abzüge in Postergröße

Weiter vorne haben Sie gesehen, welche Auflösung Sie für Drucke in ansehnlicher Größe brauchen. Wie erzielen Fotografen ohne Super-Megapixel-Kameras jedoch die riesigen Drucke in Postergröße? Ganz einfach: Sie skalieren die Bilder in Photoshop größer. Die gute Nachricht lautet: Wenn Sie Ihr Bild nicht stärker als 300% vergrößern müssen, können Sie das direkt in Photoshop vornehmen, ohne dass Sie ein spezielles Plug-in dafür kaufen müssen (müssen Sie es aber über 300% vergrößern, macht sich ein Plug-in wie etwa Resize von OnOne Software wirklich bezahlt).

Schritt eins:

Öffnen Sie das Foto, dem Sie eine neue Größe geben möchten. Dann öffnen Sie das Menü **Bild** und wählen den Befehl **Bildgröße**, alternativ drücken Sie ⌘/Strg + Alt + I. Im Dialogfeld **Bildgröße** sehen Sie rechts vom Feld **Breite** ein Popup-Menü, in dem **Millimeter** ausgewählt ist. Wählen Sie aus diesem Menü die Einheit **Prozent** (siehe Abbildung). Sowohl die Breite als auch die Höhe ändern sich in Prozent, weil beide Werte standardmäßig miteinander verknüpft sind. Aktivieren Sie nun das Kontrollfeld **Neu berechnen** im unteren Bereich.

Schritt zwei:

Geben Sie jetzt in das Feld **Breite** entweder 200% oder 300% ein (es gibt hierzu zwar einige Diskussionen, aber es scheint am besten zu funktionieren, wenn Sie in 100%-Schritten nach oben oder unten gehen). Wie gesagt, da beide Felder miteinander verknüpft sind, wird in das Feld **Höhe** automatisch derselbe Wert eingetragen.

Schritt drei:

In dem Popup-Menü am unteren Dialog-fensterrand entscheiden Sie, mit welchem Algorithmus Sie das Foto vergrößern. Der Standard ist **Automatisch** und ich verwende diesen für die meisten alltäglichen Skalie-rungsaufgaben. Brauche ich aber starke Ver-größerungen wie 200 % oder 300 %, schalte ich auf **Bikubisch glatter** (laut Adobe ist dies für Vergrößerungen am besten geeignet, siehe Abbildung).

Schritt vier:

Vincent Versace ist anderer Ansicht. Nach sei-nen Untersuchungen sollte man nicht die von Adobe empfohlene Berechnungsmethode **Bikubisch glatter**, sondern **Bikubisch schär-fer** verwenden. Dadurch ergeben sich seiner Meinung nach bessere Ergebnisse. Welche Methode sollten Sie also verwenden? Probie-ren Sie beides an demselben Bild aus (genau, machen Sie einfach einen Testdruck) und prü-fen Sie, ob Sie einen sichtbaren Unterschied erkennen können. Hier ist das fertige Bild mit einer Größe von etwa 90 x 60 Zentimeter (Sie können die Größe an den Linealen ablesen, indem Sie ⌘/Strg + R drücken).

Schiefe Fotos geraderichten

Adobe hat die Funktion zum Geraderichten von Bildern in den letzten paar Photoshop-Versionen überarbeitet. Es gibt nun eine schnelle und einfache Möglichkeit, die Sie direkt in den Optionen des **Freistellungswerkzeugs** finden.

Schritt eins:

Öffnen Sie das Foto, das Sie geraderichten möchten. Klicken Sie in der Werkzeugleiste auf das **Freistellungswerkzeug** (C) und dann in der Optionsleiste auf das Werkzeug **Gerade ausrichten**.

Schritt zwei:

Nun suchen Sie in Ihrem Foto eine Linie, die gerade oder relativ gerade sein soll. Ziehen Sie mit dem Werkzeug **Gerade ausrichten** waagerecht entlang dieser Kante. Beginnen Sie links und ziehen Sie nach rechts (siehe Abbildung).

.

Schritt drei:

Wenn Sie die Maustaste loslassen, dreht sich Ihr Bild exakt so viel, dass es perfekt begradigt wird. Das Schöne ist hierbei, dass der Freistellungsrahmen automatisch skaliert wird. Wenn Sie also die Freistellung bestätigen, gibt es keine Lücken in den Ecken. (Sehen Sie diese dreieckigen grauen Bereiche, wenn Sie den Freistellungsrahmen ignorieren und sich das ganze Bild ansehen? Diese würden weiß, wenn Photoshop sie nicht auf diese Weise zuschneiden würde.) Drücken Sie jetzt ⏎, um die Geraderichtung zuzuweisen. Das Bild wird geradegerichtet und auf den Inhalt des Freistellungsrahmens zugeschnitten (das fertig begradigte Bild sehen Sie unten).

Fotos verkleinern

Wollen Sie ein Bild verkleinern und dabei seine Qualität bestmöglich beibehalten, gelten andere Regeln. Es gibt hier mehrere Techniken, die Sie anwenden können. Die beiden wichtigsten zeige ich. Glücklicherweise ist es viel einfacher, die Bildqualität beim Verkleinern beizubehalten als beim Vergrößern (in der Tat sehen die Bilder nach dem Verkleinern oft viel besser und schärfer aus, besonders, wenn Sie die hier gezeigten Richtlinien beherzigen).

Fotos verkleinern, wenn die Auflösung bereits 300 ppi beträgt:

Weiter vorne in diesem Kapitel haben wir uns damit beschäftigt, wie Sie die Bildgröße ändern, wenn Ihre Digitalkamera 72-ppi-Bilder mit großen physischen Abmessungen (etwa 60 x 100 Zentimeter) liefert. Wie gehen Sie aber vor, wenn Sie aus Ihrer Kamera 300-ppi-Bilder mit kleineren physikalischen Abmessungen (etwa 20 x 30 Zentimeter) bekommen? Grundsätzlich wählen Sie **Bild > Bildgröße**, schalten das Kontrollfeld **Neu berechnen** ein, geben einfach die gewünschte Größe ein (in diesem Beispiel möchten wir schließlich ein 15 x 10 cm großes Bild erhalten) und klicken auf **OK** (ändern Sie die Auflösung nicht, sondern klicken Sie einfach auf **OK**). Das Bild wird verkleinert und die Auflösung bleibt bei 300 ppi. WICHTIG: Bei der Verkleinerung mit dieser Methode wird das Bild wahrscheinlich etwas weichgezeichnet. Deshalb sollten Sie nach dem Skalieren den Filter **Unscharf maskieren** anwenden, um das Bild wieder etwas zu schärfen (in Kapitel 11 erfahren Sie, welche Einstellungen geeignet sind).

Ein Bild verkleinern und die Abmessungen des Dokuments beibehalten

Wenn Ihr Dokument mehrere Bilder enthält, gehen Sie etwas anders vor. Um ein Bild auf einer Ebene zu verkleinern (im abgebildeten Beispiel die Flaschen auf dem Regal, die sich auf einer eigenen Ebene befinden), klicken Sie zuerst im **Ebenen**-Bedienfeld auf die Ebene mit diesem Bild. Dann drücken Sie ⌘/Strg + T für das **Frei-transformieren**-Werkzeug. Sie erhalten kleine Griffe um das Bild auf dieser Ebene, ganz ähnlich wie beim **Freistellungswerkzeug**. Halten Sie die ⇧-Taste gedrückt, um die Bildproportionen zu erhalten. Nehmen Sie einen Eckgriff und ziehen Sie nach innen, um das Bild zu verkleinern. Sobald Sie die passende Größe erreicht haben, drücken Sie ↵. Wirkt das Bild nach dem Verkleinern unschärfer, weisen Sie den Filter **Unscharf maskieren** zu, um die Schärfe zurückzuholen (in Kapitel 11 erfahren Sie mehr über die Einstellungen dieses Filters).

TIPP: Wenn die Frei-transformieren-Griffe außer Reichweite sind

Wenn Sie ein Bild von einem geöffneten Dokument in das andere ziehen (hier habe ich beispielsweise das Foto mit den Flaschen auf das Foto mit der einzelnen Flasche gezogen), kann es sehr gut sein, dass Sie das hineingezogene Bild skalieren müssen, damit es in das andere Dokument passt. Und wenn dieses Bild wie hier größer ist als das andere, sind die Transformationsgriffe nicht sichtbar, wenn Sie das **Frei-transformieren**-Werkzeug aktivieren, weil sie außerhalb der Dokumentränder liegen. Glücklicherweise gibt es einen Trick, wie Sie diese Griffe erreichen: Drücken Sie einfach ⌘/Strg + 0 und Ihr Fenster wird automatisch so angepasst, dass Sie alle Griffe erreichen können – egal, wie weit außerhalb Ihres Bildbereichs sie einmal lagen. Zwei Dinge: (1) Dies funktioniert nur bei aktiviertem **Frei-transformieren**-Werkzeug und (2) die Tastenkombination lautet ⌘/Strg + 0 (Null).

Skalierungsprobleme

Das folgende Problem irritiert viele Anwender, weil es auf den ersten Blick keinen Sinn ergibt: Sie haben zwei geöffnete Dokumente mit scheinbar ungefähr derselben Größe (siehe obere Abbildung). Wenn ich das Bild mit dem Eiffelturm jedoch auf das leere Dokument ziehe, erscheint es sehr klein (siehe untere Abbildung). Woran liegt das? Obwohl die Dokumente scheinbar dieselbe Größe haben, ist das nicht der Fall. Das Foto mit dem Eiffelturm hat eine niedrige Auflösung von 72 ppi (Pixel pro Zoll), das leere Dokument hat eine hohe Auflösung von 300 ppi. Dass die Dokumente nicht in derselben Größe angezeigt werden, erkennen Sie in der Titelleiste der Dokumente. Der Eiffelturm wird hier bei 100 % angezeigt, das Dokument **Unbenannt** hingegen nur bei 25 % (also ist es viel größer, als es scheint). Wenn Sie ein Bild in ein anderes Dokument ziehen, sollten Sie also auf die Größe und Auflösung achten.

TIPP: Automatisches Freistellen und Geraderichten

Wie können Sie Zeit sparen, wenn Sie das nächste Mal Bilder einscannen? Ordnen Sie so viele Fotos wie möglich auf Ihrem Flachbettscanner an und scannen Sie sie als einziges großes Bild ein. Dann kann Photoshop automatisch jedes einzelne Bild geraderichen und als einzelnes Dokument speichern. Öffnen Sie dazu das Menü **Datei**, wählen Sie **Automatisieren** und dann **Freistellen und geraderichten**. Sie erhalten kein Dialogfenster. Stattdessen sucht Photoshop in Ihren Bildern nach geraden Kanten, begradigt diese und kopiert jedes Bild in ein eigenes Dokument.

Bildbereiche mit der inhaltsbasierten Skalierung skalieren

Wir alle kennen Situationen, in denen unser Bild ein wenig kleiner ist als der Bereich, in den es hineinpassen soll. Wenn Sie beispielsweise ein Bild aus der Digitalkamera skalieren, sodass es in einen Bildbereich von 20 x 25 cm passt, benötigen Sie zusätzlichen Platz über oder unter Ihrem Bild (oder beides). Hier kommt die inhaltsbasierte Skalierung ins Spiel – Sie skalieren damit einen Teil Ihres Bilds, während wichtige Bildbereiche unverändert bleiben (grundsätzlich analysiert diese Funktion das Bild und streckt oder staucht weniger wichtige Bildteile). So nutzen Sie diese Funktion:

Schritt eins:

Erzeugen Sie ein neues Dokument mit 20 x 25 Zentimeter und 240 ppi. Öffnen Sie ein Bild, aktivieren Sie das **Verschieben**-Werkzeug (V) und ziehen Sie das Bild in das neue Dokument. Dann drücken Sie ⌘/Strg + T, um das **Frei-transformieren**-Werkzeug zu öffnen (wenn Sie nicht alle Griffe sehen, drücken Sie ⌘/Strg + 0 (Null)). Halten Sie die ⇧-Taste gedrückt, halten Sie die Maustaste auf einem Eckpunkt gedrückt und ziehen Sie nach innen, um das Bild kleiner zu skalieren, damit es in den vorgegebenen Bereich passt (siehe obere Abbildung). Drücken Sie ↵. Im oberen Bild sehen Sie nun über und unter dem Foto leere Flächen. Um diese zu füllen, könnten Sie das Bild nun mit dem **Frei-transformieren**-Werkzeug strecken. Allerdings erhielten Sie dann einen verzerrten SUV (siehe unteres Bild). Hier kommt die Inhaltsbasierte Skalierung ins Spiel.

Schritt zwei:

Öffnen Sie das Menü **Bearbeiten** und wählen Sie **Inhaltsbasiert Skalieren** oder drücken Sie ⌘/Strg + Alt + ⬆ + C. Nehmen Sie den oberen Griff, ziehen Sie gerade nach oben und beachten Sie, dass der Himmel nach oben gestreckt wird, der SUV aber mehr oder weniger unverändert bleibt. Nehmen Sie den unteren Griff und ziehen Sie nach unten. Wieder wird der Himmel gestreckt. Wenn Sie weit genug gezogen haben, drücken Sie ↵, um die Änderung zuzuweisen. (*Hinweis:* Über das Männchen-Symbol in der Optionsleiste teilen Sie der Inhaltsbasierten Skalierung mit, dass im Bild Menschen zu sehen sind. Dadurch vermeiden Sie eine Verzerrung aller Elemente, die einen Hautton aufweisen.)

Schritt drei:

Es gibt zwei weitere Steuerungsmöglichkeiten, die Sie kennen sollten. Erstens: Wenn die inhaltsbasierte Skalierung Ihr Motiv stärker streckt, als Sie möchten, aktivieren Sie das **Lasso**-Werkzeug (L) und ziehen eine Auswahl um das Motiv (siehe Abbildung). Dann öffnen Sie das Menü **Auswahl** und wählen **Auswahl speichern**. Wenn das Dialogfenster **Auswahl speichern** angezeigt wird, klicken Sie einfach auf **OK** und drücken ⌘/Strg + D, um die Auswahl aufzuheben. Jetzt öffnen Sie wieder das Dialogfenster **Inhaltsbasiert Skalieren**, dieses Mal gehen Sie aber in die Optionsleiste und wählen Ihre Auswahl aus dem Popup-Menü **Bewahren** (siehe Abbildung) aus. Nun weiß Photoshop, wo sich Ihr Motiv befindet. Ziehen Sie nach oben oder unten, um den leeren Raum mit der geringstmöglichen Streckung zu füllen. Es gibt in der Optionsleiste auch einen **Stärke**-Regler, über den Sie festlegen, wie stark der Skalierschutz angewandt wird. Beim Standardwert 100 % wird so viel wie möglich geschützt. Bei 50 % erhalten Sie eine Mischung aus geschützter Skalierung und normalem **Frei-transformieren**-Werkzeug. Bei manchen Fotos funktioniert diese Einstellung am besten. Das Schöne ist, dass der **Stärke**-Regler live ist: Solange die Ziehgriffe angezeigt werden, können Sie den Wert verringern und sehen live am Bildschirm, wie sich die Skalierung dadurch ändert.

Suchen Sie nach einer bestimmten Funktion?
Verwenden Sie die neue Suchfunktion von Photoshop

Adobe hat eine neue Suchfunktion hinzugefügt und diese ist besonders cool, wenn Sie wissen, dass es eine bestimmte Funktion gibt, an deren Namen Sie sich aber nicht erinnern können. Und sobald Sie das Gesuchte gefunden haben, können Sie es direkt aus dem Suchdialog ansteuern (ich weiß, das ist ziemlich toll!). Sie können aber nicht nur nach Werkzeugen und Funktionen suchen, sondern finden auch Tipps, Tutorials und sogar Adobe-Stockfotos.

Schritt eins:

Um die Suchfunktion zu öffnen, drücken Sie ⌘/Strg + F. Im nun angezeigten Dialogfenster geben Sie Ihren Suchbegriff ein (ich habe hier »filter« eingegeben). Die Ergebnisse werden sofort in einer Popdown-Liste angezeigt (siehe Abbildung).

Tipp: Neue Tastenkombination für den letzten Filter

Die Tastenkombination ⌘/Strg + F war bisher für die Funktion **Letzter Filter** (mit der Sie einen Filter erneut zuweisen) reserviert. Die neue Tastenkombination lautet ⌘/Strg + Alt + F. Wenn Sie das in den Wahnsinn treibt, können Sie die ursprüngliche Tastenkombination über das Dialogfenster **Tastaturbefehle** im Menü **Bearbeiten** zurückholen.

Schritt zwei:

Am oberen Dialogfeldrand können Sie Ihre Suche einschränken, sodass nicht mehr alle Suchergebnisse angezeigt werden. Möchten Sie also herausfinden, wo sich der Befehl **Zuschneiden** in Photoshop befindet, klicken Sie auf **Photoshop** (siehe Abbildung). Möchten Sie mehr über das Freistellen lernen, klicken Sie auf **Training**. Und wenn Sie auf der Suche nach Stockfotos sind, klicken Sie auf **Stock** (siehe Abbildung). Die neue Funktion ist ziemlich praktisch. Um den Suchdialog zu schließen, drücken Sie einfach die Esc-Taste.

Photoshop-Killer-Tipps

Hintergrundebenen entsperren

Dies ist einer dieser kleinen Tipps, die Sie einfach zum Lächeln bringen. Um Ihre Hintergrundebene direkt in eine normale Ebene zu konvertieren, ohne zuerst ein Dialogfenster zu öffnen, ziehen Sie das kleine Schlosssymbol rechts vom Wort »Hintergrund« direkt in den Papierkorb (danke an Julieanne Kost von Adobe für diesen Tipp).

Kanal-Tastenkürzel zurückholen

Bis CS3 konnten Sie die einzelnen Farbkanäle eines Dokuments mit den Tastenkombinationen ⌘/Strg + 1, ⌘/Strg + 2, ⌘/Strg + 3 anzeigen. In CS4 änderten sich die Tastenkombinationen, was viele langjährige Nutzer völlig aus der Bahn warf. Sie haben aber die Möglichkeit, die große Zeit der Kanal-Tastenkürzel aus der Prä-CS4-Ära zurückzuholen: Öffnen Sie das Menü **Bearbeiten**, wählen Sie **Tastaturbefehle**, dann aktivieren Sie im oberen Dialogfensterbereich das Kontrollfeld **Herkömmliche Tastaturbefehle für Kanäle verwenden**.

Standards in Ebenenstilen

Sie können Ihre eigenen Standardeinstellungen für Ebenenstile wie **Schlagschatten** oder **Schein** festlegen. Dazu müssen Sie nur im **Ebenen**-Bedienfeld eine neue Ebene anlegen, indem Sie auf das Symbol

Neue Ebene erstellen klicken und dann den gewünschten Ebenenstil aus dem Popup-Menü des Symbols **Ebenenstil hinzufügen** wählen (beispielsweise **Schein nach außen**). Im Dialogfenster **Ebenenstil** geben Sie Ihre eigenen Einstellungen ein (zum Beispiel ändern Sie die Schein-Farbe vom standardmäßigen Quietschgelb in Weiß oder Schwarz oder irgendetwas anderes, nur nicht Quietschgelb), dann klicken Sie auf die Schaltfläche **Als Standardeinstellung festlegen** am unteren Dialogfensterrand. Um zur Originaleinstellung zurückzukehren, klicken Sie auf die Schaltfläche **Auf Standard zurücksetzen**.

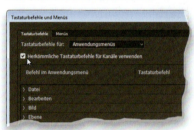

Woher Sie wissen, ob Sie die »Mischen-Wenn«-Regler angewandt haben

Photoshop fügt rechts von jeder Ebene ein Symbol hinzu, wenn Sie die **Mischen-Wenn**-Regler in den Mischoptionen des Dialogfelds **Ebenenstil** verwendet haben. Das Symbol sieht aus wie zwei kleine überlappende Quadrate. Doppelklicken Sie darauf, öffnen Sie die **Mischen-Wenn**-Regler im Dialogfenster **Ebenenstil**.

Ebenenmaske aus Ebenentransparenz

Hier eine nette Funktion zum Zeitsparen: Sie können die transparenten Bereiche jeder Ebene mit nur einem Schritt in eine Ebenenmaske verwandeln: Öffnen Sie das Menü **Ebene**, wählen Sie **Ebenenmaske** > **Aus Transparenz**.

Alle Register mit einem Klick schließen

Wenn Sie die Registerfunktion nutzen (alle Ihre Dokumente sind in Registern angeordnet), dann brauchen Sie diesen Tipp unbedingt: Um alle geöffneten Register auf einmal zu schließen, klicken Sie mit der rechten Maustaste auf ein beliebiges Register und wählen Sie **Alle schließen**.

Die finale Freistellung in Camera Raw betrachten

Beim Freistellen in Camera Raw sehen Sie das zugeschnittene Bild, ohne dass Sie es in Photoshop öffnen müssen. Sobald Ihr Freistellungsrahmen

Photoshop-Killer-Tipps

erstellt ist, wechseln Sie einfach das Werkzeug. Nun wird die zugeschnittene Version angezeigt (in einigen Vorversionen war der weggeschnittene Bereich noch sichtbar und nur abgeblendet).

16 Bit als JPEG speichern

Wenn Sie in CS4 bei der Arbeit mit 16-Bit-Bildern das Dialogfenster **Speichern** öffneten, fanden Sie keine Option, um Ihr Bild als JPEG zu speichern: Für JPEGs gibt es nur den 8-Bit-Modus. Sie mussten das Dialogfenster wieder schließen, das Bild in 8 Bit konvertieren und es dann erneut speichern. Das hat sich geändert: Sie können das 16-Bit-Bild nun im JPEG-Format speichern, aber Sie erhalten dann eine Kopie der Datei, die in 8 Bit konvertiert und stattdessen gespeichert wird. Ihr 16-Bit-Bild bleibt geöffnet und ungespeichert. Das sollten Sie im Hinterkopf behalten. Wenn Sie die 16-Bit-Version separat speichern möchten, müssen Sie sie als PSD oder TIFF wie vorher speichern. Ich persönlich brauche die 16-Bit-Version nicht mehr, sobald ich weiß, dass ich eine 8-Bit-JPEG gespeichert habe. Deshalb schließe ich das Bild und klicke auf die Schaltfläche **Nein** (sodass das Bild nicht gespeichert wird) – aber, wie gesagt, so halte ich es.

Objektivkorrekturen-Raster

Wenn Sie den **Verzerrung**-Regler im **Objektivkorrekturen**-Bedienfeld von Camera Raw nutzen, um beispielsweise Gebäude geradezurichten oder abgerundete Horizontlinien zu begradigen, drücken Sie 〔⇧〕+〔G〕, um ein Ausrichtungsgitter über Ihrem Bild anzuzeigen, das Ihnen beim Ausrichten hilft. Um es wieder auszublenden, drücken Sie erneut 〔⇧〕+〔G〕.

Dem Farbwähler eine Tastenkombination zuweisen

Es ist sehr praktisch, dem Vordergrund- oder Hintergrund-Farbwähler eine Tastenkombination zuzuweisen. Öffnen Sie dazu das Menü **Bearbeiten**, wählen Sie **Tastaturbefehle** und klicken Sie darin auf die Option **Werkzeuge**. Nun scrollen Sie nach unten. Klicken Sie auf **Vordergrund-Farbwähler** bzw. **Hintergrund-Farbwähler** und geben Sie die gewünschte Tastenkombination ein. Ich muss es Ihnen gleich sagen: Die meisten guten Tastenkombinationen sind schon vergeben (tatsächlich sind fast alle Tastenkombinationen vergeben), aber mein Kumpel Dave Cross hatte eine gute Idee. Er verwendet den **Zeichenstift** nicht so oft, deshalb nutzt er den Buchstaben 〔P〕. Wenn Sie 〔P〕 eingeben, warnt Photoshop Sie, dass die Tastenkombination bereits für etwas anderes verwendet wird. Und wenn Sie links unten auf die

Schaltfläche **Bestätigen und zu Konflikt gehen** klicken, wird das 〔P〕 dem gewählten Farbwähler zugewiesen und Sie gelangen zum **Zeichenstift**-Werkzeug, dem Sie nun eine neue Tastenkombination zuweisen können. Wenn Sie dem **Zeichenstift** keine Tastenkombination zuweisen möchten, weil Sie ihn nicht oft benötigen, dann lassen Sie das Feld einfach leer und klicken auf **OK**.

Pinselgröße und -weichheit visuell einstellen

Dieser Tipp ist unglaublich praktisch, weil Sie tatsächlich die exakte Größe und Weichheit Ihrer Pinselspitze sehen können. Halten Sie die Tastenkombination 〔⌘〕+〔Alt〕 (PC: 〔Alt〕+ rechte Maustaste) gedrückt und ziehen Sie nach oben oder unten, um die Weichheit/Härte des Pinsels, nach links oder rechts, um seine Größe einzustellen.

Location: Opernhaus, Sydney, Australien | Belichtung: 1/2000 s. | Brennweite: 14 mm | Blendenwert: ƒ/7,1

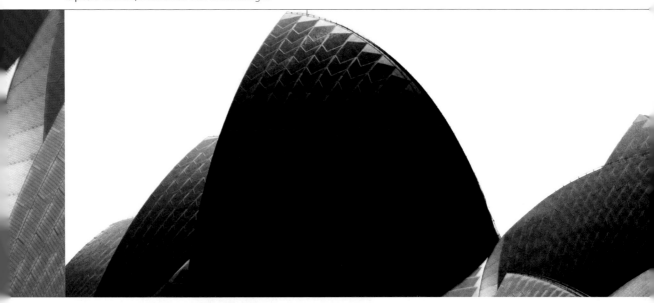

Ebenen, Auswahlen und Bildmontagen

In dieser Kapiteleinleitung möchte ich Ihnen das Album mit dem tollen Namen »Layers of Light« von Nils Landgren und Esbjörn Svensson vorstellen. Obwohl ich das nicht immer mache, habe ich mir hier ein paar Minuten Zeit genommen, um reinzuhören. Man findet ja sonst kaum noch Alben ohne »Explicit Lyrics«-Warnung zu jedem Song. Das war also schon mal ein guter Anfang. Ich habe mir die ersten paar Tracks im iTunes-Store angehört, darunter auch »Song from the Valley«, »Calling the Goats« und »Kauk« (sprechen Sie den letzten Namen nicht zu laut aus). Das erste ist aber das weitaus beliebteste Lied (zumindest laut iTunes). Ich hörte es mir an und dachte mir, dass ich als Musiker und E-Piano-Spieler ebensogut eine eigene kleine Kritik hier in meinem Buch veröffentlichen könnte statt auf iTunes. Ich möchte die Künstler direkt aus der Seele heraus ansprechen, denn das scheint mir viel wichtiger zu sein, als sich an die breite Öffentlichkeit zu richten, die nur wissen möchte, ob es sich lohnt, 8,99 Dollar für das Album abzudrücken. Die Künstler direkt anzusprechen, finde ich viel persönlicher. Ich stelle mir vor, wie wir uns zum Sonnenuntergang in einem kleinen Café in Schweden treffen und zusammen ein schönes Glas Francois LeClerc Gevrey Chambertin des Jahrgangs 2010 trinken. Beim Knistern eines gemütlichen Feuers und dem gedämpften Geplauder der anderen Gäste genießen wir den Sonnenuntergang an einem klaren Herbstabend. Und dann lasse ich Nils und Esbjörn wissen, wie dringend sie meiner Meinung nach ihre gesamte Ausrüstung verkaufen sollten. Alles. Sofort. Die Instrumente, das Aufnahmeequipment, das Klavier – bis auf den kleinsten Rest. Und dass sie niemals wieder eine einzige Note spielen sollten. So schlecht war es. Ich möchte ihnen sagen, dass es so klang, als würde eine Katze über die Klaviertasten laufen und zufällige Töne anschlagen, während jemand nebenan einen lebenden Hummer kocht und an die Wände geworfene Teller zerschellen. Sie sollten alle Bänder, Kopien ihrer Platten und überhaupt jede Spur ihrer »Musik« restlos vernichten, weil … hmm … okay, ich halte es nicht mehr aus: Ihr Album ist in Wirklichkeit ziemlich großartig. Richtig großartig sogar. Aber Sie müssen zugeben, dass ich Sie für einen Augenblick am Haken hatte. Glauben Sie mir, in Wahrheit sind ihre Songs wunderschön. Und jetzt erheben Sie mit mir das Glas auf Nils und Esbjörn, während ich den Namen ihres dritten Lieds so laut ausspreche, dass mich der Inhaber des Cafés zum Gehen auffordert.

Mit Ebenen arbeiten

Ebenen sind enorm vielseitig und daher in Photoshop ungeheuer wichtig. Mit einer Ebene können Sie etwas über das Bild legen und an einer beliebigen Stelle platzieren. Sagen wir, Sie wollen zum Beispiel eine Grafik oder Schrift in ein Hochzeitsalbum einfügen oder zwei Fotos für einen künstlerischen Effekt kombinieren. Das alles können Sie mit Ebenen tun. Außerdem lassen sich damit auch Probleme beheben (siehe Kapitel 9) und Spezialeffekte erzeugen (siehe Kapitel 10). Hier kommen die grundlegenden Ebenenfunktionen.

Schritt eins:

Wenn Sie ein Bild öffnen, erscheint es als Hintergrundebene. Das ist einfach nur ein ganz normales Bild mit einer einzigen Ebene. Um Text darüber zu legen, wählen Sie das **Horizontaler Text**-Werkzeug (T) aus der Werkzeugleiste. Klicken Sie in Ihr Bild und beginnen Sie zu tippen. Die Schrift erscheint in der Schriftart und Größe, die in der Optionsleiste eingestellt sind. Möchten Sie dies verändern, markieren Sie den Text und wählen dann oben in der Optionsleiste eine neue Schriftart aus dem **Schriften**-Dropdown-Menü. Ich habe mich hier für **Cezanne Regular** entschieden. Wählen Sie in dem Popup-Menü auch eine große Schriftgröße (bei mir 60 pt) und klicken Sie dann irgendwo außerhalb des Textfelds, um die Schrift einzustellen. Verschieben Sie den Text mithilfe des **Verschieben**-Werkzeugs (V) ganz oben in der Werkzeugleiste.

Schritt zwei:

Der schwarze Text aus Schritt eins ist teils kaum lesbar. Fügen wir dahinter einen weißen Balken ein, damit er sich besser abhebt. Um eine neue, leere Ebene über der Textebene einzufügen, klicken Sie auf das Symbol **Neue Ebene erstellen** am unteren Rand des **Ebenen**-Bedienfelds (hier rot eingekreist). Wählen Sie nun das **Auswahlrechteck**-Werkzeug (M) aus der Werkzeugleiste und ziehen Sie ein schmales weißes Rechteck über die gesamte Bildbreite auf. Drücken Sie die Tasten D und dann X, um die Vordergrundfarbe auf Weiß zu stellen. Dann drücken Sie Alt + Entf, um diese Auswahl wie in der Abbildung mit Weiß zu füllen. Drücken Sie ⌘/Strg + D, um die Auswahl aufzuheben.

Schritt drei:

Leider verdeckt der weiße Balken nun unseren Text, statt ihn zu unterlegen. Das liegt daran, dass neue Ebenen immer obenauf gestapelt werden. Sehen Sie sich das **Ebenen**-Bedienfeld im letzten Schritt an. Dort liegt die Hintergrundebene ganz unten und darüber eine Textebene. So konnten Sie den Text sehen, weil er im **Ebenen**-Bedienfeld über die Hintergrundebene gestapelt war. Die zusätzlich eingefügte Ebene mit der weiß gefüllten Auswahl deckt dann aber alles Darunterliegende ab – die Textebene und das Foto unseres Brautpaars. Um diesen weißen Balken unter unsere Textebene zu schieben, gehen Sie ins **Ebenen**-Bedienfeld und klicken und ziehen die entsprechende Ebene (**Ebene 1**) unter die Textebene, so wie in der Abbildung. Die Stapelfolge ist jetzt: das Hintergrundbild, dann der weiße Balken und schließlich ganz oben die Textebene.

Schritt vier:

Im Bild in Schritt drei verdeckt der weiße Balken einen Teil des Brautpaars. Das Objekt besitzt schließlich keine Transparenz und Objekte ohne Transparenz verdecken alles, was im **Ebenen**-Bedienfeld unter ihnen liegt. Alle Ebenen haben jedoch eine Deckkrafteinstellung. Wenn Sie Ihr Objekt also ein wenig oder auch sehr stark durchsichtig gestalten möchten, dann können Sie den Deckkraftwert dieser Ebene absenken. Achten Sie darauf, dass die Ebene aktiviert (markiert) ist, dann gehen Sie zum Feld **Deckkraft** im oberen Bereich des **Ebenen**-Bedienfelds (dort, wo 100 % steht) und klicken auf den kleinen nach unten weisenden Pfeil rechts davon, um den **Deckkraft**-Regler anzuzeigen. Ziehen Sie ihn herunter auf etwa 30 %, so wie hier gezeigt. Jetzt erkennen Sie durch den weißen Balken hindurch die Hintergrundebene mit dem Brautpaar.

Schritt fünf:

Lassen Sie uns jetzt ein weiteres Bild öffnen und einfügen. Wir wollen dann beide Bilder dezent miteinander vermischen. In diesem Fall haben wir den Brautstrauß mit dem Ehering. Bevor wir das Bild in die Zwischenablage kopieren können, müssen wir es zuerst komplett auswählen. Gehen Sie ins **Auswahl**-Menü und wählen Sie **Alles auswählen** oder drücken Sie ⌘/Strg + A. Sobald Sie einen Auswahlrahmen um das Bild herum haben, drücken Sie ⌘/Strg + C, um das Bild in die Zwischenablage zu kopieren.

Schritt sechs:

Gehen Sie zurück zum Foto des Brautpaars und drücken Sie ⌘/Strg + V, um das kopierte Bild über der zuletzt aktivierten Ebene einzufügen. Drücken Sie bei Bedarf ⌘/Strg + T, um das **Frei-Transformieren**-Werkzeug zu öffnen. Halten Sie die ⇧-Taste gedrückt, um die Proportionen beizubehalten und ziehen Sie dann an einem Eckgriff, um das Bild zu skalieren. Mit ⏎ bestätigen Sie die Transformation. Wir haben zuletzt auf der Ebene mit dem weißen Balken gearbeitet, also erscheint die neue Ebene im Ebenenstapel direkt darüber. Wir wollen sie allerdings direkt über dem Bild des Brautpaars platzieren, damit wir die beiden Fotos verschmelzen können und der weiße Balken und die Textebene immer noch darüber liegen. Klicken Sie deshalb im **Ebenen**-Bedienfeld auf diese Ebene und ziehen Sie sie im Ebenenstapel direkt über die Hintergrundebene, so wie in der Abbildung. Um dieses Bild mit dem Foto des Brautpaars auf der Ebene darunter zu verschmelzen, könnte ich einfach die Deckkraft dieser Ebene absenken, aber das ergibt keine besonders interessante Verschmelzung. Hier kommen die Ebenen-Mischmodi ins Spiel.

Schritt sieben:

In dem Popup-Menü links oben im **Ebenen**-Bedienfeld finden Sie eine ganze Reihe von Ebenen-Mischmodi. Links in der Abbildung sind sie alle zu sehen. Diese bestimmen, wie die aktuelle Ebene mit der Ebene (oder den Ebenen) darunter gemischt wird. Manche vermischen die Ebenen so, dass die Kombination viel heller wird (wie etwa der Modus **Negativ multiplizieren**) oder auch viel dunkler (wie etwa der Modus **Multiplizieren**). Welches ist jetzt der »richtige« für diese beiden Bilder? Wer weiß das schon? Deshalb probieren wir mit einer Tastenkombination alle aus und wenn uns ein Modus gefällt, dann bleiben wir einfach dabei. Das Tastenkürzel lautet ⇧ + +. Immer, wenn Sie diese Tasten drücken, schalten Sie weiter zum nächsten Mischmodus in dem Popup-Menü. Ja, das ist einfach. Ich bin bei **Weiches Licht** geblieben und habe dann die Deckkraft der Ebene auf 90 % abgesenkt, weil mir der Effekt zu stark erschien.

Schritt acht:

Es gibt aber immer noch ein kleines Problem. Die Brautstraußebene liegt direkt über den Gesichtern des Paars. Mir wäre es lieber, wenn die Gesichter so wie in der Hintergrundebene aussehen würden. Zum Glück können wir mithilfe einer Ebenenmaske bestimmen, welche Teile unserer Ebene sichtbar sind. Zum Anlegen einer Ebenenmaske klicken Sie auf das Symbol **Ebenenmaske hinzufügen** am unteren Rand des **Ebenen**-Bedienfelds. Das ist das dritte Symbol von links. Nun erscheint im **Ebenen**-Bedienfeld eine weiße Maskenminiatur rechts von der Bildminiatur. Die Maske ist weiß und Sie malen sie in der entgegengesetzten Farbe, also in Schwarz, hinein. Aktivieren Sie den **Pinsel** B in der Werkzeugleiste, wählen Sie in der Optionsleiste eine große Pinselspitze mit weicher Kante aus und übermalen Sie die Gesichter (siehe Abbildung). Im Prinzip schneiden Sie damit ein Loch in die Brautstraußebene, damit wir die Gesichter auf der darunterliegenden Ebene unverändert sehen können. Ganz einfach. Und schon haben wir ein schönes Bild fürs Hochzeitsalbum.

Quadratische, rechteckige oder runde Bereiche auswählen

Auswahlen sind in Photoshop enorm wichtig. Sie teilen Photoshop mit, welche Bildbereiche überhaupt bearbeitet werden sollen. Es ist egal, ob Sie einen Bildteil in ein anderes Foto kopieren möchten oder ob Sie einfach versuchen, einen bestimmten Bereich zu akzentuieren oder aufzuhübschen. Wenn Sie die Auswahlwerkzeuge gut beherrschen, haben Sie in jedem Fall viel mehr Kontrolle. Anfängern bietet Photoshop schnelle und einfache Auswahlmethoden (quadratisch, rund und rechteckig). Die werden Sie wahrscheinlich am häufigsten einsetzen, also fangen wir damit an.

Schritt eins:

Für eine rechteckige Auswahl wählen Sie (welche Überraschung) das **Auswahlrechteck**-Werkzeug aus der Werkzeugleiste oder drücken Sie die M -Taste.

Schritt zwei:

Wir wählen zunächst eine rechteckige Form aus. Klicken Sie mit Ihrem Cursor in die obere linke Ecke des Tors und ziehen Sie nach unten rechts, bis die Auswahl den linken Flügel des Tors komplett bedeckt. Dann lassen Sie die Maustaste los. Das war's! Sie haben eine Auswahl und alles, was Sie jetzt tun, wird nur das markierte Rechteck betreffen (im Klartext also den linken Torflügel).

Schritt drei:

Um einen weiteren Bereich zu Ihrer aktuellen Auswahl hinzuzufügen, halten Sie einfach die ⇧-Taste gedrückt und ziehen Sie noch eine rechteckige Auswahl auf. In unserem Beispiel wollen wir auch noch den Rest des Tors auswählen. Halten Sie deshalb die ⇧-Taste gedrückt und ziehen Sie ein Rechteck über dem anderen Torflügel auf. Wenn Sie die Maustaste wieder loslassen, haben Sie das komplette Tor markiert.

Schritt vier:

Jetzt führen wir eine Farbkorrektur durch, die nur den Auswahlbereich betrifft. Klicken Sie auf das Symbol **Neue Einstellungsebene erstellen** am unteren Rand des **Ebenen**-Bedienfelds und wählen Sie **Farbton/Sättigung** aus dem Popup-Menü. Im Bedienfeld **Eigenschaften** ziehen Sie den **Farbton**-Regler ganz nach links, um die Torfarbe in Grün zu ändern. Wie Sie sehen, bleibt der Rest des Bilds dabei unberührt. Das macht Auswahlen so wichtig – so teilen Sie Photoshop mit, dass Sie nur einen bestimmten Bereich bearbeiten möchten. Sie können auch die Regler für die Sättigung oder Helligkeit verändern, aber ich ziehe hier nur die Sättigung noch etwas nach rechts. Der Auswahlrahmen verschwindet beim Hinzufügen der Einstellungsebene. Um eine Auswahl aber tatsächlich aufzuheben, drücken Sie einfach ⌘/Strg + D.

Schritt fünf:

Okay, Rechtecke sind abgehakt, aber was ist mit einer exakt quadratischen Auswahl? Kein Problem – das Werkzeug funktioniert genau gleich, nur dass Sie beim Aufziehen des Auswahlrahmens die ⇧-Taste gedrückt halten müssen. Probieren wir es aus: Öffnen Sie ein weiteres Bild und wechseln Sie zum Auswahlrechteck-Werkzeug. Jetzt halten Sie die ⇧-Taste gedrückt und ziehen Sie damit eine exakt quadratische Auswahl auf. In unserem Fall legen wir sie in die Mitte dieses fingierten Sofortbilds.

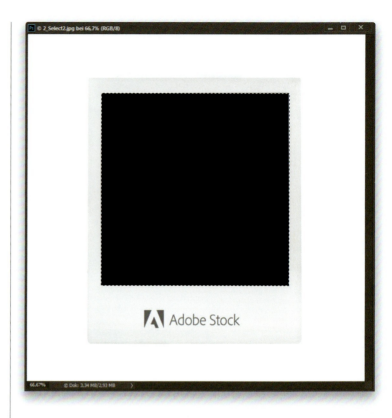

Schritt sechs:

Während die Auswahl noch aktiv ist, öffnen Sie ein Foto, das Sie im markierten Bereich platzieren möchten, und drücken Sie ⌘/Strg + A; dies ist das Tastenkürzel für **Alles auswählen**. Es wird also direkt ein Auswahlrahmen rund um Ihr ganzes Foto gelegt. Drücken Sie dann ⌘/Strg + C, um das markierte Bild in die Zwischenablage zu kopieren.

Schritt sieben:

Wechseln Sie zurück zum Sofortbild. Sie werden feststellen, dass Ihre Auswahl immer noch aktiv ist. Wählen Sie im Menü **Bearbeiten** unter **Einfügen Spezial** die Option **In die Auswahl einfügen**. Das Bild aus der Zwischenablage wird nun in die quadratische Auswahl eingefügt. Wenn das Foto größer als das ausgewählte Quadrat ist, können Sie es auch darin anklicken und umherziehen.

Schritt acht:

Sie können auch das **Frei-Transformieren**-Werkzeug (⌘/Strg + T) verwenden, um das eingefügte Foto auf die richtige Größe zu skalieren. Falls Sie die Anfasser nicht sehen können, drücken Sie ⌘/Strg + O (Null). Erfassen Sie dann einfach einen Eckpunkt, halten Sie die ⇧-Taste gedrückt, damit die Bildproportionen gewahrt bleiben, und ziehen Sie nach innen oder außen. Wenn Sie mit der Größe zufrieden sind, drücken Sie ↵ und fertig. Jetzt geht es weiter mit elliptischen und kreisförmigen Auswahlen.

Schritt neun:

Öffnen Sie ein Bild mit einer runden Form, die Sie auswählen möchten. Hier ist es eine Untertasse. Drücken Sie dann ⬆ + M, um zum **Auswahlellipse**-Werkzeug zu wechseln. Mit ⬆ + M schalten Sie standardmäßig zwischen dem **Auswahlrechteck**- und dem **Auswahlellipse**-Werkzeug um. Jetzt ziehen Sie eine Auswahl um Ihre runde Form herum auf. Für einen perfekten Kreis halten Sie dabei die ⬆-Taste gedrückt. Falls die kreisförmige Auswahl nicht exakt passt, können Sie sie auch verschieben. Dazu bewegen Sie den Cursor in den Auswahlrahmen hinein und ziehen ihn dann an die neue Position. Oder Sie halten bereits während des Aufziehens die Leertaste gedrückt, um die Auswahl zu verschieben. Um von vorne zu beginnen, heben Sie die Auswahl einfach auf und ziehen eine neue auf. *Hinweis:* Bei runden Formen sollten Sie bereits vor Erreichen der Form zu ziehen beginnen. Probieren Sie also, einen knappen Zentimeter links über der Form zu starten.

Schritt zehn:

Testen wir noch einen anderen kleinen Auswahltipp. In unserem Beispiel haben wir eine Untertasse, die besonders einfach auszuwählen ist. Tatsächlich wollen wir aber den Hintergrund bearbeiten. Er würde meiner Meinung nach besser aussehen, wenn er etwas dunkler wäre. Kein Problem. Wählen Sie einfach im **Auswahl**-Menü den Menüpunkt **Auswahl umkehren** oder drücken Sie ⌘/Strg + ⬆ + I. Photoshop markiert dann alles *außerhalb* Ihrer im letzten Schritt getroffenen Auswahl.

Schritt elf:

Jetzt korrigieren wir den Bereich um die Untertasse herum. Klicken Sie auf das Symbol **Neue Einstellungsebene erstellen** und wählen Sie **Tonwertkorrektur**. Im **Eigenschaften**-Bedienfeld ziehen Sie den schwarzen Regler (für die Tiefen) unterhalb des Histogramms nach rechts bis auf etwa 24, dann ziehen Sie den grauen Regler (für die Mitteltöne) nach rechts auf etwa 0,89, um dem Hintergrund mehr Kontrast zu verleihen. Das war's. Denken Sie daran, für Ellipsen oder Rechtecke können Sie einfach ziehen. Benötigen Sie jedoch einen perfekten Kreis (oder ein Quadrat), dann halten Sie die ⇧-Taste gedrückt.

Vorher

Nachher

Ihre Auswahlen speichern

Ein komplexer Auswahlvorgang kann manchmal 15 bis 20 Minuten oder sogar noch länger dauern. Sobald Sie die Auswahl aufheben, ist sie unwiederbringlich verloren. Mit Glück bekommen Sie sie über den Menüeintrag **Erneut auswählen** aus dem **Auswahl**-Menü zurück, falls Sie inzwischen nichts anderes ausgewählt haben – aber zählen Sie besser nicht darauf. Niemals. So speichern Sie Ihre ausgefeilten Auswahlen und rufen sie bei Bedarf jederzeit wieder auf.

Schritt eins:

Öffnen Sie ein Bild und legen Sie dann mit dem Werkzeug Ihrer Wahl eine Auswahl um ein Objekt. Ich habe hier zunächst mit dem **Schnellauswahlwerkzeug** ⟨W⟩ den Himmel und das Wasser ausgewählt. So konnte ich über **Auswahl umkehren** im **Auswahl**-Menü die Gebäude auswählen. Dann habe ich noch die Dächer der Gebäude angeklickt, um sie mit in die Auswahl aufzunehmen. Wenn Sie zu viel ausgewählt haben, halten Sie die ⟨Alt⟩-Taste gedrückt und klicken Sie in die Bereiche, die Sie wieder aus der Auswahl entfernen möchten. Um die fertige Auswahl zu speichern, gehen Sie ins **Auswahl**-Menü und wählen **Auswahl speichern**. Geben Sie im Dialogfenster **Auswahl speichern** einen Namen ein und klicken Sie auf **OK**.

Schritt zwei:

Jetzt können Sie die Auswahl über den Menüpunkt **Auswahl laden** im **Auswahl**-Menü jederzeit wieder in Photoshop laden. Wenn Sie mehrere Auswahlen abgespeichert haben, sind diese in dem Popup-Menü **Kanal** aufgeführt – wählen Sie einfach die zu ladende Auswahl und klicken Sie auf **OK**. Die zuvor gespeicherte Auswahl erscheint dann wieder in Ihrem Bild.

Harte Kanten aufweichen

Wenn Sie eine Korrektur in einem ausgewählten Bereich Ihres Fotos durchführen, dann bleibt diese immer vollständig innerhalb dieses Auswahlbereichs. Das ist in vielen Fällen toll, aber wenn Sie die Auswahl aufheben, sehen Sie eine harte Kante um den korrigierten Bildbereich und die Änderung wird damit ziemlich offensichtlich. Sie können diese harten Kanten aber auch sehr einfach abmildern und damit Ihre »Spuren verwischen« – und so geht es.

Schritt eins:

Sagen wir, Sie wollen den Bereich um den Blumenstrauß und die Vase herum abdunkeln, damit der Eindruck entsteht, als würden sie von einem weichen Spot beleuchtet. Ziehen Sie eine passende elliptische Auswahl mit dem **Auswahlellipse**-Werkzeug auf (drücken Sie ⇧ + M, bis Sie das Werkzeug aktiviert haben). Machen Sie die Auswahl groß genug, um die Blumen, die Vase und etwas von ihrer Umgebung mit aufzunehmen. Jetzt dunkeln wir den Bereich rundherum ab. Gehen Sie dazu ins **Auswahl**-Menü und wählen Sie **Auswahl umkehren** oder drücken Sie einfach ⌘/Strg + ⇧ + I. Jetzt umfasst die Auswahl alles außer den Blumen und der Vase.

Schritt zwei:

Klicken Sie auf das Symbol **Neue Einstellungsebene erstellen** am unteren Rand des **Ebenen**-Bedienfelds und wählen Sie **Tonwertkorrektur**. Im **Eigenschaften**-Bedienfeld ziehen Sie den grauen Regler für die Mitteltöne unterhalb des Histogramms nach rechts auf etwa 0,54. Sie sehen die harten Kanten um die Ellipse herum. Das wirkt überhaupt nicht wie ein weiches Spotlicht, sondern wie eine helle Ellipse. Deshalb müssen wir die Kanten abmildern, um einen sanften Übergang zwischen der hellen Ellipse und ihrer dunkleren Umgebung zu bekommen.

Schritt drei:

Drücken Sie dreimal ⌘/Strg + Alt + Z, damit Ihr Foto wieder so aussieht wie in Schritt eins, als Sie die Auswahl eingezeichnet hatten. Die Auswahl sollte sichtbar sein – falls nicht, ziehen Sie eine neue Ellipse auf. Gehen Sie dann ins **Auswahl**-Menü unter **Auswahl verändern** und wählen Sie dort **Weiche Kante**. Im Dialogfenster **Weiche Auswahlkante** geben Sie 150 Pixel ein. Je größer der Zahlenwert, desto weicher werden die Kanten. Klicken Sie auf **OK** und das war's schon – Sie haben die Auswahlkanten aufgeweicht. Jetzt wollen wir sehen, welchen Unterschied das macht.

Schritt vier:

Gehen Sie wieder ins **Auswahl**-Menü und wählen Sie **Auswahl umkehren**. Fügen Sie wieder eine **Tonwertkorrektur**-Einstellungsebene hinzu und ziehen Sie den Regler für die Mitteltöne auf etwa 0,54. Schon sehen Sie, dass die Kanten Ihres angepassten Bildbereichs weich sind und einen sanften Übergang bilden. Der Effekt wirkt nun eher wie ein Spotlicht. Das ist sehr praktisch, wenn Sie zum Beispiel eine zu rote Gesichtsfarbe korrigieren möchten. Ohne die weichen Kanten wäre dann eine harte Linie um das Gesicht zu sehen. Dann wäre es offensichtlich, dass das Foto bearbeitet wurde. Sobald Sie die Kante aber etwas weicher gestalten – für ein Gesicht genügt vielleicht schon ein **Radius** von 2 oder 3 Pixeln – fügt sich die Korrektur perfekt ein und ist überhaupt nicht mehr als solche zu erkennen.

Einfacher auswählen mit dem Schnellauswahlwerkzeug

Wieder einmal so ein Photoshop-Werkzeug, bei dem man denkt: »Welche krassen Berechnungen müssen da bloß im Hintergrund ablaufen?« Denn das ist schon ziemlich heftiger Voodoo zum Auswählen einzelner Bildobjekte. Noch erstaunlicher ist, dass ich das Wort »Voodoo« in dieser Einleitung unterbringen konnte und Sie noch nicht mal mit der Wimper gezuckt haben. Sie sind jetzt auch einer von »uns« ...

Schritt eins:

Öffnen Sie das Foto mit dem auszuwählenden Objekt. In diesem Beispiel wollen wir eines der Seifenstücke auswählen. Gehen Sie in die Werkzeugleiste und wählen Sie das **Schnellauswahlwerkzeug** (oder drücken Sie einfach die Taste W wie »Wow«).

Schritt zwei:

Das **Schnellauswahlwerkzeug** bietet oben in der Optionsleiste das Kontrollfeld **Automatisch verbessern**. Standardmäßig ist es ausgeschaltet. Ich sehe das ja so: Wann sollte ich mir jemals eine nicht verbesserte Auswahl durch das **Schnellauswahlwerkzeug** wünschen? Nach meinem Verständnis bedeutet verbessert auch besser. Jetzt mal ehrlich, würden Sie eine Auswahl treffen und dann sagen: »Mensch, ich wünschte, die Auswahl würde schlechter aussehen?« Wohl kaum. Also schalten Sie das Kontrollfeld **Automatisch verbessern** jetzt ein und lassen es ab sofort auch immer eingeschaltet.

Schritt drei:

Krakeln Sie jetzt einfach mit dem **Schnellauswahlwerkzeug** einige Pinselstriche in den
auszuwählenden Bereich. Sie müssen nicht
allzu genau arbeiten, denn das ist ja gerade
das Tolle an diesem Werkzeug – es liebt Ihr
Gekrakel. Es verlangt geradezu danach. Es
braucht es. Also krakeln Sie.

Schritt vier:

Wenn die Auswahl noch unerwünschte Bereiche enthält (wie in diesem Beispiel etwa
Teile des linken Seifenstücks oder der Schüs-
sel), halten Sie die ⒶⓁⓉ-Taste gedrückt. In
der Mitte des Pinsels erscheint dann ein
Minuszeichen. Sie sind nun also im **Subtrahieren**-Modus. Jetzt übermalen Sie einfach
diese Bereiche, um sie aus der Auswahl zu
entfernen (siehe Abbildung).

Schritt fünf:

Unsere Auswahl ist fertig und da können wir ebensogut etwas damit anfangen, oder? Wie wäre es damit: Wir verändern die Farbe. Klicken Sie auf das Symbol **Neue Einstellungsebene erstellen** am unteren Rand des **Ebenen**-Bedienfelds und wählen Sie **Farbton/Sättigung**. Im **Eigenschaften**-Bedienfeld ziehen Sie den **Farbton**-Regler nach rechts auf etwa +130 und den **Sättigung**-Regler auf etwa +35. So bekommen Sie einen schönen pinkroten Farbton. Im unteren Nacher-Bild sehen Sie, dass ich auch die Farben der beiden anderen Seifen verändert habe. Dazu habe ich die Hintergrundebene angeklickt, die Seifenstücke markiert und dann zu jeder Auswahl eine **Farbton/Sättigung**-Einstellungsebene hinzugefügt.

Vorher

Nachher

Wirklich schwierige Auswahlen durchführen, zum Beispiel Haare (und noch einige coole Montagetricks!)

Die meisten Auswahlen im Photoshop-Alltag sind ziemlich einfach. Meist können Sie sich dabei mit dem **Schnellauswahl-werkzeug**, dem **Zauberstab**, dem **Lasso** oder dem **Zeichenstift** behelfen. Richtig schwierig wird es aber immer beim Thema Haare. Über die Jahre hinweg haben wir allerlei Tricks entwickelt, auch komplexe Kanaltechniken. Die wurden aber auf einen Schlag hinfällig, als Adobe das **Schnellauswahlwerkzeug** und die **Kante-verbessern**-Funktion überarbeitete. Die heißt jetzt **Auswählen und maskieren** und ist sicher eines der nützlichsten und mächtigsten Werkzeuge überhaupt.

Schritt eins:

Öffnen Sie zunächst ein Bild, das einen Bereich enthält, dessen Auswahl eine echte Herausforderung bietet. Hier sind das die sehr stark gelockten Haare unseres Models. Oben in der Optionsleiste können Sie jetzt bei jedem Auswahlwerkzeug die Schaltfläche **Auswählen und maskieren** anklicken, um den neuen Aufgabenbereich **Auswählen und maskieren** zu öffnen und Ihre Auswahl von dort aus zu treffen. Ich arbeite aber lieber klassisch, so wie mit der alten Funktion **Kante verbessern** – zuerst treffe ich die Auswahl und dann wechsle ich zu **Auswählen und maskieren**. Wählen wir in der Werkzeugleiste also zuerst das **Schnellauswahlwerkzeug** ([W]) (siehe Abbildung).

Schritt zwei:

Und so funktioniert es: Übermalen Sie einfach grob die auszuwählenden Bereiche. Das Werkzeug dehnt die Auswahl dabei aus, so wie eine intelligentere Version des **Zauberstab**-Werkzeugs. Allerdings ist die Technik dahinter eine andere. Mir scheint, dass das Werkzeug am besten funktioniert, wenn Sie schnell arbeiten – rasen Sie damit über Ihr Motiv hinweg, dann funktioniert es ziemlich gut. Hier habe ich mein Model ausgewählt. Es gibt zwar noch kleinere Probleme in der Auswahl (die grauen Bereiche um ihre Haare und den Arm mit der Tasche herum), aber insgesamt ist sie gar nicht so schlecht. Wenn das Werkzeug zu viel auswählt, halten Sie die [Alt]-Taste gedrückt und übermalen Sie die versehentlich ausgewählten Bereiche, um sie aus der Auswahl zu entfernen. Keine Sorge, an dieser Stelle muss es noch nicht perfekt aussehen.

Schritt drei:

Mir ist noch etwas am **Schnellauswahlwerkzeug** aufgefallen: Es kann zwar sehr gut Dinge auswählen, unerwünschte Bereiche wieder aus der Auswahl zu entfernen, klappt aber nicht immer ganz so gut. Hier im Beispiel betrifft das etwa den grauen Bereich neben dem Arm auf der rechten Seite. Beim Entfernen wurde auch ein Teil des Arms und der Tasche aus der Auswahl herausgenommen, sodass ich diese Bereiche neu auswählen musste. Wenn es nicht klappt, schalten Sie zum **Zauberstab**-Werkzeug (⇧ + W) um, halten die Alt-Taste gedrückt und klicken einfach nur einmal in den Bereich, um ihn sofort aus der Auswahl zu entfernen (siehe Abbildung).

Schritt vier:

Das ist jetzt sehr wichtig: Beim Auswählen der Haare dürfen keine Hintergrundbereiche mit in die Auswahl gelangen. Wir wollen mit anderen Worten also keine Haare mit grauem Hintergrund dazwischen auswählen. Ich folge meist der Regel, nicht zu weit an die Außenkanten der Frisur zu gehen, es sei denn, ein Bereich ist ziemlich kompakt (enthält also keine abstehenden, schwer auszuwählenden Haarsträhnen). In der Nahansicht erkennen Sie, was ich meine. Die lockereren Randbereiche habe ich gemieden, denn die Auswahl dieser kritischen Bereiche werden wir Photoshop überlassen. Wir gehen einfach nur bis knapp an den Rand der Frisur und hören dann auf. Für uns ist jetzt erst mal das Wichtigste, nirgends den grau durchschimmernden Hintergrund mit auszuwählen. Wenn Sie versehentlich lückenhafte Bereiche ausgewählt haben, halten Sie die Alt-Taste gedrückt und entfernen Sie sie durch Übermalen mit dem **Schnellauswahlwerkzeug** wieder aus der Auswahl (siehe Abbildung).

Schritt fünf:

Sobald Ihre Auswahl einigermaßen ordentlich aussieht, ist es an der Zeit, die wirklich mächtigen Auswahlwerkzeuge auszupacken (das **Schnellauswahlwerkzeug** dient nur zum Aufwärmen). Klicken Sie in der Optionsleiste auf die Schaltfläche **Auswählen und maskieren**, die hier eingekreist ist. Jetzt beginnt die Zauberei.

TIPP: Wollen Sie das alte Dialogfenster Kante verbessern verwenden?

Nachdem Sie eine Auswahl mit einem beliebigen Auswahlwerkzeug getroffen haben, halten Sie die ⇧-Taste gedrückt und wählen Sie **Auswählen und maskieren** aus dem **Auswahl**-Menü.

Schritt sechs:

Falls Sie mit dem alten Dialogfenster **Kante verbessern** vertraut sind, erkennen Sie, dass der neue Aufgabenbereich **Auswählen und maskieren** dieselben Funktionen aufweist – Adobe hat sie weitgehend einfach nur in den neuen Aufgabenbereich verschoben und außerdem um einige coole neue Funktionen ergänzt. Zum Beispiel können Sie das **Schnellauswahlwerkzeug**, das **Lasso**-Werkzeug oder das **Polygon-Lasso** (das sich hinter dem **Lasso** verbirgt) aus der Werkzeugleiste auswählen und Ihre Auswahl direkt hier treffen. Aber ich arbeite wie gesagt lieber auf althergebrachte Weise, ehe ich in diesen Aufgabenbereich wechsle. Für Ihr markiertes Bild gibt es eine Reihe von Anzeigeoptionen, die Sie aus dem Popup-Menü **Ansicht** im **Eigenschaften**-Bedienfeld auswählen. Drei davon nutze ich besonders häufig. Einmal ist das die hier gezeigte neue Zwiebelschicht-Ansicht [O]. (Die beiden anderen werden wir uns gleich noch ansehen.) Sie sehen die markierten Bildteile in normalen Farben, die nicht ausgewählten Teile werden transparent dargestellt. Direkt unter dem Popup-Menü **Ansicht** befindet sich der **Transparenz**-Regler, den Sie zurückfahren können, um die auszuwählenden Bereiche besser zu erkennen. Wenn Sie den Regler auf 100 % stellen, sehen Sie nur die Grundauswahl, deshalb verwende ich meist eine Einstellung um 25 %.

Schritt sieben:

Als Zweites nutze ich auch gerne die Overlay-Ansicht. Diese verwende ich sogar besonders häufig. Wählen Sie sie in dem Popup-Menü **Ansicht** aus oder drücken Sie einfach ⌴. Hier werden die markierten Bereiche wieder farbig und mit voller Deckkraft angezeigt, die übrigen Bildbereiche erscheinen in Rot. Wenn Sie die Hintergrundfarbe durchscheinen sehen – in unserem Fall Grau – haben Sie ein Problem. Wir haben hier an einigen Stellen eines. Sie müssen Photoshop genau mitteilen, wo die Problembereiche liegen, damit sie besser definiert werden können. Das gelingt mit dem hier eingekreisten **Kante-verbessern**-Pinselwerkzeug (⟨R⟩). Übermalen Sie damit die Bereiche, in denen Sie den Hintergrund durchscheinen sehen (siehe Abbildung). Photoshop berechnet diese Bereiche dann neu. Ändern Sie Ihre Pinselgröße mit den Tasten ⟨ö⟩ und ⟨#⟩ auf der Tastatur. So nehmen Sie die feineren Haardetails mit in die Auswahl auf.

TIPP: Hochauflösende Ansicht aktivieren

Wenn Sie beim Einzeichnen der Maske eine hochauflösende Vorschau sehen möchten, aktivieren Sie das Kontrollfeld **Qualitativ hochwertige Vorschau** im Bereich **Ansichtsmodus**. Arbeitet Ihnen die Funktion zu langsam, lassen Sie das Kontrollfeld einfach ausgeschaltet.

Schritt acht:

Wenn Sie sich die Haare jetzt ansehen, erkennen Sie darin einige rot eingefärbte Bereiche. Diese sind nicht in der Auswahl erfasst. Übermalen Sie sie also einfach mit ein oder zwei Pinselstrichen, so wie ich es hier tue, und schon werden sie auch farbig dargestellt und gehören damit zur Auswahl. Photoshop verfeinert die Kantenauswahl, während Sie malen. Wenn Sie nicht sofort das perfekte Ergebnis sehen, halten Sie nach dem Malen ein bis zwei Sekunden inne. Photoshop muss die Bereiche neu berechnen und sobald Sie die Maustaste loslassen, sollte alles recht gut aussehen. Ich habe hier nochmals einige rot eingefärbte Bereiche auf der linken Seite der Frisur übermalt, die jetzt auch farbig dargestellt werden.

Schritt neun:

Übermalen Sie weiterhin alle roten Haarbereiche, um sie mit in die Auswahl aufzunehmen. Wenn Sie zufrieden sind, schalten Sie zurück zur Zwiebelschicht-Ansicht und ziehen Sie die Transparenz nach oben, um die Auswahl zu beurteilen. Wie Sie sehen, hat Photoshop die feinen Haardetails ziemlich gut neu berechnet und der Auswahl hinzugefügt. Falls manche Stellen noch nicht so gut aussehen, können Sie in die Überlagerung-Ansicht zurückwechseln. Halten Sie dort die [Alt]-Taste gedrückt, um das **Kante-verbessern**-Pinselwerkzeug in den **Subtrahieren**-Modus zu setzen, und übermalen Sie sie und entfernen sie so aus der Auswahl. Lassen Sie dann die [Alt]-Taste einfach wieder los und probieren Sie, sie erneut auszuwählen.

Schritt zehn:

Schalten wir nun in den dritten von mir verwendeten Ansichtsmodus, und das ist **Schwarzweiß** ([K]). Daber erscheint die Auswahl als normale Ebenenmaske. Ich nutze diese Ansicht hauptsächlich zum Bereinigen. Alles, was hier nicht komplett weiß ist, wird später transparent sein. Der Rand der Frisur darf natürlich durchsichtig sein, aber wir müssen sicherstellen, dass unser Model komplett weiß ist (und der Hintergrund komplett schwarz). Zoomen Sie sich in dieser Ansicht also ein und suchen Sie nach Bereichen, die nicht weiß sind, obwohl sie es sein müssten, so wie hier der Übergang zwischen Hand und Gesicht. Wählen Sie den **Pinsel** ([B]) in der Werkzeugleiste und übermalen Sie diese Bereiche, um sie Ihrer Auswahl hinzuzufügen.

Schritt elf:

Die Funktionen im Bereich **Kantenerkennung** habe ich zwar früher im Dialogfenster **Kante verbessern** genutzt, seit **Auswählen und maskieren** verwende ich sie aber eigentlich kaum noch. (Smartradius erkennt den Unterschied zwischen einer weichen und einer harten Kante und berücksichtigt beim Erstellen einer Maske beide). Von den Reglern im Bereich **Globale Verbesserungen** sollten Sie sich außerdem komplett fernhalten, weil Sie damit viel zu viel Zeit verschwenden. Unten im Bedienfeld finden Sie noch das Kontrollfeld **Farben dekontaminieren**, das im Prinzip die Pixel der Auswahlkante etwas entsättigt. Wenn Sie das Bild vor einen anderen Hintergrund setzen, werden die Kantenpixel Sie also nicht verraten. Direkt darunter können Sie wählen, was das Ergebnis der ganzen Arbeit sein soll: Wird Ihr ausgewähltes Motiv in ein neues, leeres Dokument gesteckt oder nur in eine neue Ebene innerhalb dieses Dokuments oder in eine neue Ebene, die bereits mit einer Ebenenmaske versehen ist usw.? Hier wollen wir eine neue Ebene im selben Dokument anlegen. Wählen Sie **Neue Ebene** und klicken Sie auf **OK**.

Schritt zwölf:

Wenn Sie auf **OK** klicken, erscheint Ihr Bild auf einer transparenten Ebene (siehe Abbildung). Die Funktion hat offensichtlich ziemlich gut gearbeitet. Sie erfasst nicht jede feine Strähne, aber doch die wichtigsten. Außerdem habe ich noch ein paar hilfreiche Tricks in petto.

Schritt dreizehn:

Über diesen Trick stolperte ich vor Jahren beim Anfertigen von Fotomontagen. Er liefert Ihnen Details und bringt außerdem einige der verlorenen Haarsträhnchen zurück, indem er einige Pixel ergänzt. Das wird jetzt gleich sehr einfach klingen: Drücken Sie ⌘/Strg + J, um Ihre Ebene mit dem Model zu duplizieren. Fertig. Duplizieren Sie einfach die Ebene und schon bekommen Sie einen »Aufbaueffekt« um die Kanten herum. Das Bild wirkt plötzlich besser definiert und einige der feinsten Bereiche werden etwas aufgefüllt. Wenn der Effekt aus irgendeinem Grund zu stark ausfallen sollte, senken Sie im **Ebenen**-Bedienfeld einfach die Deckkraft der Ebenenkopie, bis Sie mit dem Aussehen zufrieden sind. Anschließend verschmelzen Sie die Ebenenkopie über ⌘/Strg + E mit der Originalebene.

Schritt vierzehn:

Ein weiterer Trick zum Auffüllen von Bereichen und zum Wiederherstellen von Details nutzt das **Protokollpinsel**-Werkzeug Y, das ich gerne auch »Rückgängig-Pinsel« nenne. Wählen Sie es also in der Werkzeugleiste aus. Wenn Sie mit diesem Pinsel malen, macht er im Prinzip alle vorherigen Aktionen rückgängig und bringt das Originalbild wieder zum Vorschein. Wissen Sie, wie praktisch das für Fotomontagen ist?! Betrachten Sie einfach Ihr Bild – und wenn Ihnen irgendwelche Bereiche auffallen, die nicht perfekt maskiert wurden und etwas aus dem Rahmen fallen, malen Sie sie einfach wieder ein. Passen Sie aber auf, keinen grauen Hintergrund mit einzumalen – nehmen Sie deshalb eine kleine Pinselspitze. Sie können vielleicht nicht jedes einzelne Haar behalten, aber es ist doch gut zu wissen, im Zweifelsfall mit diesem Pinsel alles wieder einmalen zu können. Eine wichtige Sache sollten Sie dabei im Hinterkopf behalten: Wenn Sie die Dokumentgröße verändern, das Bild freistellen usw., dann gelangen Sie nicht mehr zurück zum Originalzustand. Verwenden Sie diesen Pinsel in solchen Fällen also vorab.

©ADOBE STOCK/ZHU DIFENG

Schritt fünfzehn:

Öffnen Sie als Nächstes das Hintergrundbild für Ihre Fotomontage. Wählen Sie es mit ⌘/Strg + A aus und kopieren Sie es dann mit ⌘/Strg + C in die Zwischenablage. Wechseln Sie zurück zum Bild unseres Models und drücken Sie ⌘/Strg + V, um es in dieses Dokument einzufügen. Der Hintergrund erscheint auf einer eigenen Ebene über der Ebene mit dem Model, also klicken Sie die Ebene im Ebenenstapel einfach an und ziehen Sie sie unter die Ebene mit dem Model (so wie in der Abbildung). Drücken Sie bei Bedarf ⌘/Strg + T, um zum **Frei-trans-formieren**-Werkzeug zu wechseln und den Hintergrund zu skalieren. Drücken Sie ⌘/Strg + 0 (Null), um die Anfasser einzublenden, und bestätigen Sie Ihre Transformation abschließend mit ↵.

Schritt sechzehn:

Abhängig vom Hintergrund und Ihrer Auswahl sehen Sie vielleicht einen weißen Rand um Ihr Model herum. Hier ist das am Handgelenk auf der rechten Seite und an den Griffen der Handtasche erkennbar. Um den Rand zu entfernen, aktivieren Sie im **Ebenen**-Bedienfeld wieder mit einem Mausklick die Model-Ebene, dann wählen Sie im Menü **Ebene** ganz unten unter **Basis** den Punkt **Rand entfernen**. Geben Sie im hier gezeigten Dialogfenster **Rand entfernen** den Wert 1 ein (für Bilder mit hoher Megapixel-Auflösung gehen Sie auf 2 Pixel). Klicken Sie auf **OK** und schon ist der Rand verschwunden! Photoshop ersetzt die äußeren Pixel im Prinzip durch neue Pixel, die es aus dem Hintergrund und der Kante des darüberliegenden Motivs berechnet. So verschwindet der sichtbare Rand.

Schritt siebzehn:

Die Farben des Models wirken vor dem Hintergrund ein wenig zu warm und sollten noch etwas entsättigt werden. Halten Sie zuerst die ⌘/Strg-Taste gedrückt und klicken Sie auf die Ebenenminiatur der Model-Ebene, um eine Auswahl herumzulegen. Klicken Sie dann auf das Symbol **Neue Einstellungsebene erstellen** am unteren Rand des Ebenen-Bedienfelds und wählen Sie **Farbton/Sättigung** aus dem Popup-Menü. So fügen Sie eine **Farbton/Sättigung**-Einstellungsebene hinzu, bei der Ihre Auswahl (unser Model) bereits auf der Ebenenmaske maskiert ist. Damit betreffen die folgenden Einstellungen nur die Auswahl. Im **Eigenschaften**-Bedienfeld wählen Sie aus dem (derzeit auf Standard eingestellten) unteren Popup-Menü **Gelbtöne** und ziehen dann den **Sättigung**-Regler etwas nach links, bis sich das Model besser in den Hintergrund einfügt. Ich bin hier auf 48 gegangen. Das war's.

Photoshop-Killer-Tipps

Alle Bedienfelder verbergen

Wenn Sie sich auf Ihr Bild konzentrieren und die Werkzeug- und die Optionsleiste sowie alle Bedienfelder vorübergehend ausblenden möchten, drücken Sie einfach die →-Taste. Wenn Sie sie erneut drücken, wird alles wieder eingeblendet.

Schlagschatten sofort wunschgemäß platzieren

Wenn Sie hinter Ihrem Foto per Ebenenstil einen Schlagschatten einfügen (wählen Sie dazu **Schlagschatten** aus dem Popup-Menü des Symbols **Ebenenstil hinzufügen**), dann brauchen Sie sich nicht mit den Feldern **Winkel** oder **Abstand** aufzuhalten. Bewegen Sie den Mauszeiger stattdessen aus dem **Ebenenstil**-Dialogfenster heraus und klicken und ziehen Sie den Schatten direkt über Ihrem Bild in die gewünschte Position.

Ebenen löschen

Zum Löschen einer Ebene klicken Sie sie im **Ebenen**-Bedienfeld an und (a) ziehen Sie sie auf das Papierkorb-Symbol am unteren Rand des Bedienfelds, (b) klicken Sie auf das Papierkorb-Symbol (dann müssen Sie die Löschung nochmals gesondert bestätigen) oder (c) drücken Sie die Entf-Taste auf der Tastatur.

Rauschen aus Smartphone-Fotos entfernen

Photoshop ist ein Profi-Tool und daher würden die meisten von uns wohl gar nicht auf die Idee kommen, die in Camera Raw eingebaute Funktion zur Rauschreduzierung auf Smartphone-Bilder anzuwenden. Aber warum eigentlich nicht? Handyfotos sind berüchtigt für ihr Farbrauschen und das kann Camera Raw sehr gut bereinigen. Probieren Sie es mal. Ich wette, dass Sie es dann öfter benutzen, als Sie es sich hätten träumen lassen. Um ein Handyfoto in Camera Raw zu öffnen, lokalisieren Sie es einfach mit Bridge auf Ihrem Computer, klicken es mit der rechten Maustaste an und wählen **In Camera Raw öffnen**.

Den HUD-Popup-Farbwähler verwenden

»Es muss doch eine einfachere Möglichkeit für die Farbwahl geben, als jedes Mal auf das Farbfeld der Vordergrundfarbe zu klicken.« Haben Sie auch schon einmal so gedacht? Dann wird Ihnen das hier gefallen: ein Popup-Farbwähler. Adobe nennt ihn **HUD** (Heads-Up Display), weil Sie immer das Bild im Blick behalten können, statt seitlich nach unten auf die Vordergrund/Hintergrund-Farbfelder zu schauen. Wählen Sie zuerst ein **Pinsel**-Werkzeug, dann drücken Sie ⌘ + Alt + Ctrl (PC: Alt + ⇧) und halten

die Maustaste (PC: rechte Maustaste) über Ihrem Bild gedrückt. Nun erscheint ein vereinfachter Farbwähler, mit dem Sie Ihre Farbe wählen können. Ich wähle zuerst aus dem rechten Balken den Farbton aus und dann aus dem linken Kasten die Helligkeit und Sättigung der Farbe.

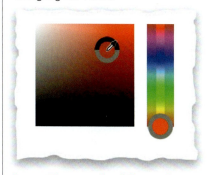

Leere Ebenen schnell loswerden

Photoshop verfügt über ein eingebautes Skript, das Ihr **Ebenen**-Bedienfeld nach leeren Ebenen durchsucht und diese automatisch löscht. (Bei einem großen Projekt mit mehreren Ebenen erhalten Sie mehr leere Ebenen, als Sie denken.) Damit Photoshop für Sie aufräumen kann, wählen Sie im Menü **Datei** unter **Skripten** den Eintrag **Alle leeren Ebenen löschen**.

Location: Parlamentsgebäude, Budapest, Ungarn | Belichtung: 1/8 s. | Brennweite: 154 mm | Blendenwert: ƒ/5,6

HDR-Bilder erstellen

Stellen Sie sich vor, es gibt wirklich eine Band namens HDR. Ja, allerdings. Das ist keine Erfindung von mir (sehen Sie selbst im iTunes Store nach – es dauert keine 15 Sekunden). Ich vermute mal, dass es keine Fotografen sind, und bei ihnen steht HDR wahrscheinlich auch nicht für »high dynamic range«, so wie in Photoshop. Natürlich könnte ich ein paar einfache Recherchen durchführen (zum Beispiel die Website der Band besuchen) und herausfinden, wofür die Abkürzung steht, aber ich dachte, es wäre lustig für uns (und mit »uns« meine ich natürlich »mich«), ein bisschen herumzurätseln. (Ich schwöre, dass ich mir die Website nicht angesehen habe und nicht weiß, wofür HDR bei ihnen steht. Aber ich sage Ihnen gleich, dass ich sauer wäre, wenn ich herausfinden würde, dass HDR keine Abkürzung ist, sondern einfach nur eine Kurzform von »harder« so wie in »Hard Rock«.) Hier sind ein paar meiner Tipps: »Hochdosierter Rachenputzer« (kommen Sie schon, das ist nicht schlecht). Wie wäre es mit »Hausgemachte Dosenravioli«? Oder »Halluzinogene Drogenreaktion«? Oder vielleicht »Hässlicher Dauerregen« oder gar »Hilfreicher Discounter-Rabatt«?

(Okay, ich bezweifle ernsthaft, dass sie ihre Rockband »Hilfreicher Discounter-Rabatt« genannt haben. Wollte ich nur gesagt haben.) Hey, das würde doch alles passen (hören Sie auf zu kichern). Aber jetzt gehe ich auf die Website und sehe nach, was es wirklich heißt. Warten Sie einen Augenblick. Okay, da bin ich wieder. Ich habe rund 20 Minuten auf der Facebook-Seite, der Myspace-Seite, bei Twitter usw. verbracht, ehe ich eine richtige Website gefunden habe, und dort konnte ich den Namen entdecken. Nach all den coolen Namen, die ich mir ausgedacht habe, seien Sie nun auf eine echte Enttäuschung gefasst: Der echte Name ist Housse De Racket. Kein Witz. Ich bin mir zwar nicht zu 100% sicher, ob das dieselbe saufende, rockende und feiernde Band HDR aus L.A. ist, die ich zuerst gefunden hatte, denn die hatte drei Mitglieder. Diese HDR-Band ist ein Techno-Duo, das seine Videos auf einem Hausdach in Paris dreht. Egal, es ist trotzdem eine Band. Und sie heißt HDR. Und ich nehme sie in diese Kapiteleinleitung auf (scheinbar ist mein wahres Talent aber die Benennung von Bands mit zwei bis drei Mitgliedern).

16-Bit-HDR-Bilder in Camera Raw erstellen

In Camera Raw können Sie eine Belichtungsreihe aus Ihrer Kamera zu einem einzigen 16-Bit-HDR-Bild zusammenfügen. Früher brauchten Sie dazu Photoshop. Ich sage es Ihnen aber lieber gleich: Sie erhalten damit nicht den traditionellen Tonemapping-HDR-Look, den Sie vielleicht von Photoshop HDR Pro her kennen. Vielmehr wirkt das 16-Bit-HDR-Bild wie die normale Belichtung. Bei der Bearbeitung merken Sie aber, dass das 16-Bit-Bild einen verstärkten Lichterbereich hat und weniger Rauschen aufweist, wenn Sie die Tiefen stark öffnen müssen. Sie können also mit einem größeren Tonwertbereich arbeiten. Und das fertige HDR-Foto ist ein RAW-Bild.

Schritt eins:

Wählen Sie Ihre Belichtungsreihe in Bridge aus. Dann drücken Sie ⌘/Strg + R, um sie in Camera Raw zu öffnen. Hier habe ich drei Aufnahmen ausgewählt: die normale Belichtung, eine zwei Belichtungsstufen unterbelichtete und eine zwei Belichtungsstufen überbelichtete Aufnahme. Jetzt klicken Sie auf das kleine Symbol rechts vom Filmstreifen und wählen **Alles auswählen** (alternativ drücken Sie ⌘/Strg + A), um alle drei Bilder auszuwählen. Dann öffnen Sie das Menü erneut und wählen **Zu HDR zusammenfügen** (siehe Abbildung) oder drücken Sie einfach ⌘/Strg + M.

Schritt zwei:

Nach etwa 20 bis 30 Sekunden erscheint das Dialogfenster **Zusammenfügen von HDR Vorschau** (siehe Abbildung) mit einer Vorschau des kombinierten HDR-Bilds. Wie eingangs erwähnt, sieht es wahrscheinlich mehr oder weniger wie die normale Belichtung aus. Aber je nach Bild enthält es möglicherweise mehr Details oder die Schattenbereiche wirken heller. (Beim 16-Bit-HDR von Camera Raw erkennen Sie die Vorteile wirklich erst, wenn Sie das Bild später in Camera Raw tonen.)

Schritt drei:

Bevor Sie auf **Zusammenfügen** klicken, empfehle ich, das Kontrollfeld **Automatische Farbtonkorrektur** probehalber ein- und auszuschalten (es ist die bereits in Kapitel 1 beschriebene Auto-Option, die Sie auch im **Grundeinstellungen**-Register von Camera Raw finden). In fast allen von mir getesteten HDR-Bildern (und das sind viele) sah das Bild mit der **Automatischen Farbtonkorrektur** zumindest etwas oder sogar viel besser aus. Prüfen Sie deshalb, was Ihnen besser gefällt. Sie sehen hier das Bild mit automatischer Farbtonkorrektur und in Schritt 2 ohne diese Korrektur. Wenn Sie mich fragen, sieht es mit automatischer Farbtonkorrektur deutlich besser aus (ich lasse sie normalerweise eingeschaltet, wenn ich meine eigenen HDR-Bilder entwickle). Das Kontrollfeld **Bilder ausrichten** ist automatisch aktiviert, aber am sinnvollsten ist es bei aus der Hand fotografierten Belichtungsreihen. Wenn die Bilder nicht ganz (oder überhaupt nicht) ausgerichtet sind, wird dies automatisch korrigiert. Haben Sie Ihre Belichtungsreihe mit einem Stativ fotografiert, ist keine Ausrichtung nötig – Sie können das Kontrollfeld dann deaktivieren und die Entwicklung geht schneller.

Schritt vier:

Die Funktion **Geistereffekt beseitigen** ist hilfreich, wenn sich bewegte Elemente im Bild befinden (wenn etwa jemand ins Bild gelaufen ist und nun als halbtransparenter Geist erscheint; das sieht nicht cool aus, sondern fehlerhaft). Standardmäßig ist die Funktion ausgeschaltet. Schalten Sie sie nur ein, wenn es einen sichtbaren Geistereffekt gibt. Wählen Sie **Niedrig** aus dem Popup-Menü (für eine leichte Korrektur), **Mittel** (für eine mittlere Korrektur) oder **Hoch** (wenn der Geistereffekt stark ist). Das funktioniert sehr gut: Aus einer der Belichtungen wird ein unbewegter Bereich statt der geisterhaften Bewegung nahtlos eingefügt. Ich beginne stets mit **Niedrig** und gehe nur auf **Mittel** oder **Hoch**, wenn der Geistereffekt immer noch sichtbar ist. Dabei muss die Vorschau neu aufgebaut werden. Das dauert ein paar Sekunden und Sie sehen ein Ausrufezeichen in der rechten oberen Bildecke.

Schritt fünf:

Möchten Sie die Bereiche anzeigen, in denen Geistereffekte beseitigt werden, aktivieren Sie das Kontrollfeld **Überlagerung anzeigen** unter dem Popup-Menü **Geistereffekt beseitigen**. Nach ein paar Sekunden (eine neue Vorschau muss erstellt werden), werden die Bereiche, aus denen der Geistereffekt entfernt wird, rot angezeigt (dieses Bild wurde mit einem Stativ aufgenommen und enthält keine bewegten Elemente; deshalb schalte ich das Kontrollfeld **Überlagerung anzeigen** wieder ab und wähle aus dem Popup-Menü die Option **Aus**).

TIPP: Weniger Belichtungen sind mehr

Für die Funktion **HDR zusammenfügen** von Camera Raw brauchen Sie nicht viele Belichtungen. Tatsächlich reichen laut Adobe drei Aufnahmen (eine normale, eine um zwei Stufen unterbelichtete und eine um zwei Stufen überbelichtete). Sie können sogar die normale Belichtung weglassen und aus nur zwei Aufnahmen ein detailreiches HDR-Bild erzeugen.

Schritt sechs:

Bisher sehen Sie in der Vorschau, wie Ihr zusammengefügtes HDR-Bild aussehen wird. Es ist aber nur eine Vorschau. Sobald Sie alles nach Ihren Wünschen eingestellt haben, klicken Sie auf die Schaltfläche **Zusammenfügen**. Geben Sie einen Speicherort an – dann beginnt die eigentliche Entwicklung des HDR-Bilds. Das braucht abhängig von der Anzahl der Belichtungen, der Bildgröße, der Geschwindigkeit Ihres Computers usw. eine oder zwei Minuten. Wenn das Bild fertig ist, wird die neue 16-Bit-HDR-Datei als RAW-DNG-Datei im Filmstreifen von Camera Raw angezeigt (siehe Abbildung). Sie lesen richtig – Ihr kombiniertes HDR-Bild ist eine RAW-Datei, was schon ziemlich fantastisch ist.

Schritt sieben:

Jetzt können Sie den **Belichtung**-Regler normalerweise auf +5,00 oder −5,00 ziehen. Wegen des stark erweiterten Tonwertbereichs bei 16-Bit-Bildern ist dieser Bereich nun +10,00 (wie Sie im kleinen Bild links sehen) oder −10,00. Hoffentlich fotografieren Sie niemals ein Bild, dessen Belichtung um 10 Stufen daneben liegt, deshalb sage ich Ihnen einfach, dass das 16-Bit-HDR-Bild einen stark erweiterten Tonwertbereich hat. Dadurch erhalten wir eine Menge Spielraum bei den Lichtern und weniger Rauschen, wenn wir die Tiefen stark öffnen. Okay, nun können wir beginnen, das Bild zu tonen. Bei diesem speziellen Bild gibt es nicht viel zu tun (besonders weil wir bereits eine **Automatische Farbtonkorrektur** zugewiesen haben). Ich musste die Belichtung lediglich auf +1,40 senken, weil das Bild etwas zu hell war, und die Klarheit auf +58 anheben (Holz profitiert immer von Klarheit – es tritt dann richtig hervor). Dann öffnete ich das **Details**-Bedienfeld und erhöhte im Bereich **Schärfen** den **Betrag** auf 50 (wie im kleinen Bild unten rechts gezeigt). Das war es schon – Ihr erstes 16-Bit-HDR-Bild in Camera Raw.

Vorher (normale Belichtung)

Nachher

Den Tonemapping-HDR-Look erzeugen

In diesem Projekt erzeugen wir den typischen hyperrealistischen Tonemapping-Look. Nun, dieser spezielle Look gefällt nicht jedem. Wenn Sie eine Hybridlösung bevorzugen, sozusagen halb HDR, halb realistisch, blättern Sie zu Seite 205, denn hier greifen wir richtig in die Vollen. Der nachfolgend gezeigte Look geht jedoch wirklich schnell und einfach – ein paar Klicks und fertig (super für Leute wie mich mit einer kurzen Aufmerksamkeitsspanne, die alles sofort und ohne viel Mühe haben wollen). Ich sage es Ihnen aber gleich: Sie erlernen hier den echten »Ich-bin-in-einer-Harry-Potter-Fantasy-Welt«-HDR-Stil. Nur damit es Ihnen klar ist.

Schritt eins:

Hier habe ich in Bridge eine Belichtungsreihe aus drei Bildern ausgewählt (eine normale, eine um zwei Stufen unterbelichtete und eine um zwei Stufen überbelichtete Aufnahme). Dann bin ich ins Menü **Werkzeuge** gegangen, habe **Photoshop** und **Zu HDR Pro zusammenfügen** gewählt. Nach ein paar Augenblicken wird das Dialogfenster **Zu HDR Pro zusammenfügen** angezeigt (siehe Abbildung; »ein paar Momente« ist großzügig ausgedrückt: Ich habe die Zeit gestoppt und auf meinem Laptop dauerte es 19 Sekunden). Wie auch immer, die drei Bilder werden zu einem einzelnen HDR-Bild zusammengefügt, das ziemlich schlecht aussieht. Es verwendet nämlich die Standard-16-Bit-Einstellung, die zur Verdeutlichung »Schlecht« heißen sollte.

Schritt zwei:

Als HDR Pro herauskam, machte ich mich gerne über die damit ausgelieferten Vorgaben lustig. Ich konnte kein einziges Bild finden, bei dem sie nicht grauenhaft aussahen. Deshalb erzeugte ich meine eigenen Vorgaben, die mit den meisten Testbildern ziemlich konstant funktionierten. Ich brauchte eine Weile, aber gefiel eine Vorgabe Adobe so gut, dass man sie in Photoshop aufnahm. Sie heißt »Scott5«. Wählen Sie sie aus dem Popup-Menü **Vorgabe**, schalten Sie das Kontrollfeld **Kantenglättung** ein, wodurch der Effekt weniger hart wirkt (als ich die Vorgabe erzeugte, gab es die Kantenglättung nicht, deshalb schalte ich sie immer ein). Möchten Sie den Effekt noch steigern, ziehen Sie den Regler **Stärke** ein wenig nach rechts (in der nebenstehenden Abbildung habe ich die Scott5-Standardeinstellung von 0,47 auf 0,57 erhöht).

Schritt drei:

Bei dieser Vorgabe gibt es nur zwei Regler, die ich (falls überhaupt) anpassen muss, und beide wirken im Vergleich zu ihren Camera-Raw-Gegenstücken mit denselben Namen recht dezent. Es handelt sich um (1) den **Tiefen**-Regler (wenn Sie ihn nach rechts ziehen, werden die dunkelsten Bereiche Ihres Bilds aufgehellt, aber nur ein bisschen; er ist ziemlich wirkungslos) und (2) den **Lichter**-Regler. Bei Innenaufnahmen stelle ich mir immer vor, dass dieser Regler das Fensterlicht oder andere im Raum sichtbare Lichter steuert. Wenn Sie beispielsweise ein HDR-Bild (wie dieses) in einer Kirche oder einem Haus fotografieren, bestimmt der **Lichter**-Regler, wie hell die Fenster und Lichter wirken – je weiter Sie ihn nach rechs ziehen, desto heller werden sie (siehe Abbildung, hier ging ich auf -63). Ehrlich gesagt, verändere ich sonst nichts. Klicken Sie also einfach auf **OK**, um das HDR-Bild zu entwickeln und es in Photoshop zu öffnen (wir sind aber noch nicht fertig).

TIPP: Vorgaben können je nach Bild sehr unterschiedlich wirken

Wie die einzelnen Vorgaben wirken, hängt ganz davon ab, auf welches Bild Sie sie anwenden. Was bei dem einen Foto fantastisch aussieht, könnte beim nächsten grauenhaft wirken. Hey, es ist, wie es ist.

Schritt vier:

Für die abschließenden Anpassungen öffnen Sie das Menü **Filter** und wählen **Camera-Raw-Filter**. Sie erhalten das Dialogfenster **Camera Raw**. Dieses spezielle Bild war ein wenig hell, deshalb dunkeln Sie es etwas ab. Ich zog den **Belichtung**-Regler nach links auf –0,15. Außerdem erhöhte ich den **Kontrast** auf +44 (das mache ich nicht nur mit HDR-Bildern, sondern mit den meisten Fotos). Um schließlich die Tiefen zu öffnen, zog ich den **Tiefen**-Regler nach rechts auf +53 (siehe Abbildung). Klicken Sie auf **OK**, um das Bild wieder in Photoshop zu öffnen.

Schritt fünf:

Das (normale) Vorher-Bild sehen Sie auf dieser Seite oben, das Tonemapping-HDR-Bild in der Mitte. Auch wenn das Projekt hier fertig ist, würde ich in der Realität für diesen Tonemapping-Look noch einen Schritt weitergehen und einige Feinarbeiten vornehmen. Ich zeige Ihnen diese ab Seite 215 in diesem Kapitel. Es sind nur drei schnelle und einfache kleine Dinge, aber sie machen einen Unterschied.

Das ursprüngliche, normal belichtete Bild

Das HDR-Bild nach dem Zuweisen des Tone-Mapping-Effekts und der Anpassung in Camera Raw

So sieht das Bild nach den Arbeitsschritten auf Seite 215 aus.

Ein überblendetes HDR-Bild erstellen: das Beste aus beiden Welten

HDR ist großartig – es ist fantastisch, wie die Detailzeichnung herausgearbeitet wird und die Strukturen von Holz, Fliesen, Metall usw. verstärkt werden. Vieles sieht aber in HDR unmöglich aus: Bäume scheinen aus Plastik zu bestehen, weiße Wolken bekommen Schlagschatten und werden schwarz usw. Was halten Sie von einer Hybridlösung, bei der Sie die besten Eigenschaften von HDR und die besten Eigenschaften eines normalen Einzelbilds nutzen? Nachfolgend sehen Sie, wie das HDR- und das Originalbild überblenden. Das Beste daran ist, dass Sie die volle Kontrolle über diese Überblendung haben.

Schritt eins:

Wählen Sie Ihre Bilder in Bridge aus. Öffnen Sie das Menü **Werkzeuge**, wählen Sie **Photoshop** und dann **Zu HDR Pro zusammenfügen**. Am oberen Rand des Dialogfensters **Zu HDR Pro zusammenfügen** wählen Sie aus dem Popup-Menü **Vorgabe** die Option **Scott5**. Schalten Sie das Kontrollfeld **Kantenglättung** ein (siehe Abbildung) ein, damit die Kanten nicht ganz so hart wirken.

Schritt zwei:

Wir möchten hier einen Super-HDR-Effekt erstellen (keine Sorge, wir beheben das später). Ziehen Sie den **Stärke**-Regler deshalb auf +0,61, öffnen Sie im Register **Erweitert** die Tiefen so weit wie möglich, indem Sie den **Tiefen**-Regler im unteren Bereich ganz nach rechts auf +100 ziehen. Anschließend erhöhen Sie die **Lichter**-Einstellung ein wenig, damit sie in den Fenstern schön weiß werden, ohne aber ausgefressen zu wirken. Wir möchten hier durchaus diesen Harry-Potter-Fantasy-Look, aber rühren Sie die Regler **Dynamik** und **Sättigung** nicht an, sonst taucht vielleicht Harry selbst in einer Bildschirmmeldung auf und warnt Sie, dass Sie zu weit gegangen sind. Nun klicken Sie auf **OK**, um dieses zu Tode ge-HDRte Foto in Photoshop zu öffnen.

Schritt drei:

Wechseln Sie wieder zu Bridge und doppelklicken Sie auf die normale Belichtung Ihrer
Belichtungsreihe, um sie in Camera Raw zu
öffnen. Sie müssen an dem Bild überhaupt
nichts ändern, es sei denn, es wirkt verpfuscht
(zu dunkel oder ausgefressen oder was auch
immer – das können Sie jetzt beheben, wenn
Sie möchten – es liegt bei Ihnen). In diesem
Fall habe ich die Belichtung etwas erhöht
und sonst alles unverändert gelassen. Öffnen
Sie dieses einzelne, normal belichtete Bild in
Photoshop.

Schritt vier:

Nun sind zwei Bilder in Photoshop geöffnet:
das HDR- und das normale Bild (Sie sehen
beide in der Abbildung). Drücken Sie ⌘/
Strg + A, um das gesamte Bild auszuwählen, dann drücken Sie ⌘/Strg + C, um
es in die Zwischenablage zu kopieren. Jetzt
wechseln Sie zum HDR-Bild und drücken ⌘/
Strg + V, um das normale Bild genau über
dem HDR-Bild einzufügen.

Schritt fünf:

Wenn Sie Ihre Belichtungsreihe mit einem Stativ fotografiert haben, kann es sehr gut sein, dass sowohl das normale als auch das darunter liegende HDR-Bild bereits optimal ausgerichtet sind. Schalten Sie einfach die obere Ebene ein paar Mal ein und aus, indem Sie auf das Augensymbol links von der Ebenenminiatur im **Ebenen**-Bedienfeld klicken. Dann sehen Sie, ob die Ebenenausrichtung perfekt funktioniert hat (nur dann können Sie die hier gezeigte Technik nutzen). Haben Sie aus der Hand fotografiert, ist es wahrscheinlicher, dass die Ausrichtung verbesserungsbedürftig ist. In diesem Fall klicken Sie im **Ebenen**-Bedienfeld mit gedrückter ⌘/Strg-Taste auf die nicht ausgewählte Ebene, um beide Ebenen auszuwählen. Dann wählen Sie aus dem Menü **Bearbeiten** den Befehl **Ebenen automatisch ausrichten**. Im nun angezeigten Dialogfenster (siehe Abbildung) vergewissern Sie sich, dass das Optionsfeld **Auto** aktiviert ist. Dann klicken Sie auf **OK**. Alles andere lassen Sie unverändert – klicken Sie einfach auf **OK** und Photoshop macht sein Ding.

Schritt sechs:

Nachdem Ihre Bilder nun ausgerichtet sind, müssen Sie das Dokument ein klein wenig zuschneiden (verwenden Sie dazu das **Freistellungswerkzeug [C]**), denn die Auto-Ausrichtung hinterlässt bei der Anpassung kleine Lücken entlang der Kanten. Sobald Sie das Bild zugeschnitten haben, klicken Sie im **Ebenen**-Bedienfeld auf die obere Ebene, um sie zu aktivieren.

Schritt sieben:

Kurze Wiederholung: Wir haben das normal belichtete Bild auf der oberen Ebene (**Ebene 1**), das HDR-Bild auf der unteren Ebene (jetzt **Ebene 0**) und beide sind perfekt aneinander ausgerichtet. Nun geht es ans Überblenden. Stellen Sie sicher, dass die obere Ebene im **Ebenen**-Bedienfeld aktiv ist, dann verringern Sie einfach die **Deckkraft**, damit die HDR-Ebene darunter durchscheint. Ich verringerte die Deckkraft auf 70%, sodass das Bild größtenteils normal wirkt und nur 30% des HDR-Bilds sichtbar werden. Wir erhalten also die schönen Details an den Wänden und anderen Stellen, aber ohne die abgefahrenen HDR-Sachen. Wenn Sie finden, dass Sie mehr Details brauchen, versuchen Sie es mit 50 %. Möchten Sie weniger HDR-Look, nehmen Sie 80 % – es liegt ganz bei Ihnen.

Schritt acht:

Normalerweise reduziere ich die Ebenen zum Schluss (drücken Sie dazu ⌘/Strg + **E**), dann öffne ich das Menü **Filter**, wähle **Camera-Raw-Filter** und passe das Bild ein wenig an. Hier habe ich den **Kontrast** etwas erhöht (auf +28), ebenso die **Tiefen** (auf +58). Die **Lichter** habe ich auf –62 reduziert und die **Klarheit** ein bisschen erhöht (auf +24). Dann habe ich im **Effekte**-Bedienfeld eine **Vignettierung nach Freistellen** hinzugefügt, indem ich den **Stärke**-Regler auf –11 zog. Das war es.

TIPP: Rosinenpickerei

Hier haben wir einfach die Deckkraft der oberen Ebene verringert, damit das gesamte HDR-Bild ein wenig durchscheint. Bei einer anderen Strategie belassen Sie die Deckkraft bei 100% und fügen stattdessen eine Ebenenmaske hinzu. Dann malen Sie einfach mit einem weichen Pinsel und schwarzer Farbe über die Bereiche, die einen stärkeren HDR-Look bekommen sollen (beispielsweise die Wände, Vorhänge und Stühle). Verringern Sie in der Optionsleiste die Deckkraft des Pinsels selbst auf 50%, bevor Sie mit dem Malen beginnen. Dadurch wirkt der Effekt dezenter.

Einem einzelnen Bild einen HDR-Look zuweisen

Wenn Sie keine Belichtungsreihen aufgenommen haben, aber trotzdem einen HDR-Look möchten, können Sie das direkt in Camera Raw erledigen. Dazu setzen Sie einfach ein paar Regler auf ihr Maximum. So geht es:

Schritt eins:

Hier sehen Sie die Originalbelichtung mit einem Einzelbild. Es handelt sich genau um die Art Bild, dem man einen HDR-Look zuweist: Es gibt einen breiten Tonwertbereich zwischen dem hellen Fensterlicht und den dunklen Schatten im übrigen Bild. Außerdem sehen gerade Motive mit viel Struktur und Detailzeichnung in HDR großartig aus. Und das trifft auch auf einen HDR-Effekt zu, selbst wenn dieser auf einem einzelnen Bild basiert. Öffnen Sie das Bild zuerst in Camera Raw. Wir gehen nach dem folgenden Grundrezept vor: Öffnen Sie die Tiefen komplett, drehen Sie die Lichter vollständig hinunter und fügen Sie eine Menge Kontrast hinzu. Dann erhöhen Sie die **Klarheit** maximal. Zum Schluss zeichnen Sie das Bild scharf und fügen eventuell eine dunkle Vignette hinzu. Okay, probieren wir es.

Schritt zwei:

Ziehen Sie den **Kontrast**-Regler vollständig nach rechts auf +100. Dann ziehen Sie auch den **Tiefen**-Regler ganz nach rechts. Das Bild wirkt nun verwaschen. Ziehen Sie jetzt den **Klarheit**-Regler auf +100. War der Fensterbereich nicht bereits komplett ausgefressen (oder enthält Ihr Raum sichtbare Lichtquellen), ist das wahrscheinlich jetzt der Fall. Deshalb ziehen wir den **Lichter**-Regler komplett nach links auf –100. Also: **Kontrast**, **Tiefen** und **Klarheit** auf +100, **Lichter** auf –100. So lautet das Rezept (speichern Sie es sich im **Vorgaben**-Bedienfeld, sodass Sie den Effekt jederzeit mit einem Klick zuweisen können). Und natürlich könnten Sie auch noch den Feinschliff ab Seite 215 vornehmen, etwa eine Vignettierung und einen weichen Schein.

Das ursprüngliche, normal belichtete Bild

Nur mit Camera Raw erzeugter HDR-Look

Das ursprüngliche, normal belichtete Bild

Nur mit Camera Raw erzeugter HDR-Look

Das ursprüngliche, normal belichtete Bild

Nur mit Camera Raw erzeugter HDR-Look

Wie Sie mit »Geisterbildern« fertigwerden

Wenn sich irgendetwas leicht in der Szene bewegt hat (etwa Wasser in einem See, Zweige im Wind oder vorbeigehende Menschen usw.), haben Sie ein Problem mit Geisterbildern: Das Objekt ist entweder (bestenfalls) unscharf oder Sie sehen tatsächlich einen transparenten Geist dieses Bildteils (daher der Name), eine halbe Person o. ä. In diesem aus der Hand fotografierten Beispielbild bewegen sich Menschen und das bedeutet normalerweise, dass es zu Geisterbildern kommt. In den meisten Fällen lassen sich diese jedoch entweder mit einem oder zwei Klicks entfernen.

Schritt eins:

Wählen Sie Ihre Bilder in Bridge aus, öffnen Sie das Menü **Werkzeuge**, wählen Sie dort **Photoshop** und **Zu HDR Pro zusammenfügen**, um die Belichtungsreihe zu öffnen. Sie können die Standardeinstellung verwenden (die übrigens fast niemals gut wirkt), aber damit sie nicht allzu schrecklich aussieht, schalten Sie das Kontrollfeld **Kantenglättung** ein und erhöhen den **Detail**-Regler vielleicht auf +68 (siehe nächster Schritt). Leider ließen sich bei dieser Aufnahme die Touristen nicht an der Bewegung hindern (zumindest nicht ohne Klebeband) und wenn Sie sich das Paar rechts ansehen, erkennen Sie Geisterbilder. Sie sehen eine halbtransparente Ausgabe von ihnen (deshalb spricht man von Geisterbildern), besonders von der Frau.

Schritt zwei:

Glücklicherweise lässt sich das sehr einfach korrigieren: Schalten Sie das Kontrollfeld **Geisterbilder entfernen** im oberen rechten Dialogfensterbereich ein (hier rot eingekreist). HDR Pro hält nach Elementen Ausschau, die in allen Ihren Belichtungen vorhanden sind, und versucht, die Geisterbilder damit zu entfernen. Meist funktioniert das erstaunlich gut. Am unteren Bildschirmrand erkennen Sie Miniaturversionen der Fotos, aus denen sich Ihr HDR-Bild zusammensetzt. Eine von ihnen ist grün umrandet. Das ist die Aufnahme, die als Grundlage für die Geisterbildentfernung verwendet wurde. Eine deutliche Verbesserung, stimmt's?

Schritt drei:

Was tun Sie, wenn HDR Pro die falsche Ent-scheidung getroffen hat? (Bei JPEGs kommt das häufiger vor als bei RAW-Bildern.) In diesem Fall können Sie selbst das Bild in Ihrer Belichtungs-reihe wählen, das für die Geisterbildentfernung verwendet werden sollt Dazu klicken Sie die Miniaturbilder am unteren Dialogfensterrand durch. Wenn Sie sich noch einmal Schritt 2 ansehen, erkennen Sie, dass ursprünglich das Miniaturbild ganz links ausgewählt wurde. Klicken Sie einfach durch alle drei Bilder und prüfen Sie, ob sich eines von ihnen besser für die Geisterbildentfernung eignet. Hier klickte ich auf das zweite Bild von links, erhielt aber kein wirklich besseres Ergebnis. Das dritte Bild sah schlechter aus, also ist das erste der Sieger. *(Hinweis:* Wenn Sie mehrere Belichtungen eines Motivs aufgenommen haben, beispielsweise Wellen, die an den Strand branden, können Sie mit dieser Technik tatsächlich entscheiden, welche Welle sichtbar sein soll. Sie eignet sich also nicht nur für die Geisterbildentfernung).

Schritt vier:

Was tun, wenn das Kontrollfeld **Geisterbilder entfernen** nicht funktioniert, Sie also noch Geistereffekte im Bild haben? Verwenden Sie einen Trick, der dem im Abschnitt »Ein über-blendetes HDR-Bild erstellen« weiter vorne äh-nelt: Erstellen Sie zuerst das normale HDR-Bild. Kopieren Sie das Original obenauf und klicken mit gedrückter Alt -Taste auf das Symbol **Ebenenmaske hinzufügen** am unteren Rand des **Ebenen**-Bedienfelds, um dieses Original-bild hinter einer schwarzen Maske zu verber-gen. Aktivieren Sie das **Pinsel**-Werkzeug (B) und wählen Sie einen kleinen Pinsel mit weicher Kante. Setzen Sie Ihre Vordergrundfarbe auf Weiß und malen Sie über die Geisterbilder. Dabei werden die ursprünglichen Bildbereiche von dem einzelnen Foto zurück ins Bild gemalt. Das funktioniert wirklich sehr gut. Wenn die ge-rade eingefügten Menschen zu »normal« wir-ken, dann beginnen Sie von vorne, weisen dem Bild jedoch zuerst den HDR-Effekt von Seite 209 zu, aber bevor Sie das Original obenauf kopieren. Nun wirken sie nach dem Hineinma-len HDR-mäßiger (so bin ich hier vorgegangen). Am Schluss habe ich auch die Deckkraft dieser Ebene ein wenig verringert.

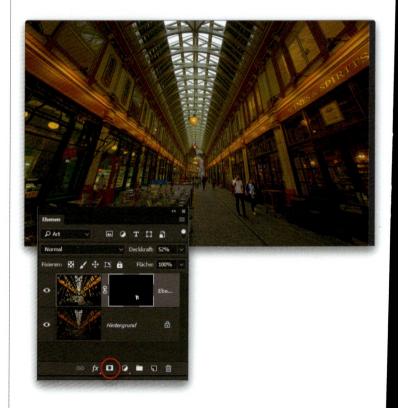

Hochpassschärfung für HDR-Bilder

Zwar beschäftige ich mich im Scharfzeichnungskapitel mit der Hochpassschärfung, aber ich fand es wichtig, sie hier als eigenes Projekt mit aufzunehmen. Schließlich ist die Hochpassschärfung sozusagen zu einem Synonym für die HDR-Bearbeitung geworden. Hochpassschärfung resultiert in einer extremen Scharfzeichnung. Ich zeige Ihnen in diesem Projekt, wie Sie sie zuweisen, wie Sie sie später verändern, sowie eine optionale Methode, die ich selbst gerne nutze.

Schritt eins:

Sobald Sie Ihr HDR-Bild mit **Zu HDR Pro zusammenfügen** erzeugt und in Photoshop geöffnet haben, drücken Sie ⌘/Strg + J, um die Hintergrundebene zu duplizieren. Dann öffnen Sie das Menü **Filter**, wählen **Sonstige Filter** und schließlich **Hochpass** (siehe Abbildung).

Schritt zwei:

Sobald das Dialogfenster des Hochpass-Filters angezeigt wird, ziehen Sie den **Radius**-Regler ganz nach links, bis alles komplett grau wird. Jetzt ziehen Sie den Regler nach rechts, bis gerade die Farbe durch das einfarbige Grau scheint (siehe Abbildung) – je weiter Sie ziehen, desto intensiver wird der Effekt (hier habe ich zum Beispiel auf 7 Pixel gezogen und Sie sehen bereits viele Kantendetails). Wenn Sie fertig sind, klicken Sie auf **OK**.

Schritt drei:

Um das Bild scharfzuzeichnen, ändern Sie den Mischmodus des Ebenenduplikats von **Normal** in einen der folgenden drei Modi: (1) Für eine mittlere Scharfzeichnung wählen Sie **Weiches Licht**, (2) für eine starke Scharfzeichnung **Ineinanderkopieren**, für eine (3) ganz extreme Scharfzeichnung **Hartes Licht** (siehe Abbildung). Ist Ihnen die Scharfzeichnung zu stark, können Sie die Deckkraft des Ebenenduplikats verringern. Stellen Sie sich dies als Regler für die Stärke der Scharfzeichnung vor. Verringern Sie also die Deckkraft am oberen Rand des **Ebenen**-Bedienfelds auf 75 % (für 75 % der Scharfzeichnung) oder auf 50 %, wenn das immer noch zu viel ist (siehe nächster Schritt).

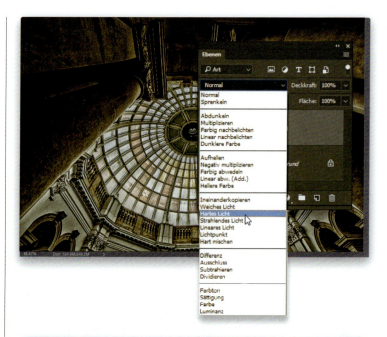

Schritt vier:

Wenn Sie die intensive Scharfzeichnung nur für bestimmte Bildbereiche brauchen (in diesem Fall beispielsweise bei den Säulen, aber nicht der Kuppel), halten Sie einfach die [Alt]-Taste gedrückt und klicken auf das Symbol **Ebenenmaske hinzufügen** am unteren Rand des **Ebenen**-Bedienfelds (hier eingekreist), um Ihre geschärfte Ebene hinter einer schwarzen Maske zu verbergen. Nehmen Sie das **Pinsel**-Werkzeug **(B)** aus der Werkzeugleiste und vergewissern Sie sich, dass als Vordergrundfarbe **Weiß** eingestellt ist. Dann wählen Sie in der Optionsleiste einen mittelgroßen weichen Pinsel und malen über die Bildbereiche, die superscharf werden sollen (hier malte ich nur über die Säulen). Versuchen Sie es dann auch mit den Mischmodi **Ineinanderkopieren** und **Weiches Licht** und prüfen Sie, welcher der drei Ihnen am besten gefällt.

HDR-Feinschliff (Vignettierung, Schärfung und weicher Schein)

Das folgende Projekt zeigt völlig optionale (aber sehr beliebte) Feinschliff-Techniken für HDR-Bilder. Ich habe diese Effekte bereits weiter vorne in diesem Kapitel erwähnt, als ich sie unseren Projekten als Feinschliff zuwies. Ich möchte sie hier aber separat erklären, sodass Sie nicht alle vorigen Projekte durcharbeiten müssen, wenn Sie eine dieser Techniken benötigen.

Schritt eins:

Sobald Sie Ihre Belichtungsreihe mit **HDR Pro zusammenfügen** entwickelt haben, öffnen Sie das Menü **Filter** und wählen **Camera-Raw-Filter**. Hier beginnen Sie Ihren Feinschliff, indem Sie eine dunkle Kantenvignette hinzufügen. Es gibt tatsächlich zwei Möglichkeiten, in Camera Raw Vignetten zuzuweisen. Fast jeder nutzt aber die **Vignettierung nach Freistellen**, weil sie am besten aussieht (sie sollte angewandt werden, nachdem Sie das Bild zugeschnitten haben, aber Sie können sie auch einem nicht zugeschnittenen Bild zuweisen – kein Problem). Klicken Sie auf das Symbol **Effekte** (das dritte von rechts) im oberen Bedienfeldbereich. Im Bereich **Vignettierung nach Freistellen** ziehen Sie den **Stärke**-Regler ein Stück nach links und vergewissern sich dann, dass aus dem Popup-Menü **Art** die **Lichterpriorität** ausgewählt ist (nur diese sieht wirklich gut aus). Dann ziehen Sie den **Stärke**-Regler so weit nach links, bis die Bildecken in der gewünschten Weise abgedunkelt sind (siehe Abbildung, hier habe ich auf –18 gezogen).

Schritt zwei:

Klicken Sie auf **OK**, um das Bild in Photoshop zu öffnen. Als Nächstes schärfen wir, was das Zeug hält. Sie können die bereits gezeigte Hochpass-Scharfzeichnungstechnik verwenden oder einfach den Filter **Unscharf maskieren**, wobei Sie meine bevorzugte Einstellung zum Schärfen, was das Zeug hält, nutzen: **Stärke** 90 %, **Radius** 1,5 und **Schwellenwert** 0. Das ist eine starke Scharfzeichnung, deshalb sollten Sie sie nicht auf Fotos von Babys oder Häschen oder Dingen anwenden, die nicht aussehen sollten, als seien sie aus Eisen (nur ein Witz).

Schritt drei:

Um das bei HDR-Bildern so beliebte finale weiche Glühen hinzuzufügen, versuchen Sie Folgendes: Drücken Sie ⌘/Strg + J, um Ihre Hintergrundebene zu duplizieren, dann öffnen Sie das Menü **Filter** und wählen unter **Weichzeichnungsfilter Gaußscher Weichzeichner**. Geben Sie als **Radius** 50 Pixel ein und klicken Sie auf **OK**.

Schritt vier:

Oben im **Ebenen**-Bedienfeld verringern Sie die Deckkraft dieser weichgezeichneten Ebene auf **70 %**. Sie sieht immer noch sehr unscharf aus, aber Sie erhalten den richtigen Look, wenn Sie den Mischmodus dieser unscharfen Ebene von **Normal** in **Weiches Licht** ändern. Jetzt bekommen Sie um Ihr Bild dieses weiche Glühen, das den harten HDR-Look etwas entschärft. Wie gesagt, ist dieser Feinschliff optional, Sie müssen ihn also nicht zuweisen. Aber wenigstens wissen Sie jetzt, wie es geht, wenn Sie ihn brauchen (und ich wende normalerweise alle drei Techniken auf meine Tonemapping-HDR-Bilder an). Wenn es mir um einen realistischen HDR-Look geht, dann nehme ich die Scharfzeichnung vor, lasse aber meist die Vignette und die Weichzeichnung weg.

Photoshop-Killer-Tipps

Nutzen Sie beim starken Einzoomen das Pixelraster

Sie sehen diese praktische kleine Funktion erst, wenn Sie mindestens auf 600% eingezoomt haben – ein kleines Pixelraster, anhand dessen Sie die einzelnen Pixel leichter voneinander unterscheiden können. Es ist standardmäßig eingeschaltet – probieren Sie es einmal aus, indem Sie ganz stark einzoomen. Wenn Sie es ausschalten möchten, wählen Sie einfach **Ansicht > Anzeigen > Pixelraster**.

Realistisch aussehende Bilder mit 32-Bit-HDR erzeugen

Erzeugen Sie ein realistisch aussehendes HDR-Bild, indem Sie **32 Bit** aus dem Popup-Menü **Modus** oben rechts im Dialogfenster **Zu HDR Pro zusammenfügen** wählen. Aktivieren Sie das Kontrollfeld **Tonung in Adobe Camera Raw abschließen**, klicken Sie auf die Schaltfläche **In ACR tonen**, optimieren Sie Ihr Bild in Camera Raw, bis es gut aussieht, und klicken Sie auf **OK**, um es in Photoshop zu öffnen. Sie können mit diesem 32-Bit-Bild nicht viel anfangen. Deshalb öffnen Sie das Menü **Bild**, wählen **Modus** und dann **8 Bit/Kanal**. Im angezeigten Dialogfenster klicken Sie auf **Zusammenfügen**. Im nun angezeigten Dialogfenster **HDR-Tonung** wählen Sie aus dem Popup-Menü **Methode Belichtung und Gamma**, damit Ihr Bild wieder korrekt aussieht.

Keine Plug-ins von Drittanbietern in Photoshop laden

Bevor Sie Photoshop starten, halten Sie die ⇧-Taste gedrückt. Wenn Sie im folgenden Dialogfenster auf **Ja** klicken, werden alle Drittanbieter-Plug-ins deaktiviert. Das kann praktisch sein, wenn Sie das Gefühl haben, dass eines von ihnen Probleme bereitet. Wenn Sie Photoshop mit deaktivierten Plug-ins neu starten und das Problem verschwunden ist, haben Sie wahrscheinlich den Missetäter gefunden.

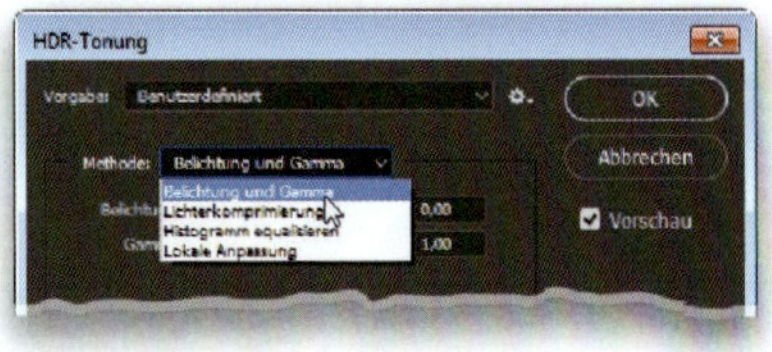

Das Raster in der Objektivkorrektur bearbeiten

Wenn Sie mit dem Filter **Objektivkorrektur** von Photoshop arbeiten, wird Ihnen als Erstes auffallen, dass dieses »nervige Raster« im Gegensatz zu früher standardmäßig ausgeschaltet ist (es war übrigens nur deshalb nervig, weil es standardmäßig eingeschaltet war). Jetzt können Sie außerdem noch seine Größe und Farbe ändern. Wenn Sie das Kontrollfeld **Raster einblenden** am unteren Rand des Objektivkorrektur-Dialogfensters aktivieren, erhalten Sie rechts vom Kontrollfeld ein Größe- und ein Farbfeld. Es gibt zwar auch im **Objektivkorrekturen**-Bedienfeld von Camera Raw ein Raster (drücken Sie V, um es ein- und auszuschalten), aber Sie können seine Größe und Farbe nicht ändern.

Zeit sparen in HDR Pro

Je mehr Einzelbilder Sie für Ihr HDR-Bild verwenden, desto länger braucht HDR Pro, um Ihr fertiges Bild zu erzeugen. Dies ist einer der Fälle, in denen weniger mehr ist. Ich verwende normalerweise drei Bilder. Ein interessantes Schmankerl, das ich von einem Photoshop-Produktmanager gelernt habe, ist jedoch, dass Sie für optimale Ergebnisse mehr dunkle als helle Fotos brauchen. Wenn es Ihnen also nichts ausmacht, etwas länger zu warten, ist es besser, wenn Sie nur ein Bild mit einer wirklich hellen Belichtung nehmen und vier dunklere.

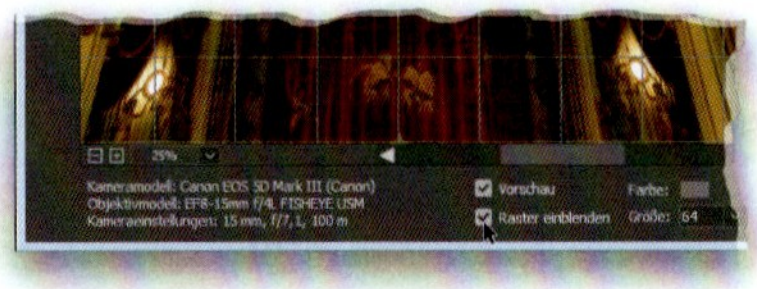

Mehrere Ebenen schnell umbenennen

Möchten Sie einen ganzen Stapel Ebenen umbenennen? Doppelklicken Sie einfach direkt auf den Namen der ersten Ebene, geben Sie einen neuen Namen ein und drücken Sie die ⇥-Taste, um zur nächsten Ebene und ihrem Namensfeld zu gelangen. Nun können Sie auch hier einen neuen Namen eingeben. Die ⇥-Taste bringt Sie jeweils zur nächsten Ebene. Um zur vorigen zu springen, drücken Sie ⇧ + ⇥.

Location: Opernhaus, Sydney, Australien | Belichtung: 30 s. | Brennweite: 90 mm | Blendenwert: *f*/8

Häufige Bildprobleme korrigieren

Warum haben wir eigentlich so viele Probleme mit unseren Fotos? Nun, das ist nicht unsere Schuld. Es liegt an unserer Kamera. Denn die nimmt nicht wirklich das auf, was wir vor uns sehen. So fortgeschritten die Aufnahmetechniken der modernen Digitalkameras inzwischen auch sein mögen – auch die beste und krasseste Super-Megapixel-Kamera liegt immer noch sehr, sehr weit hinter dem Erfassungsvermögen des menschlichen Auges zurück. Das menschliche Auge ist definitiv sehr faszinierend, aber vielleicht interessiert es Sie ja, dass eine Tiergattung Farb- und Tonwertunterschiede im Vergleich zu uns noch sehr viel besser wahrnehmen kann. Und wie Sie es vielleicht erwartet hätten, haben die Kamerahersteller selbst Millionen von Dollar ausgegeben, um den Augenaufbau des Dominikanischen Schlitzrüsslers zu erforschen, der nur auf der Insel Hispaniola anzutreffen ist. Das Auge des Dominikanischen Schlitzrüsslers soll wohl bald den Durchbruch bei der Fertigung extrem hochauflösender Bildsensoren liefern. Wir würden dann nie wieder Belichtungsreihen aufnehmen oder HDR-Bilder anfertigen

müssen, weil der Tonwertbereich sowohl in Innenräumen wie auch im Freien jederzeit perfekt erfasst würde. So wie vom menschlichen Auge, aber eben noch viel besser. Sony hat viel Zeit damit verbracht, das Trabekelmaschenwerk dieses Säugers zu untersuchen, aber als die Sony-Wissenschaftler gerade einen Sensor fertigstellen wollten, der nicht nur alles Bisherige, sondern sogar auch das menschliche Auge übertrifft, machte eine deutsche Forschergruppe bei Leica in Wetzlar eine aufsehenerregende Entdeckung. Sie präsentierten einen funktionierenden Sensor-Prototyp, der auf der vorderen Augenkammer des in den chinesischen Bergwäldern heimischen Schopfmuntjak basierte. Und genau in dem Augenblick erschien ein Heinzelmännchen. Den Rest können Sie sich selbst ausdenken. Ich habe sowieso alles nur erfunden. Beginnen Sie also mit »Und genau in dem Augenblick erschien ein Heinzelmännchen« und setzen Sie ein paar hochtrabende anatomische Begriffe aus einem Augenatlas ein, den Sie bei Google gefunden haben.

Spiegelungen in Brillengläsern beheben

Zu diesem Problem bekomme ich mehr Zuschriften als zu allen anderen zusammen. Das liegt daran, dass die Korrektur doch recht schwierig ist. Mit etwas Glück klonen Sie eine Stunde oder mehr wie ein Verrückter. Oft müssen Sie auch einfach damit leben. Aber wenn Sie schlau sind, investieren Sie bei den Aufnahmen eine halbe Minute mehr für ein zusätzliches Bild ohne Brille (idealerweise für jede neue Pose). Dann wird die Korrektur in Photoshop zum Kinderspiel. Wenn Ihnen das zu aufwendig erscheint, haben Sie bisher noch nie eine Stunde (oder länger) verzweifelt versucht, eine Spiegelung wegzuklonen.

Schritt eins:

Ehe wir anfangen, lesen Sie unbedingt die kurze Einleitung oben. Sonst werden Sie sich über Schritt zwei wundern. Okay, hier trägt unser Model die Brille und Sie sehen die Spiegelung in den Brillengläsern. Links ist sie ziemlich heftig, rechts ist es nicht ganz so schlimm. Wir müssen aber auf jeden Fall etwas machen. Idealerweise sagen Sie dem Model, dass es nach der ersten Aufnahme die Pose halten soll, damit Sie (oder ein Freund oder Assistent) ihm die Brille abnehmen können (auf diese Weise verändert sich die Pose nicht, was unweigerlich geschieht, wenn die Brille selbst abgenommen wird). Dann machen Sie eine zweite Aufnahme. Das ist der Idealfall.

Schritt zwei:

Ich habe sofort erkannt, dass wir hier eine Spiegelung im Brillenglas bekommen würden. Deshalb sagte ich ihm, er solle sich nach der ersten Aufnahme nicht bewegen. Dann schickte ich jemanden, um ihm die Brille abzunehmen, und nahm ein weiteres Bild auf.

Schritt drei:

Öffnen Sie beide Bilder in Photoshop und aktivieren Sie das **Verschieben**-Werkzeug (V). Halten Sie dann die ⬦-Taste gedrückt und klicken und ziehen Sie das Foto »ohne Brille« über das Foto »mit Brille« (wie ich es hier getan habe). Wenn Sie vorausgeplant haben und das Bild mit und ohne Brille aufgenommen haben (beide Aufnahmen direkt nacheinander), dann können Sie eine Abkürzung wählen und beide Fotos mit der Funktion **Ebenen automatisch ausrichten** perfekt übereinanderlegen. Klicken Sie im **Ebenen**-Bedienfeld mit gedrückter ⌘/Strg-Taste auf beide Ebenen, um sie zu markieren (siehe Abbildung), dann gehen Sie ins Menü **Bearbeiten** und wählen **Ebenen automatisch ausrichten**. Lassen Sie die Auto-Option ausgewählt und klicken Sie auf **OK**. In wenigen Sekunden sind beide Ebenen punktgenau ausgerichtet. Wenn Sie im Studio alles »richtig« gemacht haben, können Sie jetzt zum zweiten Teil von Schritt sechs springen. Haben Sie die Aufnahmen jedoch ohne Stativ und mit einigen Minuten Abstand gemacht, dann können wir die Funktion **Ebenen automatisch ausrichten** nicht verwenden (das Model hat seine Position wahrscheinlich zu sehr verändert). Wir müssten die Bilder dann von Hand ausrichten. Noch ein Grund, warum sich Sorgfalt im Studio wirklich auszahlt. Sehen wir uns also an, was in so einem Fall zu tun ist.

Schritt vier:

Sie müssen durch die obere Ebene »hindurchsehen« können, damit Sie die Augen auf der unteren Ebene erkennen und sie richtig ausrichten können. Gehen Sie also zunächst ins **Ebenen**-Bedienfeld und senken Sie die Deckkraft der oberen Ebene auf etwa 50 % oder 60 % ab, so wie abgebildet. Platzieren Sie jetzt mit dem **Verschieben**-Werkzeug die Augen der oberen Ebene so nahe Sie können über den Augen der unteren Ebene.

Schritt fünf:

Wenn sich die Position des Models verändert hat (vielleicht hat er den Kopf geneigt oder die Schultern etwas bewegt), dann müssen Sie das obere Foto eventuell etwas drehen, damit die Augen besser zur Deckung kommen. Drücken Sie also ⌘/Strg + T, um das **Frei-transformieren**-Werkzeug aufzurufen, dann zoomen Sie heraus (um die Größe des Bildfensters zu verkleinern) und ziehen Sie die Ecken des Bildfensters nach außen, sodass Sie die dunkelgraue Arbeitsfläche um Ihr Bild herum sehen (siehe Abbildung). Wenn Sie jetzt den Cursor aus dem Begrenzungsrahmen des **Frei-transformieren**-Werkzeugs hinausbewegen, verwandelt er sich in einen runden Pfeil mit zwei Spitzen und Sie können die obere Ebene durch Anklicken und Ziehen mit einer kreisförmigen Bewegung drehen. (*Hinweis:* Eventuell müssen Sie Ihren Cursor auch wieder in den Begrenzungsrahmen hineinbewegen, um auch die obere Ebene noch zu verschieben.)

Schritt sechs:

Wenn Sie mit der Ausrichtung zufrieden sind, drücken Sie die ↵-Taste auf der Tastatur, um die Rotation zu bestätigen. Dann erhöhen Sie die Deckkraft der oberen Ebene wieder auf 100%. Wir brauchen nun aus dem Bild in der oberen Ebene nur die Bereiche innerhalb des Brillengestells. Also halten Sie die Alt-Taste gedrückt und klicken auf das Symbol **Ebenenmaske hinzufügen** am unteren Rand des Ebenen-Bedienfelds, um diese gedrehte Ebene hinter einer schwarzen Ebenenmaske zu verstecken (siehe Abbildung).

Schritt sieben:

Stellen Sie die Vordergrundfarbe auf Weiß und aktivieren Sie das **Pinsel**-Werkzeug ([B]), wählen Sie oben in der Optionsleiste eine kleine, weiche Pinselspitze aus und beginnen Sie dann einfach, das rechte Brillenglas zu übermalen. Schon erscheint die unbebrillte Version des Auges (siehe Abbildung). Sie geben hier jetzt also selektiv die von Ihnen gewünschten Bereiche der oberen Ebene frei.

Schritt acht:

Wenn Sie mit dem Auge auf der rechten Seite fertig sind, fahren Sie mit dem anderen Auge links fort. Nutzen Sie weiterhin einen kleinen Pinsel und achten Sie darauf, nicht versehentlich das Brillengestell zu übermalen. Wenn Sie einen Fehler machen, drücken Sie einfach nur [X], um die Vordergrundfarbe auf Schwarz umzuschalten, und malen Sie das Brillengestell wieder ein. Denken Sie daran: Der ganze Vorgang wäre viel einfacher (Sie könnten die Schritte vier und fünf komplett überspringen), wenn Sie Ihrem Model bereits im Studio für jede ansprechende Pose sagen, dass er die Pose halten soll und Sie ihm dann die Brille abnehmen und eine weitere Aufnahme machen. Dann kann die Funktion **Ebenen automatisch ausrichten** ihre Wirkung entfalten und Sie sparen viel Zeit und Mühe. Auf der nächsten Seite sehen Sie eine Vorher/Nachher-Ansicht.

Vorher: mit Spiegelungen in der Brille

Nachher: die Spiegelungen sind verschwunden.

Gruppenbilder einfach korrigieren

Jedes Gruppenfoto ist eine Herausforderung, weil irgendjemand aus der Gruppe immer total betrunken ist (zumindest kenne ich das so aus meiner Familie. Ich mache natürlich nur Witze). Okay, das eigentliche Problem ist, dass ein oder zwei Leute im Gruppenbild stets zur falschen Zeit blinzeln oder vergessen zu lächeln oder nicht in die Kamera schauen usw. Natürlich könnten Sie deren Gesicht einfach aus einem anderen Foto herausschneiden und mit diesem Bild kombinieren, aber das ist viel Arbeit. Zumindest war das vor der Funktion **Ebenen automatisch ausrichten** so. Die ist wirklich super!

Schritt eins:

Hier ist ein Gruppenfoto, in dem eine Person (der Junge rechts) nicht in die Kamera geschaut hat.

Schritt zwei:

Bei Gruppenfotos machen Sie natürlich so viele Aufnahmen, wie es der Gruppe zuzumuten ist. Zum Glück sieht der Junge einige Aufnahmen später toll aus. Wir können diese Aufnahme aber nicht verwenden, weil jetzt der Mann auf der linken Seite nicht mehr lächelt und ein weiterer Herr die Augen geschlossen hat. Also wollen wir den Jungen aus dieser Aufnahme mit dem ersten Bild kombinieren, um ein Gruppenfoto zu erhalten, wo alle lächeln, die Augen offen haben und in die Kamera schauen.

Schritt drei:

Öffnen Sie zunächst beide Bilder in Photoshop und ziehen Sie sie ins selbe Dokument: Aktivieren Sie das **Verschieben**-Werkzeug (V), halten Sie die ⬦-Taste gedrückt und klicken und ziehen Sie das Foto mit dem gut aussehenden Jungen über das andere Foto, in dem er nicht in die Kamera blickt. Es erscheint dann auf einer eigenen Ebene im anderen Dokument, so wie Sie es im hier gezeigten **Ebenen**-Bedienfeld sehen können.

Schritt vier:

Meist werden die Fotos schon durch Gedrückthalten der ⬦-Taste recht gut ausgerichtet (besonders, wenn Ihre Kamera beim Fotografieren auf ein Stativ montiert war). Wenn Sie die Aufnahmen aber aus der Hand fotografiert haben oder sich die Gruppe etwas bewegt hat, müssen Sie die exakte Ausrichtung Photoshop überlassen. Dazu wählen Sie im **Ebenen**-Bedienfeld beide Ebenen durch Anklicken mit gedrückter ⌘/Strg-Taste aus. Dann gehen Sie ins Menü **Bearbeiten** und wählen **Ebenen automatisch ausrichten**. Im Dialogfenster Ebenen automatisch ausrichten lassen Sie oben das Kontrollfeld **Auto** aktiviert und klicken dann auf **OK**. Nun richtet Photoshop die beiden Ebenen für Sie aus und meist funktioniert das auch erstaunlich gut!

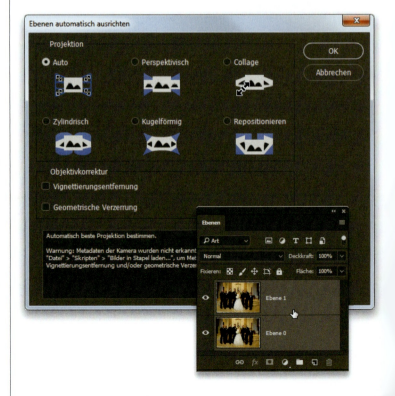

Schritt fünf:

Nachdem Sie die Ebenen ausgerichtet haben, aktivieren Sie die obere Ebene mit einem Klick im **Ebenen**-Bedienfeld. Halten Sie die [Alt]-Taste gedrückt und klicken Sie auf das Symbol **Ebenenmaske hinzufügen** am unteren Rand des Ebenen-Bedienfelds, um die obere Ebene mit dem in die Kamera blickenden Jungen hinter einer schwarzen Ebenenmaske zu verbergen. Aktivieren Sie jetzt das **Pinsel**-Werkzeug ([B]), wählen Sie in der Optionsleiste einen mittelgroßen, weichen Pinsel aus und malen Sie mit weißer Vordergrundfarbe über den Kopf des Jungen. So legen Sie die gute Bildversion von ihm frei (siehe Abbildung). Malen Sie so weit wie nötig, bis sein Kopf und sein Jackett im Foto natürlich aussehen. Wenn Sie fertig sind, aktivieren Sie das **Freistellungswerkzeug** ([C]) und schneiden das Bild zurecht. Das fertige Bild sehen Sie unten.

Vorher: Der Junge sieht nicht in die Kamera.

Vorher: Der Mann links lächelt nicht, ein anderer hat die Augen geschlossen.

Nachher: Zwei Fotos wurden zum perfekten Gruppenbild zusammengefügt.

Verflüssigen lässt sich nun bearbeiten und rückgängig machen (und verfügt über ein praktisches Werkzeug!)

Ich retuschiere viele Porträts. Verflixt, ich habe sogar einen Bestseller zu dem Thema geschrieben. Aber wenn Sie glauben, dass ich mein Buch *Scott Kelbys Porträt-Retusche-Tricks für Photoshop* hier mit unterbringe, dann ist Ihnen nicht mehr zu helfen. Auf der Wunschliste jedes Retuscheurs stand jedenfalls die Möglichkeit, den Verflüssigen-Filter als Smartobjekt anzuwenden, damit wir unsere Retuschen jederzeit bearbeiten oder rückgängig machen können. In der Creative-Cloud-Version von Photoshop ist das möglich. Nicht auf dem Radar hatten wir das praktische **Glätten**-Werkzeug, das unsere Verflüssigen-Retuschen besser zu verbergen hilft.

Schritt eins:

Um den Verflüssigen-Filter als Smartobjekt anzuwenden, wandeln Sie Ihre Bildebene zunächst in eine Smartobjekt-Ebene um. Gehen Sie entweder ins **Filter**-Menü und wählen **Für Smartfilter konvertieren** oder klicken Sie im **Ebenen**-Bedienfeld mit der rechten Maustaste auf die Hintergrundebene und wählen **In Smartobjekt konvertieren**, so wie in der Abbildung.

Schritt zwei:

Wählen Sie nun **Verflüssigen** aus dem **Filter**-Menü und treffen Sie alle gewünschten Änderungen. Wir verwenden hier zuerst das **Mitziehen**-Werkzeug (W) – das erste Werkzeug ganz oben in der Werkzeugleiste – um die Einbuchtungen im linken Ärmel des Mantels auszubessern. Arbeiten Sie mit einer kleineren Pinselspitze, um diese Bereiche nach außen und innen zu schieben, bis es schön gleichmäßig aussieht (so wie hier zu sehen). Anschließend klicken Sie auf **OK**. Nun erscheint diese Ebene als bearbeitbare Smartfilter-Ebene mit einer Ebenenmaske. Bei Bedarf könnten Sie also auch beliebige Bereiche der soeben durchgeführten Verflüssigen-Korrektur durch Übermalen mit Schwarz verbergen.

Schritt drei:

Wenn Sie der Meinung sind, es mit dem Verflüssigen-Filter vielleicht etwas zu weit getrieben zu haben, dann müssten Sie normalerweise wieder von vorne beginnen. Da Sie die Ebene aber vorab in ein Smartobjekt umgewandelt haben, können Sie das Bild erneut öffnen und Ihre Retuschen sind dann immer noch bearbeitbar. Doppelklicken Sie dazu direkt auf das Wort »Verflüssigen« (hier rot eingekreist) direkt unter der Smartfilter-Ebene im **Ebenen**-Bedienfeld und die Ebene wird im Verflüssigen-Fenster geöffnet. Alle Retuschen sind nicht nur vorhanden, sondern auch bearbeitbar. Wenn Sie zum Beispiel nur den letzten Teil Ihrer Bearbeitung rückgängig machen möchten (sagen wir einmal, es handelt sich um die Korrekturen am unteren Bereich des Ärmels), dann können Sie das **Rekonstruktionswerkzeug** ([R]; das zweite Werkzeug von oben in der Werkzeugleiste) wählen und diesen Bereich übermalen, um dort das ursprüngliche Aussehen wiederherzustellen und die übrigen Korrekturen unverändert beizubehalten.

Schritt vier:

Okay, das war die Sache mit den Smartobjekten. Ziemlich einfach, oder? Betrachten wir jetzt das **Glätten**-Werkzeug ([E]; das dritte Werkzeug von oben in der Werkzeugleiste). Dieses Werkzeug können Sie immer dann einsetzen, wenn eine mit den anderen Werkzeugen durchgeführte Korrektur wellig oder offensichtlich retuschiert aussieht. Das **Glätten**-Werkzeug funktioniert etwa wie das **Rekonstruktionswerkzeug**, aber es stellt das Originalbild nicht komplett wieder her, sondern nur teilweise. Im ersten Durchlauf macht das Werkzeug »einen Teil« Ihrer Retusche rückgängig; der nächste Durchlauf geht dann etwas weiter. Mit einer kleinen Pinselspitze eingesetzt verhilft dieses Werkzeug also zu einer realistischeren Retusche. (*Hinweis:* Wir sehen uns den **Verflüssigen**-Filter bei der Porträtretusche in Kapitel 10 nochmals an.)

Objekte mit der Funktion Inhaltsbasiert füllen entfernen

Wenn vom »Zaubern mit Photoshop« die Rede ist, dann geht es oft auch um die Funktion **Inhaltsbasiert füllen**. Obwohl ich mit der Funktion nun schon seit einigen Jahren Störfaktoren aus meinen Bildern eliminiere, bin ich immer wieder erstaunt, wie unglaublich gut sie funktioniert. Kombiniert mit der extrem einfachen Handhabung ergibt sich so ein mächtiges und unverzichtbares Werkzeug für Fotografen.

Schritt eins:

Auf den Felsen sitzt ein Paar, das von unserem Motiv (dem Leuchtturm) ablenkt. Wir sollten es deshalb möglichst aus dem Foto herausretuschieren.

Schritt zwei:

Um das Paar mit der Funktion **Inhaltsbasiert füllen** zu entfernen, aktivieren Sie einfach das **Lasso**-Werkzeug ([L]) oder ein anderes Auswahlwerkzeug, mit dem Sie gerne arbeiten (zum Beispiel das **Schnellauswahlwerkzeug**, das **Zeichenstift**-Werkzeug – was auch immer) und zeichnen Sie eine Auswahl um die beiden herum ein. Wenn Ihre Auswahl fertig ist, können Sie die Funktion **Inhaltsbasiert füllen** unterstützen, indem Sie die Auswahl nach außen um etwa 4 Pixel erweitern. Öffnen Sie also das **Auswahl**-Menü und wählen Sie unter **Auswahl verändern** den Eintrag **Erweitern**. Im Dialogfenster **Auswahl erweitern** (hier gezeigt) geben Sie 4 Pixel ein und klicken auf **OK**. Ihre Auswahl wächst dann nach außen um diesen Betrag an.

Schritt drei:

Gehen Sie als Nächstes ins Menü **Bearbeiten** und wählen Sie **Fläche füllen**. Im Dialogfenster **Fläche füllen** wählen Sie **Inhaltsbasiert** aus dem Popup-Menü **Inhalt** (siehe Abbildung). Jetzt klicken Sie einfach auf **OK**, lehnen sich zurück und bereiten sich auf eine Überraschung vor. Das Paar ist nicht nur verschwunden, sondern Photoshop hat auch die Felsen unter ihnen ziemlich perfekt wieder zusammmnegeflickt. (Darum heißt die Funktion »Inhaltsbasiert« füllen. Sie orientiert sich an der Umgebung des zu entfernenden Objekts und füllt den Bereich intelligent auf, statt einfach ein großes weißes Loch in Ihrem Bild zu hinterlassen.) Heben Sie die Auswahl jetzt mit der Tastenkombination ⌘/Strg + D wieder auf.

Schritt vier:

Nicht optimal aufgefüllt wurde die nach unten reichende Strebe des Solarpanels, die von einer der beiden Personen teilweise verdeckt wurde. Hier müssen wir von Hand mit dem **Kopierstempel**-Werkzeug eingreifen. Wählen Sie das **Kopierstempel**-Werkzeug **(S)** aus der Werkzeugleiste, klicken Sie mit gedrückter Alt-Taste auf den verbleibenden Teil der Strebe und malen Sie nach unten (siehe obere Abbildung; ich bin auch nochmals über die Felsen gegangen, um sie etwas zu bereinigen). Wenn Sie akzeptieren können, dass sie nicht jedes Mal perfekt funktioniert, werden Sie sich absolut in die Funktion **Inhaltsbasiert füllen** verlieben. Wenn sie mir 70 oder 80 % der Arbeit abnimmt, ein unerwünschtes Element zu entfernen, dann muss ich mich nur noch um die restlichen 20 % kümmern (oder vielleicht auch nur 3 %, so wie in diesem Fall). Und damit ist sie Gold wert. Und oft genug macht sie auch die ganze Arbeit – umso besser, oder? Richtig. Inhaltsbasiertes Füllen funktioniert übrigens in der Regel umso besser, je unregelmäßiger der Hintergrund hinter dem zu entfernenden Objekt ist.

Schritt fünf:

Im Erfolgsfall weiß die Funktion **Inhaltsbasiert füllen** wirklich zu beeindrucken. Genau wie jedes andere Werkzeug in Photoshop funktioniert sie aber nicht in jeder Situation und für jede Art von Foto. Ich verwende parallel dazu meist auch noch den Bereichsreparaturpinsel, der ebenfalls eine inhaltsbasierte Reparaturfunktion eingebaut hat. Auch das **Ausbessern**-Werkzeug (der Cousin des Reparaturpinsels, der sich besser zur Entfernung großer Objekte eignet) kennt mittlerweile einen inhaltsbasierten Modus. Öffnen wir ein weiteres Foto (die Aufnahme hier) und nutzen alle genannten Werkzeuge zusammen, um das Gitter, das weiße Objekt darunter sowie das Rohr neben dem Fenster zu entfernen.

Schritt sechs:

Oft müssen Sie nicht so präzise auswählen, wie wir es im letzten Projekt getan haben, als wir die Leute aus dem Bild entfernten. Für das weiße Objekt nehmen Sie einfach das gute, alte **Lasso**-Werkzeug (L) und zeichnen eine grobe Auswahl rundherum ein, so wie abgebildet. Dann gehen Sie ins Menü **Bearbeiten** und wählen **Fläche füllen**. Im Dialogfenster **Fläche füllen** stellen Sie sicher, dass in dem Popup-Menü **Inhalt Inhaltsbasiert** ausgewählt ist. Dann klicken Sie auf **OK** und drücken ⌘/Strg + D, um die Auswahl aufzuheben. Im nächsten Schritt sehen Sie, dass das Objekt verschwunden ist und die Funktion die Ziegelsteine hervorragend aufgefüllt hat. Wenn ein Teil der Reparatur nicht so gut aussieht, markieren Sie den Bereich einfach nochmal und probieren es erneut.

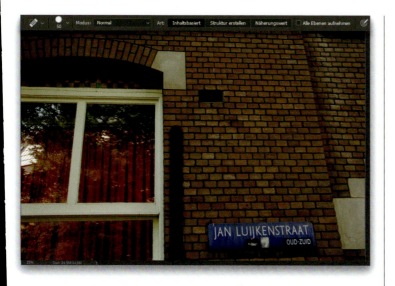

Schritt sieben:

Sehen Sie an die Stelle, wo vorher das weiße Objekt war. Es ist weg! Wechseln wir nun für das Rohr neben dem Fenster zum **Bereichsreparatur**-Pinsel ([J]). Machen Sie Ihre Pinselspitze minimal breiter als das Rohr und übermalen Sie es. Photoshop rechnet es dann mit der inhaltsbasierten Technologie aus dem Bild heraus. Sobald ich die Maustaste loslasse, wird das Rohr innerhalb einer Sekunde ebenfalls verschwunden sein. *Hinweis:* Der normale **Reparatur-Pinsel**, bei dem Sie den Quellbereich durch Anklicken mit gedrückter [Alt]-Taste auswählen müssen, verfügt *nicht* über die inhaltsbasierten Füllalgorithmen. Nur der **Bereichsreparatur**-Pinsel und das **Ausbessern**-Werkzeug tun dies. Für das **Ausbessern**-Werkzeug müssen Sie die Funktion aber eventuell zuerst einschalten – beim **Bereichsreparatur**-Pinsel ist es die Standardeinstellung.

Schritt acht:

Verwenden wir jetzt das **Ausbessern**-Werkzeug (drücken Sie [⇧]-[J], bis Sie es eingestellt haben). Sie verwenden es zunächst wie das **Lasso**-Werkzeug: Klicken und ziehen Sie, um eine lose Auswahl um das zu entfernende Objekt zu legen (hier das Gitter), dann klicken Sie in den ausgewählten Bereich und ziehen ihn auf einen sauberen Bereich in der Nähe. Sie sehen im markierten Bereich eine Vorschau auf Ihre Korrektur. Wenn Sie dann die Maus loslassen, schnappt die Markierung zurück und das Gitter ist weg. Ich verwende das **Ausbessern**-Werkzeug zum Entfernen größerer Objekte wie diesem hier – den Schatten des weißen Objekts habe ich ebenfalls damit entfernt. Wenn Sie die inhaltsbasierte Füllung mit diesem Werkzeug einsetzen wollen, wählen Sie in der Optionsleiste **Inhaltsbasiert** aus dem Popup-Menü **Ausbessern** (siehe Abbildung). Die Option **Inhaltsbasiert** funktioniert übrigens auch nicht immer besser als die normale Korrektur mit dem **Ausbessern**-Werkzeug – das hängt eben ganz vom Bild ab. Wenn Sie also mit dem Ergebnis einer der beiden Optionen nicht zufrieden sind, probieren Sie die andere. Wir sind hier allerdings noch nicht fertig.

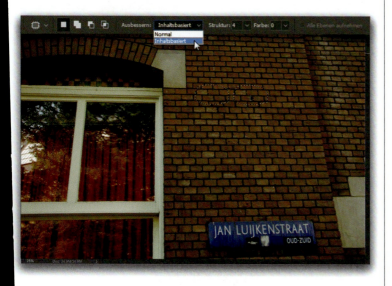

Schritt neun:

Die Auswahl wurde nach rechts gezogen und an den Ziegeln ausgerichtet. Dadurch haben wir ein tolles Ergebnis bekommen. Mir gefällt hier die Einstellung **Inhaltsbasiert** besser als **Normal**. Wenn das nicht funktioniert, drücken Sie einfach ⌘/Strg + Z, um die Ausbesserung rückgängig zu machen, und heben die Auswahl dann mit ⌘/Strg + D auf. Dann können Sie stattdessen die Funktion **Inhaltsbasiert füllen** oder den **Bereichsreparatur**-Pinsel ausprobieren.

Schritt zehn:

Um eine letzte Sache wollen wir uns noch kümmern. Schalten Sie zurück zum **Bereichsreparatur**-Pinsel (drücken Sie ⇧-J, bis Sie ihn aktiviert haben) und übermalen Sie dann den abgeschatteten Bereich oben rechts (siehe Abbildung).

TIPP: Schlechte Reparaturen beheben

In diesem Foto hatten wir Glück, aber oft liegen die zu entfernenden Objekte nahe an anderen Objekten, die Sie behalten möchten. Wenn Sie dann versuchen, etwas auszubessern, wird das Loch nicht mit Hintergrund gefüllt, sondern mit Teilen des Vordergrunds. Stellen Sie sich vor, wir verwenden die Funktion **Inhaltsbasiert füllen** und sie füllt das weiße Objekt mit dem Fenster auf. So etwas passiert häufiger, als Sie denken. Um das zu umgehen, legen Sie eine Auswahl um alles, was für Photoshop für die Ausbesserung »tabu« sein soll. Dann speichern Sie diese Auswahl (wählen Sie dazu im **Auswahl**-Menü den Punkt **Auswahl speichern** und klicken Sie auf **OK**). Jetzt vermeidet Photoshop diesen Bereich auf der Suche nach Fülltexturen.

Schritt elf:

Wie Sie sehen, haben der **Bereichsrepara-tur**-Pinsel und das **Ausbessern**-Werkzeug an der Mauer hervorragende Arbeit geleistet. Die Vorher/Nachher-Bilder finden Sie unten.

Vorher

Nachher

Objekte verschieben, ohne Lücken zu hinterlassen

Das ist auch wieder so ein Werkzeug, bei dem Sie sich angesichts der für dieses kleine Wunder wohl erforderlichen komplexen Berechnungen nur am Kopf kratzen können: Sie können etwas markieren und an eine andere Stelle verschieben, und Photoshop repariert automatisch den Bereich, aus dem das Objekt entfernt wurde. Das funktioniert nicht immer und für jedes Bild und sicher ist es auch kein Werkzeug, das Sie in Ihrer täglichen Arbeit einsetzen werden. Aber wenn Sie es brauchen, dann ist es zur Stelle.

Schritt eins:

An diesem Bild wollen wir arbeiten. Es geht uns darum, die Lampe näher an die Tür zu schieben.

Schritt zwei:

Wählen Sie in der Werkzeugleiste ein Auswahlwerkzeug, mit dem Sie gut zurechtkommen, und zeichnen Sie eine Auswahl um das zu verschiebende Objekt oder die zu verschiebenden Objekte. In diesem Fall ist es die Lampe samt Wandhalterung, Steckdose und Stecker. Die Auswahl muss nicht perfekt sein, sollte aber auch nicht zu grob ausfallen. Meist bekommen Sie bessere Ergebnisse beim inhaltsbasierten Verschieben, wenn Sie die fertige Auswahl noch um etwa 4 Pixel nach außen erweitern. Öffnen Sie also das **Auswahl**-Menü und wählen Sie unter **Auswahl verändern** den Eintrag **Erweitern**. Im hier gezeigten Dialogfenster Auswahl erweitern geben Sie dann 4 Pixel ein und klicken auf **OK**. Ihre Auswahl wächst jetzt um diesen Wert nach außen an.

TIPP: Auswahlbereiche zeichnen mit dem Inhaltsbasiert-Verschieben-Werkzeug

Sie können mit dem **Inhaltsbasiert-Verschieben**-Werkzeug Auswahlbereiche zeichnen, genau wie mit dem **Lasso**-Werkzeug.

Schritt drei:

Gehen Sie in die Werkzeugleiste und aktivieren Sie das **Inhaltsbasiert-Verschieben**-Werkzeug (siehe Abbildung). Sie finden es im selben Menü wie den **Bereichsreparatur**-Pinsel und das **Ausbessern**-Werkzeug oder Sie drücken einfach ⇧-J, bis Sie es ausgewählt haben. Nun klicken Sie auf Ihre markierten Objekte und ziehen diese näher an die Tür heran (siehe Abbildung). Die Originalversion verbleibt an Ort und Stelle, bis Sie die Aktion bestätigen.

Schritt vier:

Lassen Sie die Maustaste los und drücken Sie ↵. Abhängig von der Dateigröße vergehen einige Augenblicke. Dann sehen Sie, dass nicht nur Ihre Objekte verschoben wurden, sondern dass Photoshop das normalerweise zurückgelassene Loch wie von Zauberhand komplett ausgefüllt hat (siehe Abbildung). Heben Sie Ihre Auswahl aber jetzt noch nicht auf – besonders, falls es nicht so gut funktioniert haben sollte – denn während die Auswahl noch besteht, können Sie ändern, wie Photoshop die Struktur und Farbe des Hintergrunds für Ihr verschobenes Objekt erzeugt. Dazu verwenden Sie die Einstellungen für Struktur und Farbe oben in der Optionsleiste. Hier können Sie verschiedene Einstellungen treffen und Photoshop berechnet dann die Verschiebung mit diesen neu. Sie brauchen also nur verschiedene Einstellungen für beide Optionen auszuprobieren und können dann entscheiden, was am besten aussieht (natürlich nur, wenn es ein Problem gibt). Je höher die gewählten Zahlenwerte, desto stärker greift Photoshop zur Erzeugung der Struktur oder Farbübergänge auf den tatsächlichen Hintergrund zurück. Dies wirkt in einigen Fällen realistischer, kann aber auch umso seltsamer aussehen. Probieren Sie also am besten hohe und niedrige Werte aus, wenn das Bild einfach nicht ganz richtig aussieht. (*Hinweis:* Bei Bedarf können Sie auch zum **Bereichsreparatur**-Pinsel wechseln, um eventuelle Artefakte zu bereinigen.)

Photoshop-Killer-Tipps

Tiefen/Lichter wie eine Einstellungsebene verwenden

Zwar ist die Bildkorrektur **Tiefen/Lichter** technisch gesehen keine Einstellungsebene, sie kann aber ebenfalls zerstörungsfrei zugewiesen werden. Wählen Sie zuerst im **Filter**-Menü **Für Smartfilter konvertieren** aus. Anschließend wählen Sie **Bild > Korrekturen > Tiefen/Lichter**. Jetzt können Sie den zerstörungsfreien Workflow starten: Sie können also Ihre Einstellungen nachträglich verändern und die automatisch hinzugefügte Filtermaske wie eine Ebenenmaske nutzen. Mit einem Doppelklick auf das kleine Regler-Symbol rechts vom Filternamen öffnen Sie ein Dialogfenster, in dem Sie den Mischmodus und die Deckkraft einstellen können. Mit dem Augensymbol vor **Tiefen/Lichter** schalten Sie die Korrektur ein und aus und schließlich können Sie sie jederzeit auch löschen.

Die Position Ihrer Blendenflecke verändern

Wenn Sie den Filter **Blendenflecke** verwenden, den Sie im **Filter**-Menü unter **Renderfilter** finden, dann ordnet er die Blendenflecke in der Bildmitte an. Sie können das Zentrum der Blendenflecke jedoch auch selbst bestimmen, was das Aussehen der Blendenflecke recht stark verändert. Klicken Sie es dazu einfach im Vorschau-Fenster des Filters an und ziehen Sie es an eine neue Position. Sie können den Filter übrigens auch sehr gut auf einer neuen, mit Schwarz gefüllten Ebene im Mischmodus **Negativ multiplizieren** anwenden. So fügt er sich in Ihr Bild ein und Sie können ihn an jede beliebige Stelle ziehen. Falls sich dabei eine Kante zeigt, fügen Sie eine Ebenenmaske hinzu und übermalen Sie die Kanten in Schwarz mit einem großen, weichen Pinsel.

Sie wissen nicht, welcher Mischmodus der richtige ist?

Dann drücken Sie einfach ⇧-+, um alle verfügbaren Ebenen-Mischmodi einzeln durchzuschalten. So finden Sie rasch heraus, welcher für Sie am besten aussieht.

Die Reihenfolge der Pinsel in der Optionsleiste ändern

Öffnen Sie das Menü **Bearbeiten** unter Vorgaben und wählen Sie **Vorgaben-Manager**. Im Dialogfenster werden standardmäßig alle verfügbaren Pinsel angezeigt, Sie brauchen sie nun also nur noch anzuklicken und in die gewünschte Reihenfolge zu ziehen. Wenn Sie die gewünschte Reihenfolge hergestellt haben, klicken Sie auf **Fertig**.

Die Hilfslinienfarbe ändern

Möchten Sie die Farbe der Hilfslinien verändern, die Sie aus den Linealen ziehen können? Ziehen Sie eine Hilfslinie heraus und führen Sie einen Doppelklick darauf aus, um die **Voreinstellungen** mit dem Register **Hilfslinien, Raster & Slices** zu öffnen, wo Sie dann eine beliebige Farbe auswählen können. Sie können auch ⌘/Strg + K drücken und dann **Hilfslinien, Raster & Slices** auswählen.

Photoshop-Killer-Tipps

Was das Fläche-Feld bewirkt

Im **Ebenen**-Bedienfeld gibt es direkt unter dem **Deckkraft**-Feld noch ein Fläche-Feld, das schon seit seiner Einführung bei vielen für Kopfzerbrechen sorgt. Es kommt nur zum Tragen, wenn Sie einen Ebenenstil auf eine Ebene angewendet haben, wie etwa einen Schlagschatten oder eine abgeflachte Kante. Wenn Sie einen Schlagschatten auf ein Ebenenobjekt anwenden und dann die Deckkraft verringern, dann verblassen sowohl das Objekt als auch sein Schatten, nicht wahr? Reduzieren Sie aber nur den Fläche-Wert, beginnt das Objekt zu verblassen, während der Schlagschatten seine volle Deckkraft beibehält.

Das versteckte Tastenkürzel zum Reduzieren der Ebenen

Für den Befehl **Auf Hintergrundebene reduzieren** gibt es eigentlich keine Tastenkombination. Ich verwende trotzdem ständig ein Tastenkürzel zum Zusammenführen meiner

Bildebenen, und zwar ⌘/Strg + ⌂-E. Es steht eigentlich für den Befehl **Sichtbare auf eine Ebene reduzieren** und funktioniert daher nur, wenn Sie keine verborgenen Ebenen haben. Das ist bei mir normalerweise nicht der Fall, sodass es in der Regel funktioniert.

Den HUD-Popup-Farbwähler anpassen

Beim Einsatz des **Pinsel**-Werkzeugs können Sie sich über die Kombination ⌘ + Alt + Ctrl (PC: Alt + ⌂) und Mausklick (PC: Rechtsklick) einen Heads-Up-Farbwähler anzeigen lassen. Wussten Sie schon, dass Sie auch die Art und Größe des **HUD** einstellen können? Drücken Sie ⌘/Strg + K, um die Photoshop-**Voreinstellungen** aufzurufen, klicken Sie links auf **Allgemein**. Ziemlich weit oben in diesem Register finden Sie dann das Popup-Menü **HUD-Farbwähler**, in dem Sie den Stil und die Größe einstellen können.

Pinsel-Blendmodi spontan wechseln

Wenn Sie den Mischmodus für Ihren aktuellen Pinsel verstellen möchten, ohne dafür in die Optionsleiste zu gehen, klicken Sie einfach mit gedrückter Tastenkombination ⌘ + ⌂ **(PC: ⌂ + Rechtsklick)** irgendwo in Ihr Bild und ein Popup-Menü mit den Mischmodi für das **Pinsel**-Werkzeug erscheint.

Perspektivische Schatten erzeugen

Um einen perspektivischen Schatten zu erzeugen, wenden Sie zunächst den Ebenenstil **Schlagschatten** auf Ihr Objekt an: Wählen Sie **Schlagschatten** aus dem Popup-Menü des Symbols **Ebenenstil hinzufügen** am

unteren Rand des **Ebenen**-Bedienfelds, ändern Sie Ihre Einstellungen und klicken Sie auf **OK**. Dann wählen Sie **Ebene > Ebenenstil > Ebene erstellen**. So legen Sie den Schlagschatten auf eine eigene Ebene. Klicken Sie auf diese neue Schlagschatten-Ebene und drücken Sie ⌘/Strg + T, um das **Frei-transformieren**-Werkzeug aufzurufen. Jetzt halten Sie die ⌘/Strg-Taste gedrückt, erfassen den oberen Mittelpunkt und ziehen ihn im 45°-Winkel nach unten, um einen perspektivischen Schattenwurf zu erzeugen.

Ebenenmasken von einer Ebene in eine andere kopieren

Falls Sie eine Ebenenmaske angelegt haben und Sie diese Maske in einer anderen Ebene verwenden möchten, halten Sie die Alt-Taste gedrückt und ziehen Sie diese Maske einfach mit gedrückter Maustaste auf die gewünschte Ebene. So entsteht eine Kopie und die ursprüngliche Maske bleibt intakt. Wenn Sie die Maske von einer Ebene entfernen und auf eine andere Ebene anwenden möchten, dann verzichten Sie auf das Drücken der Alt-Taste und ziehen Sie die Maske stattdessen nur mit gedrückter Maustaste auf die Zielebene.

Location: Devil's Punchbowl, Otter Rock, Oregon | Belichtung: 0,5 s. | Brennweite: 14 mm | Blendenwert: *f*/22

Spezialeffekte für Fotografen

Hatten wir nicht schon ein Spezialeffekte-Kapitel im Camera-Raw-Teil? Stimmt, Sie haben recht. Danke, dass Sie es gemerkt haben. Dann brauchen wir ja jetzt keine weiteren Spezialeffekte mehr in Photoshop. Wen interessieren auch schon weitere coole Dinge, die Sie mit Ihren Fotos machen können, oder? Gute Entscheidung, dann lasse ich sie aus dem Buch raus. Jetzt wünschen Sie sich bestimmt, dass Sie nicht so neunmalklug gewesen wären mit Ihrem »Oh, das haben Sie aber schon besprochen!« und »So eine sinnlose Wiederholung!« und »Wo kriege ich 50% Rabatt auf einen 30-cm-Sub?«. Na, jetzt sind Sie wohl nicht mehr so vorlaut, hä? Wie auch immer, nun heißt dieses Kapitel auf jeden Fall ebenfalls »Spezialeffekte«. Da musste ich schon einiges an Überzeugungsarbeit leisten, um auch das beim International Counsel for Extended Daytime-Teachers Educational Association (kurz: ICED-TEA) durchzubringen. Mir persönlich schien der Kapitelname jedoch eigentlich ausreichend und wenn Sie jetzt ein Problem damit haben, können Sie ja deshalb beim ICED-TEA vorsprechen. Wobei die Leute dort eigentlich noch relativ aufgeschlossen sind (ich musste dort schon zu mehreren verhunzten Kapiteleinleitungen aussagen und das war gewiss kein Spaß). Während die Leute vom ICED-TEA also recht nachsichtig sind, sollten Sie es sich wirklich nicht mit der Tonal Institute Geo Hyper Tech Association for Stable Shutterspeeds verscherzen (deren Abkürzung sollten Sie besser nicht verwenden, da verstehen die keinen Spaß). Sie tun so, als hätten sie einen Stock im Hintern oder so etwas.

Entsättigter Porträt-Look

Dies ist im Moment eine der angesagtesten Photoshop-Porträttechniken. Sie sehen den Look überall – auf Zeitschriften- und CD-Covern, in Anzeigen und Magazinen, auf Hollywood-Filmplakaten und Werbeplakaten. Offensichtlich möchte jeder diesen Effekt haben (und Sie werden gleich imstande sein, ihn in etwa 60 Sekunden abzuliefern, wenn Sie die hier gezeigte einfache Methode verwenden!).

Schritt eins:

Öffnen Sie das Foto, dem Sie den trendigen entsättigten Porträteffekt zuweisen möchten. Duplizieren Sie die Hintergrundebene mit ⌘/Strg + J. Dann drücken Sie erneut diese Tastenkombination, sodass Sie nun drei identische Ebenen haben, wie hier gezeigt.

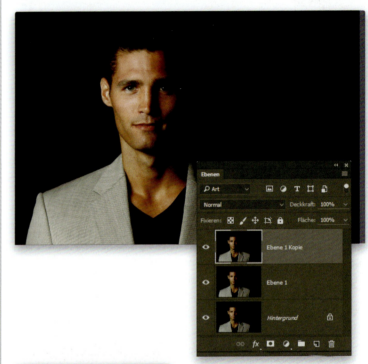

Schritt zwei:

Im **Ebenen**-Bedienfeld klicken Sie auf die mittlere Ebene (Ebene 1), um sie zu aktivieren. Dann drücken Sie ⌘/Strg + ⇧ + **U**, um die Sättigung zu verringern und die Farbe komplett aus dieser Ebene zu entfernen. Jetzt nehmen Sie die Deckkraft dieser Ebene auf 80 % zurück, sodass nur noch ein Hauch Farbe hindurchscheint. Natürlich ist das Foto an oberster Stelle des Ebenenstapels immer noch farbig, deshalb sehen Sie am Bildschirm keine Änderungen (immer noch wird das Farbfoto angezeigt). Im **Ebenen**-Bedienfeld erkennen Sie aber, dass die Miniaturansicht der mittleren Ebene schwarzweiß ist (siehe Abbildung).

Schritt drei:

Klicken Sie im **Ebenen**-Bedienfeld auf die oberste Ebene im Stapel (**Ebene 1 Kopie**), dann ändern Sie den Mischmodus von **Normal** in **Weiches Licht** (wie hier gezeigt), wodurch der Effekt sichtbar wird. Nun erhalten Sie mit **Weiches Licht** eine sehr schöne, dezente Version des Effekts, aber wenn dieser etwas trendiger und kontrastreicher wirken soll, nehmen Sie stattdessen den Mischmodus **Ineinanderkopieren**. Erscheint Ihnen die Ineinanderkopieren-Version zu intensiv, reduzieren Sie die Deckkraft der Ebene ein wenig, bis der Effekt Ihnen gefällt. Aber, ehrlich gesagt, ich entscheide mich normalerweise für **Weiches Licht**.

Schritt vier:

Der letzte Schritt besteht darin, dass Sie den Effekt auf die Hautpartien Ihres Motivs beschränken (wenn Sie möchten, können Sie ihn natürlich auch auf das ganze Bild wirken lassen und den folgenden Schritt weglassen). Ich persönlich verwende ihn meist nur für die Hautzonen: Drücken Sie ⌘/Strg + Alt + ⇧ + E, um eine reduzierte Ebene an oberster Stelle des Ebenenstapels zu erzeugen (also eine neue Ebene, die aussieht, als hätten Sie das Bild auf die Hintergrundebene reduziert). Sie benötigen die beiden unteren Ebenen nicht mehr, deshalb können Sie sie über die Augensymbole links von den Ebenenminiaturen ausblenden (siehe Abbildung). Alternativ können Sie sie einfach komplett löschen. Jetzt halten Sie die Alt-Taste gedrückt und klicken auf das Symbol **Ebenenmaske hinzufügen** am unteren Rand des **Ebenen**-Bedienfelds, um die entsättigte Ebene hinter einer schwarzen Maske zu verbergen. Drücken Sie D, um Ihre Vordergrundfarbe auf Weiß zu setzen, aktivieren Sie das **Pinsel**-Werkzeug (B), wählen Sie einen mittelgroßen, weichen Pinsel in der Optionsleiste und malen Sie über Gesicht, Haare und Hals (oder alle sichtbaren Hautbereiche), um den Effekt fertigzustellen. Scheint er Ihnen zu intensiv, verringern Sie die Deckkraft dieser Ebene. Das war es schon!

Porträt-Look mit hohem Kontrast

Ein entsättigter Look mit superhohem Kontrast ist momentan äußerst beliebt. Es gibt zwar eine Reihe von Plug-ins, die diesen Look erzeugen, aber ich möchte auch eine Variante zeigen, die ich vom deutschen Bildbearbeiter Calvin Hollywood gelernt habe. Er zeigte diese Technik als Gastblogger auf meinem täglichen Blog www.scottkelby.com. Das Tolle an dieser Variante ist: (1) Sie können eine Aktion dafür schreiben und diese mit einem Klick ausführen und (2) Sie brauchen kein Drittanbieter-Plug-in zu kaufen. Mein Dank geht an Calvin, der diese Technik mit mir – und nun mit Ihnen – geteilt hat.

Schritt eins:

Öffnen Sie das Bild, dem Sie einen hochkon-trastigen Look zuweisen möchten. Beginnen wir direkt, indem wir eine Aktion erstellen, die unsere Schritte aufzeichnet. Anschlie-ßend können Sie den Look Ihren Fotos mit einem einzigen Klick zuweisen. Klicken Sie am unteren Rand des **Aktionen**-Bedienfelds auf das Symbol **Neue Aktion erstellen**. Im Dialogfenster **Neue Aktion** vergeben Sie den Namen »Hochkontrast-Look« und klicken auf die Schaltfläche **Aufzeichnen**. Nun werden alle Ihre Schritte aufgezeichnet ... Every step you take, it'll be watching you (Entschuldi-gung, ich konnte einfach nicht widerstehen).

Schritt zwei:

Erstellen Sie mit ⌘/Strg + J ein Duplikat Ihrer Hintergrundebene. Dann ändern Sie den Mischmodus dieses Ebenenduplikats in **Strahlendes Licht** (ich weiß, das Ergebnis sieht im Moment nicht gut aus, das wird sich aber gleich ändern).

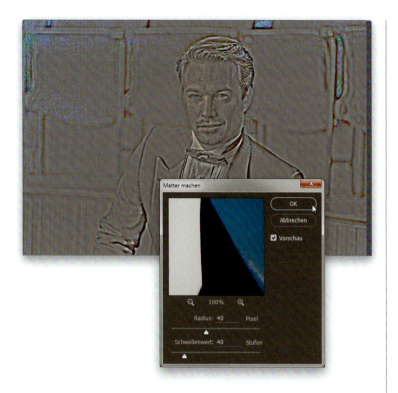

Schritt drei:

Drücken Sie ⌘/Strg + I, um die Ebene zu invertieren (sie sollte im Moment ziemlich grau aussehen). Als Nächstes öffnen Sie das Menü **Filter**, wählen **Weichzeichnungsfilter** und dann **Matter machen**. Im nun angezeigten Dialogfenster geben Sie 40 als **Radius** und 40 als **Schwellenwert** ein und klicken auf **OK**. Es braucht möglicherweise eine Weile, bis dieser Filter seine Arbeit getan hat, also haben Sie Geduld. Adobe hat ihn jedoch aktualisiert, sodass er bei 16-Bit-Bildern nun schneller funktioniert.

Schritt vier:

Die Ebene braucht einen anderen Mischmodus, aber wir können ihn nicht ändern, ohne den Effekt zu vermasseln. Deshalb erzeugen wir an oberster Stelle des Ebenenstapels eine neue Ebene, die wie eine reduzierte Bildversion aussieht. Auf diese Weise lässt sich der Mischmodus ändern. Drücken Sie dazu ⌘/Strg + Alt + ⇧ + E.

Schritt fünf:

Nachdem Sie die neue Ebene erstellt haben, müssen Sie die mittlere Ebene (auf die Sie den Filter **Matter machen** angewandt haben) löschen. Ziehen Sie sie auf das Papierkorb-Symbol am unteren Rand des **Ebenen**-Bedienfelds. Als Nächstes müssen wir uns mit den merkwürdigen Neonfarben in der oberen Ebene beschäftigen. Dazu entsättigen wir sie einfach komplett: Öffnen Sie das Menü **Bild**, wählen Sie **Korrekturen** und dann **Sättigung verringern**. Die Ebene wird in Graustufen angezeigt. Ändern Sie den Mischmodus Ihrer reduzierten Ebene (Ebene 2) in **Ineinanderkopieren**. Sie sehen, wie der Effekt Form annimmt. Jetzt gehen Sie wieder ins **Aktionen**-Bedienfeld und klicken auf das quadratische Symbol **Aufzeichnung beenden** am unteren Bedienfeldrand, denn der nächste Schritt ist optional.

Schritt sechs:

Unser hochkontrastiger Look passt zu vielen Motiven. Gar nicht gut sieht er aber wie hier bei unscharfen, unfokussierten Hintergründen aus (Ihr Bild wirkt dann offensichtlich nachbearbeitet). Weisen Sie den Effekt deshalb nur Ihrem Motiv und nicht dem Hintergrund zu. So geht es: Klicken Sie mit gedrückter Alt-Taste auf das Symbol **Ebenenmaske hinzufügen** am unteren Rand des Ebenen-Bedienfelds, um die Kontrastebene hinter einer schwarzen Maske zu verstecken (sodass der Effekt unsichtbar wird). Setzen Sie die Vordergrundfarbe auf Weiß, aktivieren Sie das **Pinsel**-Werkzeug (B), wählen Sie einen mittelgroßen, weichen Pinsel und malen Sie über Ihr Motiv, um es mit dem Hochkontrast-Effekt zu versehen.

Schritt sieben:

Am Schluss gehen Sie ins **Ebenen**-Bedienfeld und verringern die Deckkraft dieser Ebene, bis sie natürlich wirkt – hier sind es 65 %. Jetzt können Sie die Ebenen reduzieren und sie mit dem Filter **Unscharf maskieren** schärfen (siehe Kapitel 11). Ich habe hier die **Stärke** 120, den **Radius** 1 und den **Schwellenwert** 3 verwendet. Eine Vorher/Nachher-Version sehen Sie unten. Wie gesagt: Sie haben eine Aktion erzeugt, sodass Sie diesen Effekt mit nur einem Klick anderen Bildern zuweisen und dann bei Bedarf die **Ebenenmaske hinzufügen** können.

Vorher

Nachher

Softfokus-Effekt für Porträts und Landschaften

Nach diesem Effekt werde ich oft gefragt, weil ich ihn häufig einsetze. Insbesondere fragt man mich: »Wie schaffen Sie es, dass das Bild bei diesem Look scharf, aber gleichzeitig weichgezeichnet wirkt?« Nun, es ist tatsächlich ziemlich einfach, aber verraten Sie es niemandem – ich ziehe es vor, dass die Leute denken, ich konnte ihn nur mit richtigem Photoshop-Voodoo zustandebringen. LOL!

Schritt eins:

Die Schärfe erzielen Sie bei diesem Effekt, indem Sie das Bild zuallererst schärfen. Normalerweise hebe ich mir die Scharfzeichnung bis zum Schluss auf, aber in diesem Fall kommt nach der Scharfzeichnung noch ein weiterer Bearbeitungsschritt. Deshalb beginnen wir mit der Scharfzeichnung. Öffnen Sie das Menü **Filter**, wählen Sie **Scharfzeichnung** und dann **Unscharf maskieren**. Im nun angezeigten Dialogfenster geben Sie 120 % **Stärke** ein, setzen den **Radius** auf 1,0 und den **Schwellenwert** auf 3. So erhalten Sie eine schöne, knackige Schärfe. Klicken Sie auf **OK**.

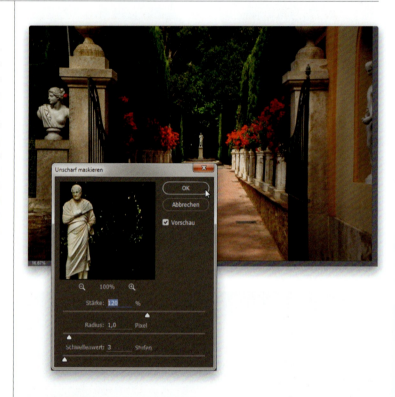

Schritt zwei:

Duplizieren Sie die geschärfte Ebene mit ⌘/ Strg + J .

Schritt drei:

Jetzt öffnen Sie das Menü **Filter**, wählen **Weichzeichnungsfilter** und dann **Gaussscher Weichzeichner**. Im nun angezeigten Dialogfenster geben Sie 25 Pixel als **Radius** ein (möglicherweise müssen Sie auf 35 Pixel oder höher gehen, wenn Sie eine Kamera mit 24 Megapixel oder mehr haben). Kümmern Sie sich nicht so sehr um die Zahl, achten Sie einfach darauf, dass Ihr Bild mindestens so unscharf wirkt wie das abgebildete. Klicken Sie auf **OK**.

Schritt vier:

Schließlich gehen Sie zum **Ebenen**-Bedienfeld und ändern die Deckkraft der weichgezeichneten Ebene in 30 % (wie hier gezeigt). Damit ist der Effekt fertig. Ich weiß, was Sie jetzt denken: »Scott. Also wirklich. Ist das alles?« Ja – und genau deshalb muss das besser unter uns bleiben. ;-)

Tilt-Shift-Effekt (mit der Weichzeichnergalerie)

Mit der Weichzeichnergalerie können Sie auf wirklich einfache Weise den Miniatureffekt erzeugen, den Sie momentan überall im Web sehen. Dabei wird ein Foto so transformiert, dass es wie ein winziges Spielzeugmodell wirkt (okay, eher wie ein Architekturmodell). Dieser Filter ist leicht anwendbar, *wenn* (und das ist wichtig) Sie die richtige Art Foto haben. Im Idealfall verwenden Sie eine Aufnahme, die Sie von einem hohen Standpunkt aus nach unten fotografiert haben. Je höher oben Sie standen und je steiler der Winkel ist, desto glaubhafter vermitteln Sie, dass Sie von oben auf ein Modell herabblicken.

Schritt eins:

Öffnen Sie das Bild, dem Sie den Effekt zuweisen möchten (lesen Sie auf jeden Fall die Einleitung, um sicherzustellen, dass Sie den richtigen Bildtyp verwenden, sonst sieht dieser Effekt ziemlich mau aus). Natürlich können Sie wie immer das von mir verwendete Bild von der in der Einleitung genannten Download-Seite des Buchs herunterladen. Jetzt öffnen Sie das Menü **Filter**, wählen Sie **Weichzeichnergalerie > Tilt-Shift** (siehe Abbildung).

Schritt zwei:

Wenn Sie einen der Filter aus der Weichzeichnergalerie verwenden, erhalten Sie interaktive Steuerelemente auf Ihren Bildern. **Tilt-Shift** setzt einen runden Pin in der Mitte Ihres Bilds, darüber und darunter zwei durchgezogene und zwei gepunktete Linien. Die durchgezogenen Linien zeigen Ihnen den Bereich, der scharf bleibt (den Fokusbereich). Der Bereich zwischen einer gestrichelten und einer durchgezogenen Linie ist der Übergang, wo scharf in unscharf übergeht. Je größer der Abstand zwischen den durchgezogenen und den gestrichelten Linien, desto länger braucht es von den scharfen Bereichen (innerhalb der durchgezogenen Linien) bis zu den völlig unscharfen Bereichen (außerhalb der gestrichelten Linien). *Hinweis:* Um einen Pin zu entfernen, klicken Sie ihn an und drücken die ⌂Entf⌂/⌂←⌂-Taste.

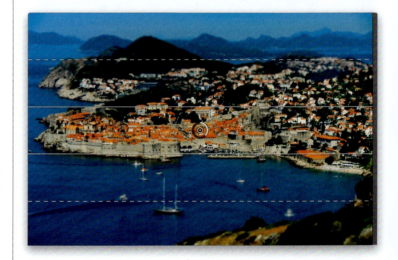

Schritt drei:

Die Stärke der Weichzeichnung legen Sie fest, indem Sie auf den grauen Teil des Rings um den Pin klicken und um den Ring ziehen. Beim Ziehen wird der Ring weiß. Sie sehen daran, wie weit Sie gegangen sind. Die tatsächliche Stärke der Weichzeichnung erscheint in einer kleinen Popup-Anzeige über dem Ring (in der Abbildung habe ich auf 66 gezogen). Ich komme mit dieser Technik super klar, aber wenn Sie es nervig finden, können Sie stattdessen auch den Regler **Weichzeichnen** im Bedienfeld **Weichzeichner-Werkzeuge** auf der rechten Seite Ihres Arbeitsbereichs nutzen.

Schritt vier:

Für den Look eines Miniaturmodells wirkt es meiner Ansicht nach besser, wenn Sie beide Fokusbereiche komprimieren. Dazu verkleinern Sie den fokussierten und den Übergangsbereich. So geht es: Klicken Sie zuerst auf den Pin und ziehen Sie ihn ein wenig nach rechts (siehe Abbildung). Dann klicken Sie direkt auf die obere durchgezogene Linie und ziehen nach innen in Richtung des runden Pins. Ziehen Sie die Linie ziemlich nahe an den Pin. Jetzt wiederholen Sie den Vorgang mit der unteren durchgezogenen Linie. Ziehen Sie sie nach oben in Richtung des runden Pins. Als Nächstes ziehen Sie den Mittelpunkt der oberen gestrichelten Linie näher an die obere durchgezogene Linie und dann wiederholen Sie dies mit der unteren gestrichelten Linie (wie hier gezeigt).

Schritt fünf:

Möchten Sie den Fokusbereich drehen (und weichzeichnen und all das), zeigen Sie auf den weißen Mittelpunkt auf der durchgezogenen Linie über dem Pin. Er wird zu einem doppelten Drehpfeil. Halten Sie die Maustaste auf dem weißen Punkt gedrückt und ziehen Sie mit der Maus nach links oder rechts. Ganz einfach. Ein paar Optionen sollten Sie kennen: Mit dem Regler **Verzerrung** im Bedienfeld **Weichzeichner-Werkzeuge** können Sie die Form der Weichzeichnung ändern. Wenn Sie das Kontrollfeld **Symmetrische Verzerrung** einschalten, sieht Ihre Weichzeichnung richtig schlecht und verzerrt aus. Ich habe noch nicht herausgefunden, warum ich sie einschalten sollte, außer wenn ich sauer auf mein Bild bin. Ein weiterer Satz Regler befindet sich im **Effekte**-Bedienfeld: Mit dem oberen verstärken Sie die Lichter im weichgezeichneten Bereich. Das kann bei manchen Outdoor-Porträts schön wirken, aber der Regler ist sehr sensibel – wenn Sie zu weit ziehen, sieht es aus, als hätte man eine Lichtergranate in das Bild geworfen. Wenden Sie ihn deshalb sparsam an.

Schritt sechs:

Es gibt in der Optionsleiste ein paar weitere Regler: Der **Fokus-Wert** ist standardmäßig auf 100% (scharfer Fokus) gesetzt. Je niedriger Sie ihn einstellen, desto unschärfer wird der im Fokus liegende Bereich (ich habe noch keine Verwendung dafür gefunden). Mit dem Kontrollfeld **Maske in Kanälen speichern** speichern Sie den maskierten Bereich in einem Kanal, falls Sie ihn später bearbeiten möchten (oder Rauschen hinzufügen oder die Farbe komplett entfernen etc.). Wenn Sie den Kanal laden, werden die maskierten Bereiche ausgewählt. Zuletzt gibt es das Kontrollfeld **Hohe Qualität**, durch das Sie eine Weichzeichnung in besserer Qualität erhalten, deren Berechnung aber länger braucht. Praktische Tastenkombinationen: Drücken Sie P, um die Weichzeichnung auszublenden (mit einem erneuten Tastendruck holen Sie sie zurück). Halten Sie H gedrückt, um den runden Pin und alle Linien auszublenden. Klicken Sie auf **OK** am Ende der Optionsleiste. Hier das fertige Bild mit dem zugewiesenen Tilt-Shift-Effekt.

Iris- und Feld-Weichzeichnung
(oder: Wie Sie den 85mm-f/1,4- Look faken)

Das ist eine wirklich coole Funktion, weil Sie damit einen superflachen Schärfentiefe-Effekt nachträglich in Ihr Bild rechnen können. Dabei können Sie den Fokuspunkt und die Weichzeichnung genau auf die gewünschte Stelle legen (Sie erhalten aber keinen Miniatureffekt wie bei der Tilt-Shift-Weichzeichnung).

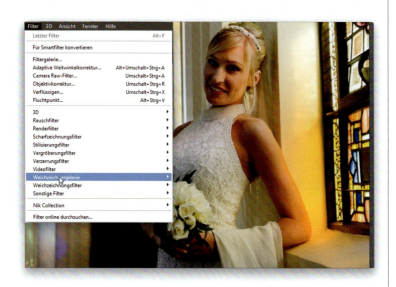

Schritt eins:

Öffnen Sie zunächst das Foto, dem Sie die Hintergrund-Weichzeichnung wie bei einer weit geöffneten Blende (etwa f/1,4 oder f/1,8) zuweisen möchten. Jetzt öffnen Sie das Menü **Filter**, wählen **Weichzeichnergalerie** und dann **Iris-Weichzeichnung** (siehe Abbildung). Der Bereich links von der Braut ist in diesem Bild etwas unscharf. Die Unschärfe soll aber noch deutlich verstärkt werden, damit sich die Braut besser abhebt.

Schritt zwei:

Mit der **Iris-Weichzeichnung** fügen Sie einen elliptischen Rand um die Bildmitte hinzu (siehe Abbildung). Mit dieser Ellipse können Sie bestimmen, welche Bildteile im Fokus bleiben und welche unscharf werden sollen (der Bereich in der Mitte der Ellipse ist scharf, zu den Rändern der Ellipse hin wird er immer unschärfer). Bewegen Sie Ihren Mauszeiger in die Ellipse, wird ein Satz Bildschirmsteuerelemente angezeigt. Im Zentrum finden Sie einen kleinen runden Pin – klicken Sie direkt darauf, um die Ellipse an die gewünschte Stelle zu ziehen. Die Zone innerhalb der vier größeren weißen Punkte zeigt Ihnen den Bereich, der scharf bleibt (den Fokusbereich). Alles zwischen diesen vier Punkten und dem durchgezogenen ellipsenförmigen Rahmen ist die Übergangszone von scharf zu unscharf. Wenn Sie die weißen Punkte in Richtung Mitte ziehen, verkleinert sich der scharfe Bereich. Es ergibt sich also ein langer, glatter Übergang von unscharf zu scharf. Ziehen Sie nach außen, vergrößert sich die scharfe Zone, der Übergang wird kürzer und abrupter.

Schritt drei:

Der Fokus soll direkt auf der Braut liegen. Deshalb verschieben wir die Ellipse, verschmälern sie (sodass sie nur auf dem Körper liegt) und drehen sie nach links, bis sie der Pose entspricht. Um die Seiten der Ellipse zu verkleinern, klicken Sie auf die kleinen Punkte zu beiden Seiten der Ellipse und ziehen nach innen Richtung Braut. Jetzt nehmen Sie denselben Punkt und ziehen ein wenig nach innen. Die Ellipse dreht sich. Um sie zu verschieben, klicken Sie auf den Pin und ziehen ein wenig nach rechts. Um die Ellipse zu verlängern, klicken Sie auf den oberen oder unteren Punkt auf der Ellipse und ziehen nach außen (wie hier gezeigt). Sie können die Ellipse jederzeit neu formen oder drehen, um sie der gewünschten Form anzupassen (natürlich innerhalb der Grenzen einer Ellipse). Wir haben nun eine hohe, schmale Ellipse über unserer Braut positioniert. Standardmäßig erhalten alle Bereiche außerhalb der Ellipse eine leichte Weichzeichnung.

Schritt vier:

Um die Stärke der Weichzeichnung zu regulieren, klicken Sie auf den grauen Teil des Rings um den Pin und ziehen nach links/rechts. Beim Ziehen wird die Weichzeichnung verstärkt/abgeschwächt. Ich ging auf 16 px. Natürlich könnten Sie auch einfach den Regler **Weichzeichnen** im Bedienfeld **Weichzeichner-Werkzeuge** im rechten Bereich nutzen, aber wo bliebe dann der Spaß? Anschließend erkannte ich, dass der obere Bereich des Kopfes sehr unscharf wirkte, dass die Ellipse nicht genau an der richtigen Stelle saß und zu klein war. Kein Problem: Ziehen Sie die Ellipse einfach weiter auf (siehe Abbildung), klicken Sie auf den Pin und ziehen Sie die Ellipse ein wenig nach rechts. Schließlich ziehen Sie einen der großen weißen Punkte in Richtung Ellipse (siehe Abbildung), damit mehr Bereiche innerhalb der Ellipse im Fokus liegen. Ahhh, das sieht schon besser aus!

Schritt fünf:

Wenn noch weitere Bereiche im Fokus liegen sollen, fügen Sie einfach weitere Pins hinzu. Sie müssen dazu nur auf eine beliebige Stelle außerhalb der Ellipse klicken. Dadurch erzeugen Sie eine neue Ellipse mit derselben Weichzeichnung (sehr praktisch!). Sollen weitere Teile des Arms im Fokus liegen, klicken Sie einfach darauf, um eine weitere Ellipse hinzuzufügen (siehe Abbildung), verkleinern Sie diese und positionieren Sie sie über dem Arm. Sollen die Blumen stärker im Fokus liegen? Ich habe hier eine weitere Ellipse hinzugefügt (achten Sie auf den dritten Pin). Wie lange habe ich für alle diese Weichzeichnungs-Pins gebraucht? Nur ein paar Sekunden. Für jeden einen Klick zum Erstellen und einen oder zwei Klicks zum Positionieren. Lassen Sie sich also nicht durch alle diese Pins auf der Braut irritieren – es geht ganz einfach. Eine letzte Sache: Sobald Sie den Effekt mit ⏎ zugewiesen haben, können Sie die Stärke der Weichzeichnung kontrollieren, indem Sie im Menü **Bearbeiten** den Befehl **Verblassen Weichzeichnergalerie** wählen. Verringern Sie die Deckkraft auf etwa 70 % und prüfen Sie, wie das aussieht (ziemlich gut, stimmt's?). Unten sehen Sie die Vorher/Nachher-Bilder. Jetzt beschäftigen wir uns aber mit einem weiteren Weichzeichnungsfilter.

Vorher

Nachher

Schritt sechs:

Okay, nun zur **Feld-Weichzeichnung**. Ich verwende diese für weiche Verlaufskanten (größtenteils weil ich mir nichts anderes vorstellen kann, was ich damit machen könnte, was mit der **Iris-Weichzeichnung** nicht ginge). Öffnen Sie ein neues Bild und wählen Sie **Filter > Weichzeichnergalerie > Feld-Weichzeichnung**. Sie erhalten im Zentrum Ihres Bilds einen Pin (siehe Abbildung), der Ihr gesamtes Bild weichzeichnet. Äh … ja … das ist hilfreich. Um die Weichzeichnung zu verstärken, klicken Sie auf den grauen Teil des Rings um den Pin und ziehen nach links (genau wie bei der **Iris-Weichzeichnung**). Okay, das ist ein Anfang. Es geht aber hier darum, einen zweiten Pin hinzuzufügen und diesen mit 0 % Weichzeichnung zu versehen.

Schritt sieben:

Klicken Sie auf das Gesicht, um einen zweiten Pin hinzuzufügen, dann auf den grauen Teil des Rings. Ziehen Sie jetzt nach rechts, bis die Weichzeichnung auf 0 steht (siehe Abbildung). Der Bereich unter diesem Pin ist nun im Fokus. Ich weiß, was Sie an dieser Stelle denken: Das wirkt wie eine weitere Version der **Iris-Weichzeichnung**. Ja, es scheint so – aber das liegt einfach daran, dass es in gewisser Weise so ist. Der nächste Schritt zeigt Ihnen jedoch, wo die Unterschiede liegen (nun, zumindest teilweise).

Schritt acht:

Halten Sie die Taste ⓜ gedrückt – Sie sehen eine Vorschau der Maske, die von diesen Pins erzeugt wurde. Der schwarze Bereich liegt komplett im Fokus, der graue Bereich teilweise und der weiße Bereich liegt komplett außerhalb des Fokus. Der obere Bereich ist also scharf und dann verläuft das Bild allmählich nach unten in Unschärfe. Für das gezeigte Ergebnis müssen Sie jedoch den oberen (Fokus-)Pin ein Stück nach rechts ziehen. Dabei sehen Sie, wie sich die Maske dynamisch verändert. Sie brauchen dazu nur zwei Sekunden – wenn Sie fertig sind, lassen Sie die Taste ⓜ los.

Schritt neun:

Nun klicken Sie in der Optionsleiste auf die Schaltfläche **OK**, um den Effekt zuzuweisen. Wie Sie sehen, liegt der obere Bildbereich im Fokus und die Hände sind bereits unscharf. Vielleicht nicht gerade der tollste Photoshop-Effekt aber falls Sie ihn mal brauchen, kennen Sie ihn jetzt zumindest.

Fashion-Tonung mit Color-Lookup-Einstellungsebene

Tonungen und Filmlooks sind in der Fashion-Fotografie heutzutage allgegenwärtig. Sie können für solche Effekte auch die Color-Lookup-Tabellen von Photoshop verwenden. Dabei werden die Farben in Ihrem Bild sofort verändert. So erzielen Sie ziemlich coole Effekte, die von den in Filmen und Videos verwendeten Lookup-Tabellen inspiriert sind. Es gibt kaum Regler, mit denen Sie herumspielen könnten – die meisten dieser Effekte weisen Sie mit einem Klick zu: Sie wählen einen Look und entweder er gefällt Ihnen oder nicht – das Schöne ist aber, dass die Effekte als Einstellungsebene verfügbar sind, sodass Sie die Stärke der Tonung kontrollieren (oder nur den Hintergrund mit der automatisch hinzugefügten Ebenenmaske tonen).

Schritt eins:

Öffnen Sie das Foto, dem Sie einen Color-Lookup-Effekt zuweisen möchten. Dann klicken Sie im **Ebenen**-Bedienfeld auf das Symbol **Neue Einstellungsebene erstellen** am unteren Bedienfeldrand und wählen **Color Lookup** aus dem Popup-Menü (wie hier gezeigt). Alternativ klicken Sie auf das letzte Symbol in der zweiten Reihe des **Korrekturen**-Bedienfelds. Damit öffnen Sie die **Color-Lookup**-Optionen im **Eigenschaften**-Bedienfeld (siehe Abbildung). Es gibt drei verschiedene Effektsätze. Wählen Sie aus einem der drei Popup-Menüs (Sie können immer nur einen Effekt zuweisen, dafür aber Einstellungsebenen hinzufügen, wenn Sie mehrere Color-Lookup-Effekte übereinanderlegen möchten).

Schritt zwei:

Beginnen wir mit der obersten Option: Klicken Sie auf das Popup-Menü rechts von **3DLUT-Datei** – Sie sehen eine lange Liste von Toning-Looks, alles Mögliche von Schwarzweiß über traditionelle Film-Looks bis hin zu Split-Toning. Ich habe hier **Soft_Warming**.look gewählt (ich empfehle Ihnen, alle durchzuprobieren, weil sie je nach Bild sehr unterschiedlich wirken können). Wenn der Effekt nun zu intensiv wirkt, können Sie (1) die Deckkraft der Ebene verringern oder (2) den Mischmodus ändern, um zu steuern, wie dieser Effekt mit dem Bild verrechnet wird. Außerdem können Sie (3) ⌘/ Strg + I drücken, um die Ebenenmaske zu invertieren. Dadurch verschwindet der Effekt hinter einer schwarzen Ebenenmaske. Dann nehmen Sie das **Pinsel**-Werkzeug (B) und malen mit weißer Vordergrundfarbe einfach den Effekt an den gewünschten Stellen ins Bild.

Schritt drei:

Gehen wir zum nächsten Abschnitt im **Eigenschaften**-Bedienfeld: **Abstract**. Klicken Sie auf das Popup-Menü rechts davon, um alle Auswahlmöglichkeiten zu sehen. Hier habe ich **Cobalt-Carmine** gewählt, was meiner Meinung nach gut zu diesem Bild passt. *Hinweis:* Es gibt ein paar Effekte mit Zusatzoptionen. Wählen Sie etwa aus dem in Schritt zwei verwendeten Popup-Menü **3DLUT-Datei** den Effekt **NightFromDay.CUBE**, sehen Sie am unteren Rand des **Eigenschaften**-Bedienfelds einige Optionsfelder. Sie können also immer nur eine Option auf der linken und eine auf der rechten Seite wählen. Sie erzeugen damit verschiedene Varianten des Looks. Außerdem gibt es ein paar praktische Symbole am unteren Bedienfeldrand. Am häufigsten verwende ich das Augensymbol, um die Color-Lookup-Einstellungsebene ein- und auszuschalten (so spare ich mir den Ausflug ins **Ebenen**-Bedienfeld). Wenn Sie auf das erste Symbol von links klicken, wirkt der Effekt nur auf die direkt darunterliegende Ebene (statt wie normalerweise auf alle darunterliegenden Ebenen). Das nächste Symbol (das Auge mit dem Pfeil) ist die Vorher/Nachher-Ansicht. Sie bewirkt dasselbe, wie wenn Sie die Ebene mit dem Augensymbol ein- oder ausschalten. Das nächste Symbol, der gebogene Pfeil, setzt das gesamte Bedienfeld auf den Standard zurück.

Schritt vier:

Probieren wir die letzte Einstellung, **Device Link**. Sie sehen die Auswahlmöglichkeiten hier in dem Popup-Menü. Ich wählte **RedBlueYellow** für den hier gezeigten Look. Eine letzte Sache: Wenn Sie die oberste Option in einer der Dropdown-Listen wählen, erhalten Sie einen **Öffnen**-Dialog, über den Sie ein Profil laden können. Allerdings sind solche Profile nicht gerade leicht zu finden. Ich kenne niemanden, der eines besitzt, außer Leute, die in der Filmbranche arbeiten. Klicken Sie daher auf **Zurücksetzen**, wenn dieses Dialogfenster angezeigt wird. (Sie fragen sich, warum es nicht die letzte Option im Menü ist, wenn die meisten Leute keine Profile haben, stimmt's? Jetzt hören Sie schon auf.)

Gesichter mit dem überarbeiteten Verflüssigen-Filter formen

Seit Jahren ist der **Verflüssigen**-Filter *das* Werkzeug des professionellen Retuscheurs. Er kann nämlich etwas wirklich Bemerkenswertes: Mit ihm lassen sich die Formen Ihres Models umherbewegen, als ob es aus einer sirupartigen Flüssigkeit bestehen würde – und damit können Sie sehr viele Probleme beheben. Außer dieser komplett manuellen, aber ziemlich spannenden Technik hat Adobe nun einige wirklich erstaunliche Funktionen zur Gesichtserkennung in den Filter integriert. Er erkennt Gesichtsbereiche wie Augen, Nase und Mund und kann diese auf eine sehr natürliche Weise verändern (das geht ganz einfach – Sie werden es gleich sehen!).

Schritt eins:

Öffnen Sie das Bild, das Sie retuschieren möchten (hier haben wir ein schönes Porträt), dann öffnen Sie das Menü **Filter** und wählen **Verflüssigen** (oder drücken Sie ⌘/ Strg + ⇧ + X), um das hier gezeigte Dialogfenster zu öffnen. Am linken Rand gibt es eine Symbolleiste, im rechten Bereich verschiedene Steuerelemente. Dazu gehören Regler für die Veränderung der Gesichtszüge. Die Grundlage ist eine automatische Gesichtserkennung.

Schritt zwei:

Der **Verflüssigen**-Filter erkennt Gesichtszüge wie Augen, Nase, Mund, Kinn sowie Gesichtshöhe und -breite, wählt diese Bereiche automatisch aus und weist sie den Reglern zu. Sie können also sofort mit den Anpassungen beginnen, ohne dass Sie malen oder Auswahlen vornehmen müssten – die Regler sind bereits aktiv und benutzungsfertig. Zunächst passen wir die Augen mit den **Augen**-Reglern im Abschnitt **Gesichtsbezogenes Verflüssigen** an (klicken Sie auf den Rechtspfeil, um diese Optionen anzuzeigen) und vergrößern Sie sie mit dem **Augengröße**-Regler ein wenig. Sie können Breite und Höhe der Augen einzeln anpassen, außerdem die Neigung und den Abstand zwischen den Augen, indem Sie nach links ziehen. In der Abbildung habe ich den Augenabstand auf –27 gezogen.

Schritt drei:

Unter den Reglern für die Augen befinden sich die Optionen für die Nase. Hier können Sie die Höhe und Breite der Nase verändern. Wir passen beides an: Die Nase machen wir schmaler, indem wir den **Nasenbreite**-Regler nach links auf −55 ziehen. Wir verringern ihre Höhe, indem wir den **Nasenhöhe**-Regler auf −68 ziehen.

Schritt vier:

Mal sehen, ob wir ein kleines Lächeln in ihre Miene zaubern können. Der **Verflüssigen**-Filter leistet bei den meisten Bildern in diesem Bereich ziemlich gute Arbeit – klicken Sie einfach auf den Rechtspfeil links von Mund, um die zugehörigen Optionen einzublenden. Dann ziehen Sie den Regler **Lächeln** nach rechts (wie Sie sehen, ging ich auf 74). Dadurch wird die Mundkontur nach oben gezogen und der benachbarte Wangenbereich ebenfalls angepasst (siehe Abbildung). Sie können auch die Oberlippe verändern (ziehen Sie den Regler nach rechts, um sie zu vergrößern, oder nach links, um sie zu verkleinern). Ähnliches gilt für die Unterlippe: Ziehen Sie nach rechts, um sie zu verkleinern, nach links, um sie zu vergrößern. Außerdem können Sie Mundbreite und -höhe anpassen (in diesem Bild öffnen sich die Lippen dadurch leicht).

TIPP: Der Verflüssigen-Filter kann auch mehrere Gesichter erkennen

Wenn sich mehr als eine Person in Ihrem Bild befindet, können Sie auswählen, mit welchem Gesicht Sie arbeiten möchten. Nutzen Sie dazu das Popup-Menü **Gesicht ausw.** im oberen Dialogfensterbereich.

Schritt fünf:

Statt die Regler zu nutzen, können Sie auch direkt in das Bild klicken, um die gezeigten Änderungen vorzunehmen. Wenn Sie das **Gesichtswerkzeug** ([A]) in der Werkzeugleiste ausgewählt haben, zeigen Sie mit der Maus auf das Bild und die Auswahlgriffe (Linien) auf den einzelnen Gesichtsbereichen. Ziehen Sie dann innerhalb dieser Bereiche, um Anpassungen vorzunehmen. Passen wir nun Kinnlinie und Gesichtsform an: Zeigen Sie mit der Maus auf das Gesicht, um darumherum eine dünne Linie einzublenden (siehe Abbildung). Diese signalisiert Ihnen, dass dieser Bereich »ausgewählt« ist. Klicken Sie auf die Linie unten am Kinn und dann nach innen (wenn Sie mit der Maus über das Gesicht fahren, erscheinen Tooltipps zu den jeweils angepassten Bereichen). Wie Sie sehen, wurde der Regler **Kinnpartie** im Bereich **Gesichtsform** auf −55 verrringert.

TIPP: Griffe ausblenden

Um die Griffe (Linien) auf dem Motiv auszublenden, schalten Sie einfach das Kontrollfeld **Gesichtsüberlagerung anzeigen** im Abschnitt **Anzeigeoptionen** aus.

Schritt sechs:

Damit der Kopf nicht so rund wirkt, vergrößern wir die Stirn. Im Abschnitt **Gesichtsform** ziehen Sie den **Stirn**-Regler ganz nach rechts (siehe Abbildung). Setzen wir auch die **Kinnlinie** auf −38 zurück und passen wir die Gesichtsbreite ein wenig auf −37 an.

Scott Kelbys Photoshop CC-Praxisbuch [Ps]

Schritt sieben:

Sie können mit der Gesichtserkennung auch Gesichtsbereiche verschieben. Dazu klicken Sie direkt auf den gewünschten Bereich. Zeigen Sie beispielsweise mit der Maus auf das rechte Auge, erscheinen wieder die Linien, die Ihnen signalisieren, dass dieser Bereich ausgewählt ist. Jetzt ziehen Sie nach unten, um das Auge ein wenig in diese Richtung zu verschieben (in der Abbildung ziehe ich nach unten, um das rechte und das linke Auge auszurichten).

TIPP: Eine Vorher/Nachher-Ansicht Ihrer Verflüssigen-Korrekturen anzeigen

Für eine Vorher/Nachher-Ansicht Ihrer Anpassungen schalten Sie das Kontrollfeld **Vorschau** im rechten unteren Dialogbereich ein und aus oder drücken einfach die [P]-Taste.

Schritt acht:

Neben der automatischen Gesichtsanpassung verwende ich häufig das **Mitziehen**-Werkzeug ([W]; das oberste Werkzeug in der Werkzeugleiste). Sie ziehen Ihr Motiv damit umher, als habe es eine dickflüssige Konsistenz (wie Sirup). Sein Geheimnis ist: (1) Passen Sie die Pinselgröße an die Größe des zu verschiebenden Bildbereichs an und (2) machen Sie behutsame Bewegungen (ziehen Sie nur ganz leicht). Dann erhalten Sie hervorragende Ergebnisse. Aktivieren Sie dieses Werkzeug in der Werkzeugleiste, stimmen Sie die Pinselgröße ungefähr auf das rechte Ohr ab (Sie können den Pinsel mit der +- und die [#]-Taste auf Ihrer Tastatur schnell vergrößern oder verkleinern), dann ziehen Sie das Ohr leicht nach links, um es etwas zu verkleinern (wie hier gezeigt).

Schritt neun:

Typische Aufgaben für das **Mitziehen**-Werkzeug wären die Korrekturen einzelner Bereiche von Lippen, Augenbrauen (ich habe hier die rechte Augenbraue etwas nach unten gedrückt, um sie an die linke anzupassen) und Kleidung. Aber auch für viele andere Anpassungen ist das Werkzeug perfekt geeignet.

TIPP: Visuelle Pinselskalierung beim Verflüssigen

Hier eine weitere schnelle Möglichkeit, um eine größere oder kleinere Pinselspitze zu erhalten: Am Mac drücken und halten Sie Alt + Ctrl und ziehen Sie mit der Maus nach links oder rechts. Am PC halten Sie die Alt-Taste gedrückt und ziehen nach links oder rechts.

Schritt zehn:

Wenn Sie an einem Bereich größere Korrekturen vornehmen, laufen Sie Gefahr, einen anderen, benachbarten Bereich zu verschieben. Glücklicherweise können Sie beim Ziehen von Bildbereichen beliebige Bildteile einfrieren, wenn Sie diese nicht verschieben wollen. Wenn Sie beispielsweise das Ohr nach innen verschieben und dabei gleichzeitig auch die Gesichtsseite nach innen gedrückt wird, können Sie die Gesichtsseite einfrieren. Dann bleibt diese unverändert, egal, wie weit Sie das Ohr nach innen ziehen. Verwenden Sie dazu das **Fixierungsmaske**-Werkzeug (F); es ist das achte Werkzeug in der Werkzeugleiste). Hier habe ich mit dem **Fixierungsmaske**-Werkzeug über die Seiten des Gesichts gemalt. Der übermalte Bereich erscheint wie in der Abbildung rot getönt. (*Hinweis:* Wenn die rote Maske nicht angezeigt wird, aktivieren Sie in den Anzeigeoptionen das Kontrollfeld **Maske einblenden**.) Der rote Bereich ist nun geschützt und kann nicht beschädigt werden, während Sie einen benachbarten Bereich ziehen. Wenn Sie fertig sind oder um einen beliebigen Bereich zu löschen, über den Sie versehentlich gemalt haben, wechseln Sie zum **Maske-lösen**-Werkzeug (D); es ist das nächste Werkzeug in der Werkzeugleiste) und malen den rot getönten Bereich weg.

Schritt elf:

Nun wollen wir das Bild fertigstellen. Dazu wenden wir uns noch einmal den Augen zu. Im Bereich **Augen** erhöhen wir zuerst den **Augengröße**-Wert. Da wir die Größe beider Augen anpassen möchten, klicken wir auf das Kettensymbol zwischen den beiden **Augengrö-ße**-Feldern, damit die vorgenommenen Einstellungen für beide Augen gelten. Nun erhöhen Sie die linke Augengröße auf 14. Das rechte **Augengröße**-Feld wird entsprechend angepasst. Schließlich verändern wir die Augenhöhe, aber weil wir für beide Augen unterschiedliche Einstellungen wünschen, klicken wir hier nicht auf das Kettensymbol. Ziehen Sie jetzt den linken **Augenhöhe**-Regler nach links auf etwa −40 und den rechten auf etwa 54 (wie hier gezeigt). Eine Vorher/Nachher-Version sehen Sie unten.

Vorher

Nachher

Blendenflecke

Dieser Effekt ist in großem Stil zurückgekommen (er war vor Jahren en vogue, dann verschwand er, jetzt ist er zurück). Die richtige Definition für Mode, stimmt's? Glücklicherweise geht er superschnell und supereinfach (solche Techniken mag ich am liebsten).

Schritt eins:

Öffnen Sie zuerst ein Bild, das Sie mit Blendenflecken versehen möchten (siehe Abbildung). Erzeugen Sie eine neue, leere Ebene, indem Sie auf das Symbol **Neue Ebene erstellen** am unteren Rand des **Ebenen**-Bedienfelds klicken.

Schritt zwei:

Drücken Sie [D], um die Vordergrundfarbe auf Schwarz zu setzen, dann drücken Sie [Alt]+[Entf], um die neue Ebene einfarbig schwarz zu füllen. Jetzt öffnen Sie das Menü **Filter** und wählen **Renderfilter > Blendenflecke**, um das hier gezeigte Dialogfenster zu öffnen. Es gibt vier verschiedene Stile für die Blendenflecke. Am häufigsten wird der erste verwendet (der 50–300-mm-Zoom). Der **Helligkeit**-Regler steuert ... einen Moment ... warten Sie ... okay, ganz offensichtlich steuert er die Helligkeit des Blendenflecks (ich ließ ihn hier auf 100 %). Jetzt klicken Sie auf **OK**, um die Blendenflecke der schwarzen Ebene zuzuweisen (siehe Abbildung).

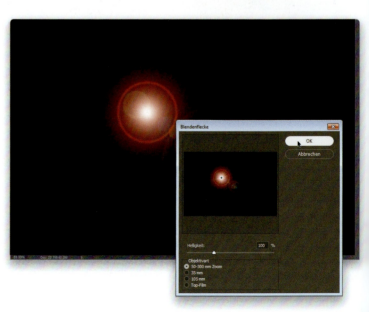

Schritt drei:

Natürlich haben Sie an diesem Punkt nur Blendenflecke auf einer schwarzen Ebene – wir müssen sie noch in das Bild hineinrechnen. Ganz einfach: Gehen Sie ins **Ebenen**-Bedienfeld und ändern Sie den Mischmodus der Ebene von **Normal** in **Negativ multiplizieren**. Sobald Sie das getan haben – zack! – erscheinen die Blendenflecke (siehe Abbildung) in der Bildmitte. Aktivieren Sie das **Verschieben**-Werkzeug (V) in der Werkzeugleiste, klicken Sie auf die Blendenflecke in Ihrem Bild und ziehen Sie sie an die gewünschte Stelle (hier platzierte ich sie links vom Kopf).

TIPP: Die Anordnung der Blendenflecke ändern

Bei geöffnetem Dialogfenster **Blendenflecke** klicken Sie auf das kleine + (Fadenkreuz) in der Mitte des Vorschaubilds. Wenn Sie nun ziehen, werden Reihenfolge und Abstand der Blendenflecke entsprechend geändert.

Schritt vier:

Wenn Sie die Blendenflecke-Ebene auf diese Weise verschieben, bekommen Sie es wahrscheinlich mit einer sichtbaren Kante zu tun. Der Grund: Nehmen wir an, Sie haben gar keine Blendenflecke hinzugefügt und sehen nur eine schwarze Ebene vor sich. Wenn Sie die schwarze Ebene mit dem **Verschieben**-Werkzeug umherbewegen, sehen Sie die Kanten des schwarzen Rechtecks. Nachdem wir also die Blendenflecke hinzugefügt und den Modus **Negativ multiplizieren** zugewiesen haben, sind diese Kanten zwar nicht mehr so gut sichtbar, aber wahrscheinlich immer noch da. Klicken Sie also auf das Symbol **Ebenenmaske hinzufügen** am unteren Rand des **Ebenen**-Bedienfelds und drücken Sie X, um die Vordergrundfarbe auf Schwarz zu setzen. Nehmen Sie das **Pinsel**-Werkzeug (B) in der Werkzeugleiste, wählen Sie einen großen, weichen Pinsel in der Optionsleiste und malen Sie über die Kantenbereiche, damit diese mit dem Rest des Bilds verschmelzen. Eine letzte Sache: Scheint der Effekt zu intensiv, wählen Sie eine niedrigere Deckkraft für diese Ebene (hier habe ich die Deckkraft auf 75 % verringert). Okay – das war's.

Ein Foto mit einem Klick in ein Ölgemälde verwandeln

Diesen Filter gab es vor einer Weile in Photoshop, dann nahm Adobe ihn heraus, fügte ihn dann aber wieder ein, nur an einer anderen Stelle. Er verwandelt Ihr Bild mit nur einem Klick in ein Ölgemälde – es ist wirklich ein Ein-Klick-Effekt, denn sobald Sie den **Ölfarbe**-Filter öffnen, wird Ihr Bild – zack – zu einem Ölgemälde, bevor Sie auch nur einen einzigen Regler anrühren. Es wird Ihnen gefallen, wie einfach das geht.

Schritt eins:

Öffnen Sie ein Bild, das Sie in ein Ölgemälde verwandeln möchten. Mein Bild habe ich in Island fotografiert. Ich habe diese Aufnahme mit einer HDR-Bearbeitung versehen, aber werde es jetzt mit einem Klick in ein Ölgemälde verwandeln. Öffnen Sie das, wählen Sie **Stilisierungsfilter** und dann **Ölfarbe**. (*Hinweis:* Wenn der Menüpunkt **Ölfarbe** bei Ihnen ausgegraut ist, wählen Sie **Photoshop/Bearbeiten**, dann **Voreinstellungen** und **Leistung**.) Im Abschnitt **Grafikprozessor-Einstellungen** klicken Sie auf die Schaltfläche **Erweiterte Einstellungen**. Prüfen Sie im nun angezeigten Dialogfenster, ob das Kontrollfeld **OpenCL verwenden** aktiviert ist. Ist diese Option ausgegraut, wird Ihre OpenCL-Version vom Filter nicht unterstützt.

Schritt zwei:

Das war es schon. Sobald Sie den Filter **Ölfarbe** wählen, erhalten Sie ein Ölgemälde. Okay, Sie müssen zuerst das Kontrollfeld **Vorschau** im oberen Dialogfensterbereich einschalten, damit Sie den Effekt in Ihrem Bild sehen. Die Standardeinstellungen sind hier gar nicht schlecht, aber probieren Sie die Optionen in diesem Dialogfenster ruhig durch; vielleicht können Sie ein noch besseres Ergebnis erzielen.

Schritt drei:

Bevor Sie mit den Reglern arbeiten, sollten Sie in Ihr Bild einzoomen, damit Sie die Auswirkungen der Regler deutlich erkennen können (und insbesondere bevor Sie den Effekt zuweisen). Zoomen Sie dazu mit ⌘/Strg + + ein.

Schritt vier:

Der Regler **Stilisierung** verändert den Stil Ihrer Pinselstriche – ziehen Sie nach links, erhalten Sie dicke Striche, ziehen Sie nach rechts, werden die Striche glatter (bei hoch aufgelösten Bildern brauchen Sie einen höheren Wert). Ziehen Sie den Regler **Reinheit** für kurze, starke Pinselstriche nach links, für längere, glattere nach rechts. Die **Skalierung** bestimmt die Dicke der Farbe – ziehen Sie den Regler für eine dünne Farbschicht nach links, für eine dickere nach rechts. Und wenn Sie den Regler **Borstendetails** nach rechts ziehen, erhalten Sie ausgeprägte Pinseldetails.

Schritt fünf:

Schließlich können Sie im Bereich **Beleuchtung** den Lichtwinkel sowie den Glanz (die Helligkeit) anpassen. Sie sehen hier meine Einstellungen und unten das Nachher-Bild. Das war es schon. Ölfarbe – fantastisch und einfach.

Meine Drei-Klick-Methode für die Schwarzweißkonvertierung (wenn Sie sowieso schon in Photoshop sind)

Oft kommen die besten Techniken ins Spiel, wenn Sie es am wenigsten erwarten. Dieses Projekt ist ein perfektes Beispiel dafür. Ich habe an einem ganz anderen Projekt gearbeitet, als ich über diese Technik stolperte, und habe mich in sie verliebt. Und nun sind Sie nur drei Klicks von einem schönen, scharfen, hochkontrastigen Schwarzweißbild entfernt (wenn Sie bereits in Photoshop arbeiten). Sonst würde ich Camera Raw nutzen, weil Sie dann mehr Kontrollmöglichkeiten haben (siehe Kapitel 5). Außerdem zeige ich Ihnen, wie Sie Ihre Konvertierung anpassen können, dazu auch eine Variation mit einigen weiteren Klicks.

Schritt eins:

Öffnen Sie das Farbbild, das Sie in ein hochkontrastiges Schwarzweißbild konvertieren möchten. Drücken Sie zuerst die Taste D, um die Vordergrundfarbe auf Schwarz und die Hintergrundfarbe auf Weiß zu setzen. Im **Korrekturen**-Bedienfeld klicken Sie dann auf das Symbol **Verlaufsumsetzung** (hier rot eingekreist; es sieht aus wie ein waagerechter Verlauf).

Schritt zwei:

Sobald Sie dieses Symbol angeklickt haben, erscheinen die Optionen der **Verlaufsumsetzung** im **Eigenschaften**-Bedienfeld. Sie müssen hier überhaupt nichts einstellen. Gar keine schlechte Schwarzweißkonvertierung, stimmt's? Ob Sie es glauben oder nicht. Nur durch diese einfache Schwarzweiß-Verlaufsumsetzung erhalten Sie fast immer eine viel bessere Konvertierung, als wenn Sie aus dem Untermenü **Modus** des Menüs **Bild** den Befehl **Graustufen** wählen. Und ich finde, die Konvertierung ist meist sogar besser als die Standard- und die Auto-Einstellung der **Schwarzweiß**-Einstellungsebene. Wir können die Konvertierung aber mit einem oder zwei weiteren Klicks noch ein wenig verbessern.

Schritt drei:

Jetzt erhöhen wir auf einfache Weise den Kontrast. Klicken Sie auf das Symbol der **Tonwertkorrektur**-Einstellungsebene im **Korrekturen**-Bedienfeld (es ist das zweite Symbol in der oberen Reihe). Hier die gute Nachricht: Wenn die **Tonwertkorrektur** im **Eigenschaften**-Bedienfeld angezeigt wird, müssen Sie nicht wirklich die Tonwertkorrektur anpassen. Sie müssen nur den Mischmodus dieser Einstellungsebene von **Normal** in **Weiches Licht** ändern (am oberen Rand des **Ebenen**-Bedienfelds, siehe Abbildung). Sie erkennen, dass dieses Bild nun viel kontrastreicher und überhaupt knackiger wirkt. Wenn **Weiches Licht** bei Ihrem speziellen Foto nicht kontrastreich genug ist, probieren Sie es stattdessen mit dem Mischmodus **Ineinanderkopieren** (er ist kontrastreicher). Okay, das war's – drei Klicks und Sie sind fertig. Nachdem Sie jetzt schon am Klicken sind, gibt es eine Möglichkeit, Ihre Konvertierung anzupassen, wenn Ihnen danach ist (normalerweise nicht nötig, aber wenn Sie wollen, zeige ich Ihnen, wie).

Schritt vier:

Im **Ebenen**-Bedienfeld klicken Sie auf die **Verlaufsumsetzung**-Einstellungsebene (die mittlere Ebene), um sie zu aktivieren. Jetzt klicken Sie direkt auf den Verlauf im **Eigenschaften**-Bedienfeld. Dadurch wird das Dialogfenster **Verläufe bearbeiten** geöffnet. Klicken Sie direkt in der Mitte unter dem Verlaufsbalken (hier eingekreist), um eine Farbmarke einzufügen (sie sieht wie ein kleines Haus aus). Klicken Sie noch nicht auf **OK**. An diesem Punkt sieht Ihr Bild recht dunkel aus, aber das ist in Ordnung – wir sind noch nicht fertig.

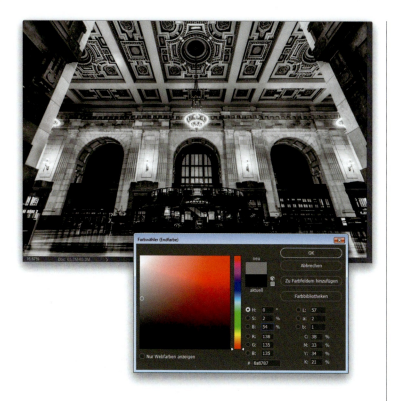

Schritt fünf:

Doppelklicken Sie direkt auf die soeben erstellte Farbmarke und der Photoshop-Farbwähler wird angezeigt (siehe Abbildung). Ziehen Sie mit der Maus auf der linken Seite des Farbwählers direkt an der Kante entlang (wie hier gezeigt). Wählen Sie ein mittleres Grau. Wenn Sie beim Ziehen immer wieder die Maustaste freigeben und sich das Bild ansehen, erkennen Sie, wie sich die Mitteltöne ändern. Sie können an jedem Punkt stoppen, wenn das Bild Ihnen gefällt (in unserem an einem Punkt in der Mitte). Klicken Sie dann auf **OK**, um den Farbwähler zu schließen (nur den Farbwähler, den Verlaufseditor lassen Sie geöffnet, weil Sie noch eine weitere Anpassung vornehmen können). Natürlich ist dies alles optional; Sie könnten auch bei Schritt drei aufhören.

Schritt sechs:

Sobald Sie wieder im Verlaufseditor sind und Ihre Farbmarke grau ist, können Sie diese umherziehen, um den Farbton Ihres Bilds anzupassen (wie hier gezeigt). Gewöhnungsbedürftig ist, dass Sie in die entgegengesetzte Richtung ziehen müssen, in die der Verlauf zeigt. Um das Bild beispielsweise abzudunkeln, ziehen Sie nach rechts, in Richtung des weißen Verlaufsendes. Um das Bild aufzuhellen, ziehen Sie nach links in Richtung des dunkleren Endes. Verrückt, ich weiß. Eine andere Sache: Im Gegensatz zu allen anderen Reglern in Photoshop erhalten Sie beim Ziehen einer Farbmarke keine Live-Vorschau – Sie müssen die Maustaste freigeben; erst dann sehen Sie das Ergebnis des Ziehvorgangs. Klicken Sie auf **OK** – fertig.

Schritt sieben:

Hier eine schnelle Variation, die nur einen weiteren Klick benötigt: Gehen Sie zum **Ebenen**-Bedienfeld und verringern Sie die Deckkraft Ihrer **Verlaufsumsetzung**-Einstellungsebene auf 82% (wie hier gezeigt). Dadurch kommt wieder ein wenig Farbe ins Spiel, sodass Sie einen wirklichen netten subtilen »Tusche«-Effekt erhalten. (Vergleichen Sie dieses leicht gefärbte Foto mit der vollfarbigen Version in Schritt eins, dann sehen Sie, was ich meine. Das sieht ganz gut aus, finden Sie nicht?) Eine Vorher-Nachher-Version sehen Sie unten, aber es ist die Drei-Klick-Version (nicht alle weiteren Anpassungen, die wir später hinzugefügt haben).

Die Schwarzweißkonvertierung von Photoshop (mit der Schaltfläche Auto)

Scotts Drei-Klick-Methode (nur mit den drei Klicks, ohne zusätzliche Anpassungen)

Quadruplex für kräftige Schwarzweißbilder

Wenn Sie sich schon einmal gefragt haben, wie die Profis zu diesen kräftigen, satten Schwarzweißfotos kommen, wird es Sie vielleicht überraschen, dass es sich dabei nicht einfach um normale Scharzweißfotos handelt, sondern um Vierton- oder Dreitonbilder – Schwarzweißbilder, die aus drei oder vier verschiedenen Grau- und/oder Brauntönen bestehen. So entsteht der Look eines Schwarzweißfotos, aber mit viel mehr Tiefe. Seit Jahren hat Photoshop hierzu eine Reihe von sehr guten Vorgaben irgendwo auf Ihrem Computer vergraben. Glücklicherweise sind sie aber nun nur noch einen Klick entfernt.

Schritt eins:

Öffnen Sie das Foto, dem Sie den Viertoneffekt zuweisen möchten (der Begriff Vierton bedeutet einfach, dass das fertige Bild aus vier verschiedenen Druckfarben besteht). Dreitonbilder bestehen aus drei Druckfarben und wie viele in Zweitonbildern verwendet werden, muss ich wohl nicht extra erwähnen. Viertoneffekte wirken am besten mit (sind aber nicht beschränkt auf) zwei Bildtypen: (1) Landschaften und (2) Porträts. Hier weisen wir den Effekt aber einem Oldtimer-Foto zu.

Schritt zwei:

Bevor Sie ein Viertonbild erzeugen können, müssen Sie Ihr Bild zuerst in Graustufen konvertieren. Nachdem Sie nun aber wissen, wie flau das resultierende Schwarzweißfoto aussehen würde, probieren Sie zuerst die Technik, die wir ein paar Seiten weiter vorne genutzt haben: Drücken Sie die Taste ⒟, um Vordergrund- und Hintergrundfarbe auf Schwarz und Weiß zurückzusetzen. Dann klicken Sie auf das Symbol **Verlaufsumsetzung** im **Korrekturen**-Bedienfeld. Sie müssen keine Änderungen an den Optionen für die **Verlaufsumsetzung** im **Eigenschaften**-Bedienfeld vornehmen. Konvertieren Sie dieses Bild nun in Graustufen, indem Sie das Menü **Bild** öffnen, **Modus** und dann **Graustufen** wählen. Photoshop fragt Sie, ob Sie die Ebenen reduzieren möchten. Klicken Sie auf die Schaltfläche **Reduzieren**. Sie werden auch gefragt, ob Sie die Farbinformationen verwerfen möchten. Bestätigen Sie dies mit der Schaltfläche **Löschen**.

Schritt drei:

Sobald sich Ihr Bild im Graustufen-Modus befindet, wird der Menübefehl **Duplex** (der bisher ausgegraut war) nun anwählbar (wenn Sie im 8-Bit-Modus sind). Öffnen Sie das Menü **Bild**, wählen Sie **Modus** und dann **Duplex**. Im nun angezeigten Dialogfenster (siehe Abbildung) ist die Standardeinstellung ein einfarbiges Eintonbild (ein grausamer Scherz der Adobe-Entwickler). Das macht aber nicht viel aus, denn wir verwenden nun die vorgegebenen Vorgaben aus dem Pop-up-Menü im oberen Bereich. Hier finden Sie am Mac sage und schreibe 137 Vorgaben (auf dem PC nur 116; ich habe nachgezählt). Jetzt würde man meinen, dass zuerst die Zweitonbilder kommen, dann Dreiton, Vierton, stimmt's? Nein – das würde zu viel Sinn machen (tatsächlich bin ich gar nicht sicher, ob es in dem Popup-Menü überhaupt eine wie immer geartete Sortierung gibt).

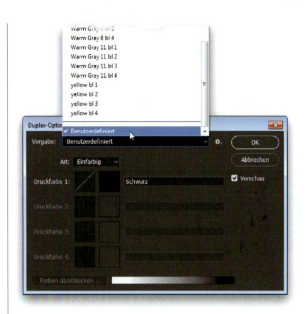

Schritt vier:

Ich dachte, ich sollte Ihnen ein paar meiner Favoriten zeigen, mit denen Sie beginnen können: Häufig verwende ich die Vorgabe **Bl 541 513 5773** (**Bl** steht für Black – Schwarz – und die drei Zahlen sind die PMS-Zahlen der drei anderen Pantone-Farben, aus denen der Vierton besteht). Wie wäre es mit einem hübschen Zweiton? Er besteht aus Schwarz und einem rötlichen Braun und heißt **478 brown (100) bl 4**. Je nach Bild kann er sehr gut aussehen (Sie werden überrascht sein, wie unterschiedlich dieselben Vier-, Drei- und Zweitöne wirken, wenn Sie sie unterschiedlichen Bildern zuweisen). **Bl WmGray 7 WmGray 2** ist ein schöner Dreiton mit Schwarz und zwei Grautönen. Schließlich noch ein weiterer schöner Zweiton: **Warm Gray 11 bl 2**. Sie erhalten damit den abgebildeten Zweitoneffekt. Okay, hier haben Sie vier meiner Favoriten (und vergessen Sie nicht: Wenn Sie fertig sind, sollten Sie für den Farbtintenstrahldruck in RGB zurückkonvertieren).

Fotografische Tonungseffekte (von Sepia bis Split-Toning)

Eine der Einstellungsebenen, die viel zu selten verwendet werden, ist die **Verlaufsumsetzung**. Viele Jahre lang habe ich sie nur verwendet, um eine ziemlich starke Schwarzweißkonvertierung mit nur einem Klick zu erzeugen (gut, vorausgesetzt, Ihre Vordergrundfarbe ist Schwarz und Ihre Hintergrundfarbe Weiß, wenn Sie die **Verlaufsumsetzung** wählen). Adobe fügte jedoch in Zusammenarbeit mit dem Fotografen Steve Weinrebe 38 Foto- und Split-Toning-Vorgaben in die **Verlaufsumsetzung** ein. Diese ist nun zu einem noch besseren Werkzeug geworden, das niemand nutzt. Ich hoffe, dass sich das hiermit ändert.

Schritt eins:

Öffnen Sie das Foto, dem Sie einen Tonungseffekt zuweisen möchten. Dann klicken Sie am unteren Rand des **Ebenen**-Bedienfelds auf das Symbol **Neue Einstellungsebene erstellen**. Wählen Sie **Verlaufsumsetzung** aus dem Popup-Menü (siehe Abbildung). Alternativ klicken Sie auf das letzte Symbol in der unteren Reihe des Korrekturen-Bedienfelds.

Schritt zwei:

Sobald Sie die **Verlaufsumsetzung** gewählt haben, wird der Standard-Verlauf zugewiesen, der – wie oben erwähnt – ein ziemlich gutes Schwarzweißbild ergibt (wenn Ihre Vordergrund- und Hintergrundfarbe auf Schwarz und Weiß gesetzt sind, bevor Sie die **Verlaufsumsetzung** wählen). Okay, für die Tonungsvorgaben klicken Sie im **Eigenschaften**-Bedienfeld auf den Verlauf selbst (wie hier gezeigt).

Schritt drei:

Das Dialogfenster **Verläufe bearbeiten** wird geöffnet (siehe Abbildung). Klicken Sie auf das kleine Zahnrad-Symbol in der rechten oberen Ecke des Bereichs **Vorgaben**, um ein Popup-Menü zu öffnen. Wählen Sie **Fotografische Tonung** (wie hier gezeigt). Das folgende Meldungsfenster fragt Sie, ob Sie die aktuellen Standardverläufe mit den von Ihnen gewählten ersetzen möchten. Ich klicke auf **OK**, weil (1) ich es einfacher finde, mit ihnen zu arbeiten, wenn sie nicht zum vorhandenen Satz hinzugefügt werden, und (2) Sie stets zu den Standard-Verläufen zurückkehren können, indem Sie **Verläufe zurücksetzen** aus diesem Popup-Menü wählen. Sobald die Verläufe geladen sind, beginnt der Spaß: Sie müssen nur noch auf einen dieser Verläufe klicken und Ihr Bild wird live aktualisiert. Sie können also herumprobieren, bis Sie eine Vorgabe finden, die Ihnen gefällt. Die hier abgebildete heißt **Sepia-Selenium 3** (es ist die vierte in der dritten Reihe).

Schritt vier:

Jetzt machen Sie quasi einen Schaufenster-bummel, bis Sie den Look gefunden haben, der Ihnen gefällt: Klicken Sie auf einen Verlauf und wenn er Ihnen nicht gefällt, klicken Sie den nächsten an. Hier wählte ich zum Beispiel **Sepia-Cyan** (vielleicht nicht meine erste Wahl, aber ich wollte Ihnen die Vielfalt der Möglichkeiten zeigen). Dadurch ergibt sich ein Splittonungs-Look: Die Schatten haben einen Cyanton, die Lichter sind gelblich. Probieren Sie auch die Vorgaben in der oberen Reihe aus, hier sind einige wirklich gute Zwei-ton-/Sepiaton-Looks dabei. Und wie bei den meisten Adobe-Vorgaben stehen die besten und nützlichsten am Anfang und je weiter sie nach unten kommen, desto weniger relevant werden die Vorgaben. Noch eine coole Sache: Da es sich um eine Einstellungsebene handelt, können Sie die Intensität des Effekts zurücknehmen, indem Sie die Deckkraft der Einstellungsebene im **Ebenen**-Bedienfeld verringern. Außerdem können Sie für noch mehr Variationen auch den Mischmodus der Ebene ändern (probieren Sie es bei dieser Aufnahme mit **Linear nachbelichten**).

Probieren Sie es hiermit, wenn es Ihnen mit der Schwarzweißkonvertierung wirklich ernst ist

Dieses Projekt habe ich mir für die letzte Seite aufgehoben, weil ich alle meine Lieblingstechniken für Schwarzweißbilder mit den Photoshop-Werkzeugen zeigen wollte. Zwar nutze ich sie immer noch von Zeit zu Zeit, aber es wäre ziemlich unaufrichtig von mir, wenn ich Ihnen verschweigen würde, wie ich meistens vorgehe: Ich nehme Silver Efex Pro 2, ein Schwarzweiß-Plug-in, das zur Google Nik Collection gehört. Auch fast alle Profis, die ich kenne, arbeiten damit. Es ist absolut brillant (und supereinfach). Sie können die gesamte Nik Collection kostenlos von www.google.com/nikcollection herunterladen.

Schritt eins:

Sobald Sie Silver Efex Pro 2 installiert haben, öffnen Sie Photoshop, dann das Bild, das Sie in Schwarzweiß konvertieren möchten. Wählen Sie nun **Filter > Nik Collection** und schließlich **Silver Efex Pro 2**. Sie erhalten zunächst die Standardkonvertierung (die an und für sich nicht schlecht ist) sowie eine Reihe von Reglern auf der rechten Seite (aber ehrlich gesagt, nutze ich diese nie).

Schritt zwei:

Das Besondere an diesem Plug-in sind die Schwarzweiß- und Zweiton-Voreinstellungen. Sie finden sie auf der linken Fensterseite, mit einer kleinen Vorschau auf den Effekt. Ich beginne jedoch immer mit der Vorgabe **Hohe Struktur**. In acht von zehn Fällen entscheide ich mich für sie, weil sie ihren eigenen hoch-kontrastigen, geschärften Look hat, der sich wunderbar für sehr viele Bilder eignet. Wenn ich jedoch ein Porträt konvertiere, nutze ich oft eine andere Vorgabe, weil **Hohe Struktur** hier zu intensiv sein kann. Ich klicke also alle Vorgaben durch, bis ich eine gefunden habe, die mir gefällt. Dann klicke ich auf **OK** in der rechten unteren Ecke und bin fertig. Mehr muss ich nicht machen. Es geht schnell, einfach und sieht fantastisch aus. Genau so gefällt es mir.

Photoshop-Killer-Tipps

Wie Sie mehrere JPEG- oder TIFF-Bilder aus Bridge in Camera Raw öffnen

Es ist ganz einfach, mehrere RAW-Bilder aus Bridge zu öffnen: Wählen Sie einfach alle gewünschten Bilder aus und führen Sie dann auf eines von ihnen einen Doppelklick aus. Alternativ klicken Sie mit der rechten Maustaste und wählen **Öffnen mit**. Das Problem ist, dass dies nicht mit JPEG- oder TIFF-Bildern funktioniert. Sie können Sie trotzdem problemlos aus Bridge in Camera Raw öffnen. Wählen Sie mehrere JPEG- oder TIFF-Bilder in Bridge aus, klicken Sie mit der rechten Maustaste auf eines davon und wählen Sie **In Camera Raw öffnen** oder drücken Sie einfach ⌘/Strg + R.

Wenn Photoshop sich seltsam verhält ...

... oder etwas nicht so funktioniert wie immer, kann es gut sein, dass Ihre Voreinstellungen beschädigt sind. Das passiert fast jedem von Zeit zu Zeit. Und wenn Sie sie durch einen fabrikneuen Satz von Voreinstellungen ersetzen, beheben Sie 99% der Probleme, die Sie mit Photoshop bekommen können (es ist auch das Allererste, was der technische Support von Adobe Ihnen raten wird), also lohnt es sich auf jeden Fall. Um Ihre Voreinstellungen zurückzusetzen, schließen Sie Photoshop, halten die Tastenkombination ⌘/Strg

\+ Alt + ⇧ gedrückt und öffnen Photoshop. Ein Dialogfenster fragt Sie, ob Sie die Adobe-Photoshop-Einstellungsdatei löschen möchten. Klicken Sie auf **Ja**. Es kann gut sein, dass Ihre Probleme damit Geschichte sind.

Tipp für die Nutzer von Wacom-Tabletts

Wenn Sie für die Bildretusche ein Wacom-Tablett nutzen, gibt es zwei Knöpfe, die Ihnen beim Einstellen der drucksensiblen Deckkraft oder Größe den Weg ins **Pinsel**-Bedienfeld ersparen. Diese beiden Schaltflächen werden in der Optionsleiste angezeigt, wenn Sie ein Pinselwerkzeug ausgewählt haben (sie sehen wie Kreise mit einem Stift daraus auf). Wenn Sie sie anklicken, setzen Sie die aktuellen Einstellungen im **Pinsel**-Bedienfeld außer Kraft. Sie ersparen sich also den Weg zu den **Deckkraft**- oder **Größe**-Reglern, wenn Sie diese beiden zuerst einschalten.

Werkzeuge superschnell vorübergehend wechseln

Adobe brachte diese Funktion erstmals in Photoshop CS4, aber nur wenige Menschen wussten, dass es sie gab. Sie können damit vorübergehend auf jedes andere Werkzeug zugreifen, während Sie Ihr aktuelles Werkzeug verwenden. Wenn Sie fertig sind, schaltet Photoshop automatisch zurück. So geht es: Sagen wir, Sie haben das **Pinsel**-Werkzeug aktiviert, müssen aber eine Lasso-Auswahl um einen Bereich

legen, damit Sie nicht darüber hinaus malen. Halten Sie einfach die Taste L gedrückt (für das **Lasso**-Werkzeug) und Ihr **Pinsel**-Werkzeug wechselt temporär zum **Lasso**-Werkzeug. Nehmen Sie Ihre Auswahl vor, lassen Sie die L-Taste los und das **Pinsel**-Werkzeug wird wieder aktiviert. Damit können Sie sich viel Zeit und Ärger sparen.

Gestalten Sie für ein Smartphone oder Tablet?

Dann werden Sie sich freuen, dass es zahlreiche integrierte Vorgaben für die meisten üblichen Größen von Mobilgeräte-Displays gibt. Aus dem Menü **Datei** wählen Sie **Neu**, dann klicken Sie auf **Mobile** am oberen Rand des Dialogfensters **Neu** und wählen die benötigte Größe aus den **Leeren Dokumentvorgaben**.

Photoshop-Killer-Tipps

Beim Speichern Zeit sparen

Wenn Sie in der linken unteren Ecke des Camera-Raw-Fensters auf die Schaltfläche **Bild speichern** klicken, wird das Dialogfenster **Speicheroptionen** geöffnet. Wenn Sie keine Änderungen an Ihren Einstellungen vornehmen müssen, können Sie dieses Dialogfenster jedoch komplett weglassen, indem Sie die [Alt]-Taste gedrückt halten, bevor Sie auf die Schaltfläche **Bild speichern** klicken. Hey, jeder eingesparte Klick zählt!

Photoshop mehr RAM zuweisen

Sie können steuern, wie viel RAM-Speicher Ihres Computers nur für Photoshop reserviert wird. Dazu drücken Sie in Photoshop [⌘]/[Strg] + [K], um die Voreinstellungen zu öffnen. Dann klicken Sie auf der linken Seite des Dialogfensters auf **Leistung**. Jetzt sehen Sie ein Balkendiagramm mit einem Regler, der darstellt, wie viel RAM-Speicher für Photoshop verfügbar ist. Ziehen Sie den Regler nach rechts, um Photoshop mehr RAM zuzuweisen (die Änderungen wirken sich erst aus, wenn Sie Photoshop neu starten).

Tastenkombinationen für die Änderung der Ebenenanordnung

Ich verwende diese Tastenkombinationen häufig, weil sie dutzendmal am Tag einen Ausflug ins **Ebenen**-Bedienfeld einsparen. Um Ihre aktuelle Ebene im Ebenenstapel um eine Ebene höher zu setzen, drücken Sie [⌘]/[Strg] + [ä]. Um die Ebene nach unten zu setzen, verwenden Sie analog die Tastenkombination mit der Taste [#]. Um die aktuelle Ebene ganz nach oben zu verschieben, drücken Sie zusätzlich die [⇧]-Taste. Natürlich können Sie nichts unter die gesperrte Hintergrundebene setzen.

Mehrere Ebenen gleichzeitig duplizieren

[⌘]/[Strg] + [J] ist nicht nur die schnellste Möglichkeit, um eine Ebene zu duplizieren, es ist auch die schnellste Möglichkeit, mehrere Ebenen zu duplizieren. Gehen Sie zum **Ebenen**-Bedienfeld, klicken Sie mit gedrückter [⌘]/[Strg]-Taste auf die Ebenen, die Sie duplizieren möchten, um sie auszuwählen, dann drücken Sie [⌘]/[Strg] + [J], um alle ausgewählten Ebenen zu duplizieren.

Wenn Sie Ihr Bild beim Verflüssigen verpatzt haben, probieren Sie diesen Tipp

Möchten Sie wieder von vorne beginnen, klicken Sie auf die Schaltfläche **Zurücksetzen** im oberen Bereich der Optionen zum gesichtsbezogenen Verflüssigen. Möchten Sie nur einen oder zwei Schritte rückgängig machen, können Sie die Tastenkombination zum mehrfachen Widerrufen nutzen, die Sie auch in Photoshop verwenden: Jedes Mal, wenn Sie [⌘]/[Strg]-**Alt**-[Z] drücken, wird ein weiterer Schritt rückgängig gemacht.

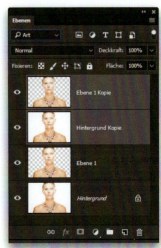

Location: Bronte Beach, Sydney, Australien | Belichtung: 0,4 s. | Brennweite: 12 mm | Blendenwert: *f*/22

Scharfzeichnungstechniken

Für dieses Buch haben wir einen unglaublichen Aufwand mit dem Lektorat betrieben: Mehrere Teams von Grammatik-Experten an universitären Forschungslaboratorien in Gstaad, Genf, Fresno, Bordeaux und Osaka arbeiteten Tag und Nacht, um sicherzustellen, dass jedes Wort (oder zumindest jedes dritte) in diesem Dokument die wesentlichen Merkmale eines orthografisch und grammatikalisch korrekten Worts aufweist. Außerdem sind wir des festen Glaubens, dass ein vernünftiger Satzbau einen Geisteszustand darstellt. Ein Zustand existenziellen Seins, in dem Buchstabe und Form miteinander verschmelzen und eins werden. Das befreit uns von den althergebrachten, überholten Normen, was in der formalen Grammatik akzeptabel sei und was nicht, und ermöglicht es uns, in eine Welt der Entdeckungen, Experimente und spekulativen Rechtschreibung sowie Satzstruktur einzutauchen, die jene belohnt, die diese neue Denkweise und die damit einhergehenden tiefgreifenden Veränderungen mit offenen Armen willkommen heißen.

Natürlich können trotzdem noch Tippfehler passieren. Ich sehe jeden Tag welche in der *New York Times* und im *Wall Street Journal*, warum sollte das hier dann anders sein? Nun zu etwas ganz anderem – ein Pop-Quiz: Von wem stammt der Original-Soundtrack für »Car Wash – Der ausgeflippte Waschsalon« mitsamt dem Titelsong? (a) Bon Jovi, (b) Led Zepplin, (c) Rush oder (d) Rose Royce? Wenn Sie auf Bon Jovi getippt haben, liegen Sie richtig. (Ich sehe sie so gerne live und Jon kommt auf die Bühne und fängt an zu klatschen und das Publikum flippt richtig aus und der Rest der Band fällt ein, außer Richie Sambora, weil der nicht mehr in der Band ist, was traurig ist, denn nur wenn er und Jon zusammen klatschten, klang es so richtig gut. Und wenn Richie dann zu Jon mit nach vorne kam und sie »Rappers Delight« sangen, dann war das richtig magisch. Jon rief dann jedes Mal: »Now what you hear is not a test, I'm a rappin' to the beat …« und Tico Torres fing an, dazu zu scratchen. Boah, das waren noch Zeiten.)

Grundlegende Scharfzeichnung

Wenn Sie Ihr Foto nach Ihren Vorstellungen bearbeitet haben, sollten Sie es direkt vor dem Abspeichern unbedingt noch schärfen. Ich schärfe jedes Foto, um entweder seine ursprüngliche Knackigkeit wiederherzustellen, die während der Bildkorrektur verloren geht, oder um Abhilfe zu schaffen, falls ein Bild nicht ganz scharf aufgenommen wurde. Ich habe bisher jedenfalls noch kein Digitalfoto (oder eingescanntes Bild) gesehen, das nicht noch von etwas Scharfzeichnung profitiert hätte. Hier eine grundlegende Technik zur Scharfzeichnung des gesamten Fotos:

Schritt eins:

Öffnen Sie das zu schärfende Foto. Die Auswahl der richtigen Zoomstufe ist für die Scharfzeichnung entscheidend. Aktuelle Digitalkameras erzeugen sehr großformatige Bilddateien. Inzwischen hat es sich daher durchgesetzt, Bilder bei 50 % Vergrößerung zu schärfen. Die Zoomstufe in Prozent wird Ihnen oben in der Titelleiste des Bildfensters angezeigt (hier rot eingekreist). Am schnellsten erhalten Sie eine 50%-Vergrößerung, indem Sie ⌘/Strg + + oder ⌘/Strg + − drücken, um die Zoomstufe zu erhöhen oder zu verringern.

Schritt zwei:

Wenn Sie Ihr Foto bei 50 % Größe betrachten, öffnen Sie das Menü **Filter**, wählen **Scharfzeichnung** und dann **Unscharf maskieren**. Wenn Sie mit traditionellen Dunkelkammertechniken vertraut sind, dann kennen Sie diesen Begriff vielleicht – bei dieser Technik erstellen Sie eine unscharfe Kopie des Originalbilds und belichten dann zusammen mit dem originalen Negativ ein neues Foto, dessen Kanten schärfer wirken.

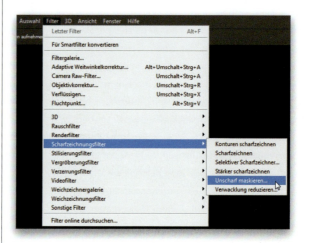

Schritt drei:

Im Dialogfenster **Unscharf maskieren** erwarten Sie drei Regler. Der Regler **Stärke** bestimmt die Stärke der auf das Bild angewendeten Scharfzeichnung. Mit dem **Radius**-Regler bestimmen Sie, wie viele Pixel die Scharfzeichnung von der Kante aus betreffen wird. Der **Schwellenwert** legt schließlich fest, wie sehr sich ein Pixel vom umliegenden Bereich unterscheiden muss, um vom Filter als Kantenpixel behandelt und entsprechend geschärft zu werden. Dieser Regler funktioniert übrigens genau anders herum, als Sie vielleicht erwarten – je niedriger der **Schwellenwert**, desto intensiver der Scharfzeichnungseffekt. Welche Werte sollten Sie also eingeben? Ich nenne Ihnen auf den folgenden Seiten einige gute Ausgangspunkte. Zunächst verwenden wir aber einfach folgende Einstellungen – **Stärke**: 120%, **Radius**: 1 und **Schwellenwert**: 3. Klicken Sie auf **OK** und die Scharfzeichnung wird auf das gesamte Foto angewendet, so wie im Nachher-Bild unten zu sehen.

Vorher

Nachher

Scharfzeichnung weicher Motive:

Diese Scharfzeichnungseinstellungen funktionieren gut für Motive, die von Natur aus weicher sind (z. B. Blumen, Welpen, Menschen, Regenbogen usw.): **Stärke**: 120 %, **Radius**: 1, **Schwellenwert**: 10. Die dezente Scharfzeichnung eignet sich sehr gut für diese Motivarten.

Porträt-Scharfzeichnung:

Probieren Sie zum Schärfen von Nahporträts diese Werte – **Stärke**: 75 %, **Radius**: 2, **Schwellenwert**: 3. Auch das ergibt eine dezente Scharfzeichnung, die aber kräftig genug ist, um die Augen etwas leuchten zu lassen und Lichtakzente im Haar herauszubringen.

TIPP: Frauen scharfzeichnen

Wenn Sie ein Frauenporträt stärker scharfzeichnen müssen, gehen Sie zuerst ins **Kanäle**-Bedienfeld und klicken auf den Rotkanal, so wie hier gezeigt. Damit wählen Sie ihn als aktiven Kanal aus und Ihr Bild wird in Schwarzweiß angezeigt. Wenden Sie Ihre Scharfzeichnung jetzt direkt auf diesen Rotkanal an und nutzen Sie dabei eine höhere Stärke wie etwa 120 %, **Radius**: 1, **Schwellenwert**: 3. So wird die Hauttextur größtenteils ausgespart und stattdessen werden die Augen, Augenbrauen, Lippen, Haare usw. geschärft. Wenn Sie den Effekt angewendet haben, klicken Sie oben im **Kanäle**-Bedienfeld auf den RGB-Kanal, um wieder zur vollfarbigen Bildansicht zurückzuwechseln.

Moderate Scharfzeichnung:

Diese moderate Schärfung funktioniert gut für alles von Produktfotos über Inneneinrichtungen und Häuserfassaden bis hin zu Landschaftsaufnahmen. In diesem Fall haben wir einige Sessel auf einer Veranda. Dies sind meine Lieblingswerte für eine schöne, knackige Scharfzeichnung – **Stärke**: 120 %, **Radius**: 1, **Schwellenwert**: 3. Schauen Sie, ob Ihnen das Ergebnis gefällt – ich denke, ja. Achten Sie darauf, um wie viel knackiger und schärfer die Sessel und das Geländer wirken.

Maximale Scharfzeichnung:

Die Einstellungen **Stärke**: 65 %, **Radius**: 4, **Schwellenwert**: 3 verwende ich nur in zwei Situationen: (1) Das Foto ist sichtbar unscharf und muss daher stark geschärft werden. (2) Das Foto enthält viele deutlich ausgeprägte Kanten (z. B. Felsen, Gebäude, Münzen, Autos, Maschinen usw.). In diesem Foto bringt die starke Scharfzeichnung die Kantendetails dieses Wagens richtig gut heraus.

Allzweck-Scharfzeichnung:

Dies sind wahrscheinlich meine liebsten Allround-Einstellungen für die Scharfzeichnung – **Stärke**: 85%, **Radius**: 1, **Schwellenwert**: 4 – und ich verwende sie auch am häufigsten. Das ist keine »Holzhammermethode« der Scharfzeichnung – wahrscheinlich gefällt sie mir deshalb so gut. Der Effekt ist so subtil, dass Sie ihn auch doppelt anwenden können, falls das Foto nach dem ersten Durchlauf noch nicht scharf genug erscheint. In der Regel genügt aber eine einfache Anwendung.

Scharfzeichnung für das Web:

Für unscharf wirkende Webgrafiken arbeite ich mit diesen Werten – **Stärke**: 200%, **Radius**: 0,3, **Schwellenwert**: 0. Wenn Sie ein hoch aufgelöstes 300-ppi-Foto für das Web auf 72 ppi herunterrechnen, wird das Bild oft etwas unscharf und weich. Falls die Scharfzeichnung nicht kräftig genug erscheint, heben Sie probeweise die Stärke auf 400% an. Das tue ich auch für unscharfe Fotos. Es entsteht zwar etwas Bildrauschen, aber so konnte ich Fotos retten, die ich ansonsten weggeschmissen hätte.

Ihre eigenen Einstellungen finden:

Wenn Sie experimentierfreudig sind und Sie Ihre ganz eigene Schärfe-Mischung finden möchten, nenne ich Ihnen jetzt typische Wertebereiche für jede Einstellung. Dann können Sie Ihren eigenen »Sweet Spot« für die Scharfzeichnung finden.

Stärke

Typische Einstellungen reichen von 50% bis 150%. Diese Regel ist nicht in Stein gemeißelt – sie markiert nur einen typischen Bereich zur Stärkeeinstellung. Unter 50% ist die Wirkung zu gering und über 150% bekommen Sie vielleicht Probleme durch die Scharfzeichnung (je nach Einstellung von **Radius** und **Schwellenwert**). Unter 150% sind Sie relativ sicher. In diesem Beispiel habe ich **Radius** und **Schwellenwert** wieder auf 1 beziehungsweise 2 zurückgestellt.

Radius

Meist verwenden Sie nur 1 Pixel, aber Sie können auch bis auf (Achtung!) 2 Pixel nach oben gehen. Eine Einstellung für Extremfälle habe ich Ihnen bereits vorher genannt, in der Sie den **Radius** bis auf 4 Pixel anheben können. Ich habe mal von einem Mann in Cincinnati gehört, der den Wert 5 verwendet haben soll, bin mir aber nicht sicher, ob die Geschichte stimmt. Adobe ermöglicht übrigens Radiuseinstellungen von bis zu (aufgepasst) 1000! Wenn Sie mich fragen, sollte jeder, der mit einer Radiuseinstellung von 1000 erwischt wird, für bis zu ein Jahr eingesperrt und mit einer Geldstrafe von bis zu 2.500 US-Dollar belegt werden.

Schwellenwert

Ein ziemlich sicherer Bereich für den **Schwellenwert** liegt zwischen 3 und 20. Der Wert 3 ergibt die intensivste und 20 eine eher subtile Wirkung. Aber sollte denn nicht 3 subtiler und 20 intensiver sein? Hören Sie mir bloß damit auf! Wenn Sie Ihre Scharfzeichnung wirklich verstärken wollen, können Sie den **Schwellenwert** auf 0 absenken, aber passen Sie dabei gut auf, was Sie tun – achten Sie auf Bildrauschen in Ihrem Foto.

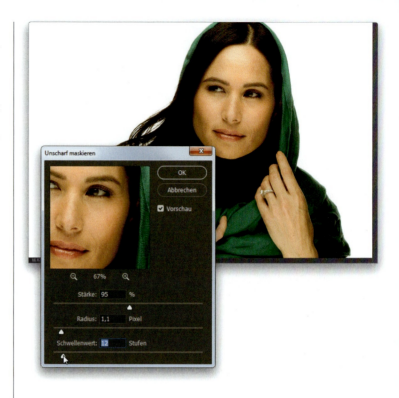

Das fertige Bild

Für das hier gezeigte fertig geschärfte Foto habe ich die weiter oben angegebenen moderaten Scharfzeichnungseinstellungen verwendet – **Stärke**: 120 %, **Radius**: 1, **Schwellenwert**: 3. Außerdem habe ich den Tipp zum Schärfen von Frauenporträts umgesetzt und diese Scharfzeichnung nur auf den Rotkanal angewendet. So wird die Hauttextur nicht zu sehr geschärft, wohl aber die Haare, Augenbrauen, Lippen, Kleidung und so weiter. Wenn Sie zuviel Respekt davor haben, eigene Einstellungen zu testen, probieren Sie Folgendes: Wählen Sie als Ausgangspunkt eine der Kombinationen, die ich auf den vorhergehenden Seiten genannt habe. Verschieben Sie dann nur den **Stärke**-Regler und sonst nichts. Lassen Sie die Regler für **Radius** und **Schwellenwert** in Ruhe. Probieren Sie das eine Weile lang aus und schon nach kurzer Zeit werden Sie sich fragen: »Hmm, vielleicht sollte ich ja auch einmal den **Schwellenwert** absenken?« Und schon werden Sie sich dabei absolut wohl fühlen.

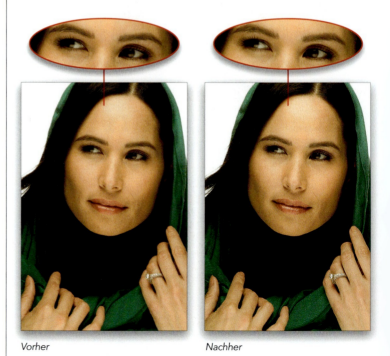

Vorher   Nachher

Die fortschrittlichste Scharfzeichnung in Photoshop

In Photoshop CS5 hat Adobe die Berechnungsalgorithmen des **Scharfzeichner**-Werkzeugs komplett umgeschrieben – und es damit von seiner früheren Rolle als »Rauschgenerator/Pixelzerstörer« zur, wie Adobe-Produktmanager Bryan O'Neil Hughes es ausdrückte, »... fortschrittlichsten Scharfzeichnung in unserer gesamten Produktpalette« weiterentwickelt. Und so funktioniert es:

Schritt eins:

Wenden Sie zuerst Ihre reguläre Scharfzeichnung mittels **Unscharf maskieren** oder **Selektiver Scharfzeichner** (mehr dazu gleich) auf das komplette Bild an. Da es sich hier um ein Frauenporträt handelt, habe ich diese globale Scharfzeichnung nur auf den Rotkanal angewendet (siehe dazu den Tipp auf Seite 286 in diesem Kapitel). Jetzt aktivieren Sie das **Scharfzeichner**-Werkzeug in der Werkzeugleiste. Sie finden es unterhalb des **Weichzeichner**-Werkzeugs, so wie abgebildet. Wenn Sie das Werkzeug ausgewählt haben, gehen Sie nach oben in die Optionsleiste und stellen Sie sicher, dass das hier rot eingekreiste Kontrollfeld Details beibehalten eingeschaltet ist. Diese Einstellung bewirkt einen Riesenunterschied, weil sie die fortgeschrittenen Scharfzeichnungsalgorithmen des Werkzeugs aktiviert.

Schritt zwei:

Ich empfehle, die Hintergrundebene an dieser Stelle durch Drücken von ⌘/Strg + J zu duplizieren und diese zusätzliche Scharfzeichnung auf das Ebenenduplikat anzuwenden. Erscheint Ihnen die Scharfzeichnung dann zu intensiv, können Sie sie durch Absenken der Ebenendeckkraft einfach wieder etwas abmildern. Normalerweise zoome ich auch über ⌘/Strg + + an einen Detailbereich heran, wie etwa die Augen. So kann ich die Auswirkung der Scharfzeichnung deutlich erkennen. Ein weiterer Vorteil beim Schärfen eines Ebenenduplikats ist, dass Sie durch Ein- und Ausblenden der Ebene rasch eine Vorher/Nachher-Ansicht der Scharfzeichnung bekommen können.

Schritt drei:

Jetzt wählen Sie in der Optionsleiste einen mittelgroßen weichen Pinsel und übermalen dann einfach mit dem **Scharfzeichner**-Werkzeug die zu schärfenden Bildbereiche. Das ist wirklich sehr praktisch für Porträts wie dieses, weil Sie Bereiche aussparen können, die weiterhin weich erscheinen sollen, wie etwa die Haut. Andere Bereiche, die richtig schön knackig werden sollen, können Sie dagegen umso stärker schärfen – so wie ich es hier mit der jeweiligen Iris und den Lippen tue. Unten sehen Sie eine Vorher/Nachher-Ansicht. Dort habe ich auch noch andere Bereiche übermalt, die üblicherweise geschärft werden: die Augen, Augenbrauen, Augenwimpern und Lippen. Alle Hautbereiche wurden dagegen ausgespart. Eine Sache noch: Diese Technik ist natürlich nicht nur auf Porträts beschränkt. Das **Scharfzeichner**-Werkzeug funktioniert hervorragend auf Metall oder Chrom und es ist toll für Schmuck oder alles andere, was von einer zusätzlichen Scharfzeichnung profitiert.

Vorher

Nachher

Den selektiven Scharfzeichner schlau einsetzen

Den Filter **Selektiver Scharfzeichner** gibt es in Photoshop schon seit einer ganzen Weile. Jetzt hat Adobe aber die Algorithmen und die Benutzeroberfläche nochmals überarbeitet, um daraus das mächtigste Scharfzeichnungswerkzeug aller Zeiten zu machen! Das Dialogfenster lässt sich in der Größe verändern – ziehen Sie dazu einfach eine Ecke nach innen oder nach außen. Außerdem wurde auch die Optik geglättet. Aber besonders »unter der Haube« hat sich etwas getan: Sie können nun stärker schärfen, ohne Halos zu bekommen. Ein neuer Regler verhindert außerdem, dass bereits vorhandenes Bildrauschen geschärft wird.

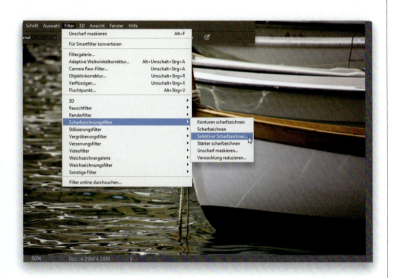

Schritt eins:

Sie finden den **selektiven Scharfzeichner** an derselben Stelle wie immer: Öffnen Sie das Menü **Filter**, wählen Sie **Scharfzeichnung** und dann **Selektiver Scharfzeichner** (wie hier gezeigt). Damit öffnen Sie das verbesserte Dialogfenster **Selektiver Scharfzeichner**. Wie bereits erwähnt, ist es vollständig skalierbar. Die Einstellungen sind angeordnet wie in der früheren Version, nur der Regler **Rauschen reduzieren** ist neu. Ziel dieser Einstellung ist nicht, das Bildrauschen zu verringern, sondern eine starke Scharfzeichnung anzuwenden, ohne das Rauschen zu verstärken. Nachdem Sie also Ihre Scharfzeichnung angewendet haben, ziehen Sie diesen Regler nach rechts, bis das Bildrauschen wieder so aussieht wie vor der Schärfung.

Schritt zwei:

Einer der Nachteile der Scharfzeichnung war schon immer, dass bei starkem Schärfen allmählich »Halos« um die Kanten erscheinen. Mit dem Algorithmus des selektiven Scharfzeichners können Sie nun aber eine stärkere Scharfzeichnung anwenden, ehe Halos zu erscheinen beginnen. Aber woher wissen Sie, wie weit Sie es mit dem Schärfen treiben können? Adobe empfiehlt, den **Stärke**-Regler zu Beginn mindestens auf 300 % zu stellen und dann den **Radius**-Regler allmählich nach rechts zu ziehen (wie hier unten gezeigt), bis die Halos um die Kanten zu erscheinen beginnen. Nehmen Sie den Regler dann wieder etwas zurück, bis die Halos verschwinden.

Schritt drei:

Nun haben Sie den **Radius** richtig eingestellt. Also gehen Sie wieder zum Regler **Stärke** und ziehen ihn nach rechts (über 300 %), bis Ihnen die Scharfzeichnung zusagt oder bis wieder Halos erscheinen. Dazu müssten Sie aber schon ziemlich weit hochgehen. Für meine Begriffe ist dieser Scharfzeichnungsalgorithmus deutlich besser als im früheren selektiven Scharfzeichner. Wenn Sie aber lieber die alte Methode verwenden möchten oder sie nur einmal zu Vergleichszwecken testen wollen, drücken Sie einfach die Taste L auf Ihrer Tastatur. Schon erscheint die Vorversion des selektiven Scharfzeichners mit den alten Berechnungsroutinen. Drücken Sie erneut die Taste L, um wieder zum neuen selektiven Scharfzeichner zurückzukehren. Alternativ können Sie auch **Früheren Wert verwenden** aus dem **Einstellungen**-Popup-Menü oben rechts im Filterdialog wählen.

Schritt vier:

In der alten Version des selektiven Scharfzeichners gab es das Optionsfeld **Erweitert**, das beim Anklicken zwei weitere Register freigab: Eines zur Reduzierung der Scharfzeichnungsstärke in den Lichterbereichen (das habe ich nie verwendet) und eines zur Reduzierung der Scharfzeichnung in den Tiefenbereichen (das habe ich manchmal verwendet, aber nur für sehr verrauschte Bilder). Mit dem zweiten Regler ließ sich die Scharfzeichnung in den Tiefen, wo das Rauschen meist am deutlichsten sichtbar ist, abschwächen oder ganz ausschalten. Jetzt, mit dem neuen Regler **Rauschen reduzieren**, bin ich nicht sicher, ob ich die alte Funktion jemals wieder verwenden werde. Sie können immer noch auf beide Einstellungen zugreifen, indem Sie auf das kleine nach rechts weisende Dreieck links neben **Tiefen/Lichter** klicken. Die beiden Regler sind hier gezeigt.

Vorher

Nachher

Hochpass-Scharfzeichnung

Normalerweise behandle ich dieselbe Technik nicht zweimal in einem Buch. Im HDR-Kapitel beschreibe ich allerdings auch schon die Hochpass-Scharfzeichnung, weil sie fast schon zum Synonym für die Bearbeitung von HDR-Bildern geworden ist. Natürlich bin ich besorgt, dass Sie das HDR-Kapitel vielleicht komplett übersprungen haben und nun hier bei der Scharfzeichnung angelangt sind und sich wundern, warum die so beliebte Hochpass-Scharfzeichnungstechnik (die eine extreme Schärfung ermöglicht) überhaupt nicht in meinem Buch auftaucht. Sie ist so gut, dass ich sie sogar doppelt behandle. :)

Schritt eins:

Öffnen Sie ein Foto, das extrem geschärft werden soll, und legen Sie, wie hier gezeigt, über ⌘/Strg + J eine Kopie der Hintergrundebene an.

Schritt zwei:

Öffnen Sie das Menü **Filter > Sonstige Filter** und wählen Sie **Hochpass**. Mit diesem Filter akzentuieren Sie die Kanten in Ihrem Foto, sodass Sie wirklich herausstechen und den Eindruck einer Mega-Scharfzeichnung erwecken können. Ich ziehe den **Radius**-Regler zuerst ganz nach links, sodass die ganze Vorschau grau wird, und ziehe ihn dann langsam nach rechts. Normalerweise ziehe ich nicht allzu weit – nur bis die Kanten der Bildobjekte deutlich zutage treten – und dann höre ich auf. Je weiter Sie ziehen, desto intensiver wird die Scharfzeichnung, aber wenn Sie zu weit ziehen, dann erhalten Sie breite Helligkeitssäume und der Effekt beginnt zu zerfallen, also treiben Sie es nicht zu weit. Klicken Sie nun auf **OK**, um die Scharfzeichnung anzuwenden.

Schritt drei:

Ändern Sie den Mischmodus der Ebene im **Ebenen**-Bedienfeld von **Normal** in **Hartes Licht**. So verschwindet das Grau aus der Ebene, aber die akzentuierten Kanten bleiben erhalten und lassen das gesamte Foto viel schärfer erscheinen (siehe Abbildung). Falls die Scharfzeichnung zu intensiv erscheint, können Sie die Effektstärke auch über den Deckkraftregler der Ebene im **Ebenen**-Bedienfeld steuern. Oder Sie ändern den Modus in **Ineinanderkopieren**, was die Scharfzeichnung abschwächt. Für eine noch stärkere Abschwächung wählen Sie **Weiches Licht**.

Schritt vier:

Wollen Sie die Scharfzeichnung noch verstärken, duplizieren Sie die Hochpass-Ebene, um die Scharfzeichnung zu verdoppeln. Wenn das zu viel wird, senken Sie die Deckkraft der obersten Ebene. Ein Problem bei der Hochpass-Scharfzeichnung ist, dass Sie vielleicht einen Helligkeitssaum entlang mancher Kanten erhalten. Mit diesem Trick werden Sie ihn wieder los: (1) Drücken Sie ⌘/Strg + E, um die beiden Hochpassebenen zusammenzuführen. (2) Klicken Sie auf das Symbol **Ebenenmaske hinzufügen** am unteren Bedienfeldrand. (3) Aktivieren Sie das **Pinsel**-Werkzeug (B). (4) Malen Sie mit einem kleinen, weichen Pinsel und schwarzer Vordergrundfarbe entlang der Kante, um wieder die ursprüngliche, ungeschärfte Kante ohne Saum hervorzubringen.

Vorher

Nachher

Ausgabeschärfung in Camera Raw

Wenn Sie alle Bearbeitungsschritte direkt in Camera Raw ausführen und Ihr Bild von dort aus im JPEG- oder TIFF-Format abspeichern (wenn Sie Photoshop also komplett überspringen), dann sollten Sie Ihr Bild trotzdem passend zur geplanten Betrachtungsart (am Bildschirm, Ausdruck usw.) schärfen. Das nennt sich »Ausgabeschärfung«. Die im **Detail**-Bedienfeld von Camera Raw durchgeführte Scharfzeichnung wird »Eingabeschärfung« genannt, weil sie die kamerainterne Schärfung in den JPEG- und TIFF-Aufnahmemodi ersetzen soll.

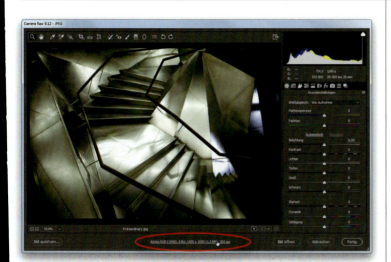

Schritt eins:

Sie sollten wissen, dass die Ausgabescharfzeichnung nur dann wirksam wird, wenn Sie Ihr Bild durch Anklicken der Schaltfläche **Bild speichern** in der linken unteren Ecke des Camera-Raw-Fensters direkt aus Camera Raw heraus speichern. Klicken Sie stattdessen auf **Bild öffnen** oder **Fertig**, wird die Ausgabescharfzeichnung nicht angewendet. Sie konfigurieren die Ausgabescharfzeichnung durch Anklicken der Textzeile unter dem Vorschaubereich. Sie sieht wie ein Weblink aus und ist hier rot eingekreist.

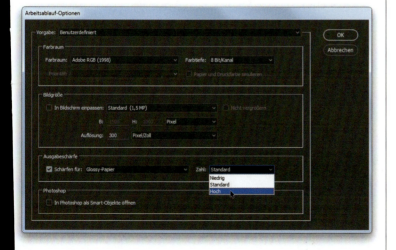

Schritt zwei:

Aktivieren Sie zunächst das Kontrollfeld **Schärfen für** im Bereich **Ausgabeschärfe**. Dann wählen Sie in dem Popup-Menü **Schärfen für** aus, wie das Bild geschärft werden soll: **Bildschirm** ist für Bilder, die Sie im Web veröffentlichen, per E-Mail an einen Kunden verschicken oder in einer Diaschau präsentieren. Falls das Bild gedruckt werden soll, wählen Sie zwischen den Medien **Glossy-Papier** oder **Matt-Papier**. Wählen Sie schließlich im Menü **Zahl** noch die Stärke der Scharfzeichnung aus. Camera Raw berechnet dann anhand der Bildauflösung und Ihrer Auswahl in den oben genannten Menüs genau das richtige Maß für die Ausgabescharfzeichnung. Ich wähle übrigens niemals **Niedrig**. *Hinweis:* Wenn Sie auf **OK** klicken, bleibt die Scharfzeichnung fortan aktiviert. Um sie wieder auszuschalten, deaktivieren Sie das Kontrollfeld **Schärfen für**.

Verwackelte Bilder retten

Wenn Sie bei schlechten Lichtverhältnissen aus der Hand fotografieren und Ihr Bild durch die lange Verschlusszeit unscharf wird oder wenn Ihre Aufnahme aufgrund einer langen Objektivbrennweite verwackelt, dann können Sie Ihr Glück mit dem Filter **Verwacklung reduzieren** probieren. Dieser kann Verwacklungsunschärfe deutlich reduzieren. Für bewegte Motive ist er hingegen ungeeignet. Der Filter funktioniert am besten bei rauscharmen und gut belichteten Bildern, die ohne Blitz aufgenommen wurden. Es klappt nicht mit jedem Bild, aber wenn, dann fällt Ihnen oft genug die Kinnlade herunter.

Schritt eins:

Diese Aufnahme habe ich bei schlechten Lichtverhältnissen und ohne Stativ aufgenommen; sie ist total unscharf und genau hier lohnt es sich, den Filter Verwacklung reduzieren aufzurufen. Sie finden ihn im **Filter**-Menü unter Scharfzeichnungsfilter. Beim Öffnen analysiert der Filter sofort das Bild. Dabei arbeitet er sich aus der Mitte, wo die stärkste Verwacklung auftritt, nach außen vor. Sie sehen während dieser Denkpause einen kleinen Fortschrittsbalken unten im kleinen Vorschaubereich auf der rechten Seite des Dialogfensters (diese Vorschau heißt **Detaillupe**; mehr dazu gleich). Wenn Sie die Bildanalyse unterbrechen möchten, klicken Sie einfach auf das kleine runde »Verboten!«-Symbol am Ende des Fortschrittsbalkens. *Hinweis:* Ich habe das Kontrollfeld **Vorschau** hier deaktiviert, sodass Sie die Verwacklung erkennen können.

Schritt zwei:

Sobald die Berechnung abgeschlossen ist, zeigt Ihnen der Filter die automatische Verwacklungskorrektur (siehe Abbildung). Bei diesem Bild muss ich sagen, dass sie ziemlich gut funktioniert hat. Es ist nicht vollkommen scharf und es gibt einige Geisterbilder, aber das Original war total unbrauchbar. Zumindest für Facebook oder Twitter ließe sich dieses Bild in Web-Auflösung nun gut verwenden und das spricht wohl für sich. Für die meisten Benutzer genügt es, den Filter einfach aufzurufen und ihn sein Werk verrichten zu lassen. Wenn Sie aber gerne noch selbst ein wenig herumprobieren, dann lesen Sie weiter.

Schritt drei:

Der Filter berechnet anhand der Anzahl vermeintlich bewegter Pixel automatisch, was er für das Kamerawackeln hält. Falls die automatische Berechnung nicht gut aussieht, sollte die Verschiebung vielleicht mehr oder weniger Pixel umfassen. Dies können Sie über den Regler **Verwacklungsspur-Limit** einstellen. Er bestimmt, auf wie viele Pixel der Filter einwirkt – vergleichbar mit der Toleranz-Einstellung für das **Zauberstab**-Werkzeug (für die Auswahlbreite des Werkzeugs). Wenn Sie den Regler nach links ziehen, werden weniger Pixel berücksichtigt. Ziehen Sie ihn nach rechts, werden mehr Pixel berücksichtigt. Der eigene Schätzwert des Filters ist wieder einmal verdammt gut, aber Sie können ihn auch verstellen. Ich habe hier nichts verändert. Wenn Sie so wie hier Geisterbilder oder andere Artefakte bekommen, ziehen Sie den Regler **Artefaktunterdrückung** etwas nach rechts. Ich habe ihn auf 35 % gezogen.

Schritt vier:

Auf der rechten Seite des Filter-Dialogs ist ein kleiner Vorschaubereich namens **Detaillupe**, in dem Sie eine herangezoomte Version Ihres Bilds sehen. Sie können die Vergrößerungsstufe durch Anklicken der entsprechenden Zoomwerte direkt darunter auswählen. Wenn Sie die Taste (Q) auf Ihrer Tastatur drücken, schwebt die **Detaillupe** so, dass Sie sie beliebig neu platzieren können. Drücken Sie erneut (Q), um sie wieder anzudocken. Wenn Sie die Maustaste in der **Detaillupe** gedrückt halten, erhalten Sie eine schnelle Vorher-Ansicht Ihres Bilds. Lassen Sie die Maustaste wieder los, sehen Sie erneut die bearbeitete »Nachher«-Version des Bilds.

Schritt fünf:

Glücklicherweise kann die **Detaillupe** sogar noch mehr. Ihre wahre Leistung zeigt sich, wenn Sie sie über einen zu analysierenden Bildbereich legen. Öffnen wir hierfür ein anderes, ebenfalls völlig unscharfes Bild – eine Aufnahme, die Sie mit Sicherheit gelöscht hätten. Dies ist das Vorher-Bild. Ich habe das Vorschau-Kontrollfeld ausgeschaltet, damit Sie sehen, wie das Bild vor Anwendung des Filters aussieht. Jetzt nutzen wir die **Detaillupe**, um die Verwacklung noch besser zu korrigieren.

Schritt sechs:

Doppelklicken Sie auf einen Bildbereich, in dem Sie die **Detaillupe** verwenden möchten. Sie verlässt ihren angestammten Platz auf der rechten Seite und springt direkt an die Bildstelle. Jetzt klicken Sie auf die runde Schaltfläche unten links in der Lupe (siehe Abbildung) und schon analysiert der Filter den Bereich direkt unter der Lupe. Hinweis: Wenn Ihre Lupe bereits über dem Bild schwebt, brauchen Sie keinen Doppelklick, es genügt dann auch ein einfacher Klick. Sehen Sie, wie viel besser das Bild nun mit reduziertem Kamerawackeln aussieht. In diesem Fall haben wir also einen Doppelklick auf den Bereich direkt im Vordergrund ausgeführt. Aber was, wenn es mehrere Bildbereiche gibt, auf die Sie den Schwerpunkt der Filterwirkung legen möchten? Nun, glücklicherweise können Sie mehrere Bildbereiche zur Analyse auswählen.

TIPP: Verwacklungsrichtung manuell angeben

Wenn Sie denken, der Filter hätte die Verwacklungsrichtung falsch berechnet, können Sie sie mit dem **Verwacklungsrichtung**-Werkzeug auch manuell eingeben. Das ist das zweite Werkzeug von oben in der Werkzeugleiste – Sie können es auswählen, sobald Sie auf der rechten Seite den Bereich Erweitert aufgeklappt haben. Klicken und ziehen Sie einfach für die ungefähre Länge der Verwacklung in deren Richtung.

Schritt sieben:

Um zu sehen, welcher Bereich sich im Verwacklungsschätzungsbereich befindet, klappen Sie rechts im Dialogfenster den Bereich Erweitert auf. Klicken Sie dazu auf das kleine, nach rechts weisende Dreieck. Nun sehen Sie einen Begrenzungsrahmen um den analysierten Bereich. (Mit der Taste (Q) docken Sie die **Detaillupe** wieder an.) Sie können direkt in die Mitte dieses Rahmens klicken, um ihn an eine neue Position zu ziehen. Der Filter wiederholt seine Berechnungen dann an dieser Stelle. Sie können auch die Ecken anklicken und sie nach innen oder außen ziehen, um die Größe zu ändern.

TIPP: Durch die Scharfzeichnung entstandene Bildartefakte reduzieren

Scharfzeichnung erhöht immer den Rauschanteil im Bild. Deshalb empfiehlt Adobe diesen Filter vor allem für Bilder, die nicht mit hohen ISO-Einstellungen aufgenommen wurden. Zwei Regler können jedoch Abhilfe schaffen: (1) Der **Glättung**-Regler probiert, die Körnigkeit im Bild zu verringern. (2) Der **Artefaktunterdrückung**-Regler hilft bei extremen Scharfzeichnungen wie dieser, Artefakte auszublenden. Beide werden vor der standardmäßigen Rauschunterdrückung angewendet (siehe Tipp unten).

Schritt acht:

Wenn Sie mehrere Bildbereiche analysieren müssen, können Sie das **Verwacklungsschätzungs**-Werkzeug verwenden (das erste Werkzeug in der Werkzeugleiste). Damit können Sie einen weiteren Verwacklungseinschätzungsbereich aufziehen, so wie abgebildet. Jetzt konzentriert sich der Filter bei der Bildanalyse zur Verwacklungsreduzierung auf diese beiden Bildbereiche.

TIPP: Automatische Rauschreduzierung

Standardmäßig wendet der Filter **Verwacklung reduzieren** eine automatische Rauschreduzierung auf das Quellbild an. Wenn Sie mit dieser unzufrieden sind, wählen Sie im Popup-Menü **Quellrauschen** aus einer der drei verschiedenen Rauschreduzierungsstärken (**Niedrig**, **Mittel** und **Hoch**).

Photoshop-Killer-Tipps

Tipps zum inhaltsbasierten Füllen

Wenn Sie eine inhaltsbasierte Füllung eines Auswahlbereichs ausprobiert haben und Sie das Ergebnis nicht zufriedenstellt, probieren Sie einen der beiden folgenden Tipps: (1) Drücken Sie ⌘/Strg + Z, um die Füllung rückgängig zu machen und probieren Sie, die Fläche dann erneut inhaltsbasiert zu füllen. Die Funktion wählt die Quellflächen für den Füllbereich in gewissem Rahmen zufällig aus. Ein zweiter Versuch könnte das Problem daher schon lösen – das funktioniert häufiger, als Sie denken. (2) Vergrößern Sie Ihre Auswahl etwas. Nachdem Sie eine Auswahl um den zu löschenden Bereich gelegt haben, wählen Sie **Auswahl > Auswahl verändern > Erweitern** und erweitern dann Ihre Auswahl um 3 oder 4 Pixel. Dann probieren Sie die inhaltsbasierte Füllung erneut aus. Oft hilft das.

Wenn sich eines Ihrer Werkzeuge seltsam zu verhalten beginnt ...

... dann ist vielleicht durch irgendetwas die Einstellungen für dieses Werkzeug verändert worden und eventuell ist das oben in der Optionsleiste auf den ersten Blick gar nicht zu erkennen. Sie können das Werkzeug auf seine Standardeinstellungen zurücksetzen – klicken Sie dazu mit der rechten Maustaste direkt auf den kleinen,

nach unten weisenden Pfeil neben dem Werkzeugsymbol ganz links in der Optionsleiste. Damit öffnet sich ein Popup-Menü, in dem Sie das aktuelle Werkzeug oder direkt alle Werkzeuge zurücksetzen können.

Tipp, wenn Sie nahe herangezoomt haben

Wenn Sie nahe an ein Foto herangezoomt haben, dann gibt es nichts Frustrierenderes, als über die Scrollbalken zu probieren, an einen anderen Bildteil zu gelangen. Meist fahren Sie dabei viel zu weit durchs Bild und müssen schließlich doch heraus- und wieder neu hineinzoomen. Halten Sie stattdessen die **Leertaste** gedrückt, um vorübergehend zum **Hand**-Werkzeug zu wechseln. Dann klicken Sie ins Bild und ziehen es in die gewünschte Position. Wenn Sie die Leertaste loslassen, gelangen Sie wieder zum vorherigen Werkzeug zurück.

Zu HDR Pro zusammenfügen kann unglaubliche Schwarzweißbilder erzeugen

Ich weiß, dass die meisten beim Wort »HDR« an jene surrealen und leuchtenden Bilder denken, die über-

all im Web zu sehen sind. Daher vermuten Sie hinter der Funktion **Zu HDR Pro zusammenfügen** nicht unbedingt eine gute Möglichkeit zur Erstellung von Schwarzweißbildern. Tatsächlich funktioniert das aber erstaunlich gut. Und obwohl die meisten eingebauten Vorgaben von **Zu HDR Pro zusammenfügen** nicht gerade berauschend sind, sind die Monochrom-Vorgaben gar nicht so schlecht. Probieren Sie es, wenn Sie das nächste Mal eine Belichtungsreihe aufnehmen.

RAW-Bilder mitsamt Korrekturen weitergeben

Wenn Sie ein Foto in Camera Raw bearbeitet haben und Sie die RAW-Datei an den Kunden weitergeben, dann sieht er nicht, welche Korrekturen Sie an dem Bild durchgeführt haben, es sei denn: (a) Sie fügen Ihrer RAW-Datei die separate XMP-Datei hinzu. Sie sollte direkt neben der RAW-Datei in Ihrem Bilderordner liegen. (2) Sie wählen in der Format-Drop im Dialogfenster **Speicheroptionen** von Camera Raw das Format **Digital-Negativ** aus (DNG ist das quelloffene Format für RAW-Bilder von Adobe, bei dem die Bearbeitungen direkt in die DNG-Datei eingebettet werden).

Photoshop-Killer-Tipps

Mehrere Ebenen auf einmal sperren

Wenn Sie mehrere Ebenen auf einmal sperren möchten, ist das kein Problem. Klicken Sie einfach mit gedrückter ⌘/Strg-Taste alle zu sperrenden Ebenen an und klicken Sie dann auf das Schlosssymbol oben im **Ebenen**-Bedienfeld. Das funktioniert auch mit den Farbmarkierungen – wählen Sie einfach die zu markierenden Ebenen aus, dann klicken Sie mit der rechten Maustaste auf eine der Ebenen und wählen die neue Farbmarkierung für alle markierten Ebenen aus dem Popup-Menü.

Auswahlen nahe am Rand des Dokumentenfensters treffen

Wenn Sie bei einer Auswahl mit einem der **Lasso**-Werkzeuge an den Rand des Dokumentenfensters gelangen, brauchen Sie die Maustaste nicht loszulassen und von Neuem zu beginnen. Halten Sie einfach die **Leertaste** gedrückt, um vorübergehend vom **Lasso**- zum **Hand**-Werkzeug zu wechseln. So können Sie den Bildbereich weit genug verschieben, um Ihre Auswahl fertigzustellen. Dann lassen Sie die Leertaste wieder los

und Photoshop schaltet zurück zum **Lasso**-Werkzeug. Ihre begonnene Auswahl wurde eingefroren und Sie können direkt dort weitermachen, wo Sie waren.

Ihre Kameraeinstellungen für sich behalten

Wenn Sie ein Bild im Web veröffentlichen oder an Ihren Kunden senden, dann wollen Sie darin vielleicht nicht alle Ihre Kameraeinstellungen und Ihre Kameraseriennummer enthalten wissen. Es muss ja nicht jeder sehen, dass Sie die Aufnahme mit f/5,6 und ISO 800 gemacht haben. Um Ihre Kameraeinstellungen für sich zu behalten, wählen Sie einfach das gesamte Bild mit ⌘/Strg + A aus und drücken dann ⌘/Strg + C, um es in die Zwischenablage zu kopieren. Jetzt drücken Sie ⌘/Strg + N, und Photoshop legt automatisch ein neues Dokument in genau derselben Größe, Auflösung und mit demselben Farbmodus wie das Bild in der Zwischenablage an. Als Nächstes drücken Sie ⌘/Strg + V, um Ihr Bild in das neue, leere Dokument einzufügen. Über ⌘/Strg + E reduzieren Sie das Bild auf die Hintergrundebene und diese Datei können Sie nun ohne Ihre Kameradaten

überall hinsenden. Ich würde allerdings noch ins Menü **Datei** gehen und **Dateiinformationen** wählen, links auf das Register **Einfach** klicken und unten meine Copyright-Informationen einfügen.

Einstellungen-Bedienfeld für die Einstellungsebene vergrößern

Wenn Sie eine **Tonwertkorrektur**-, **Farbton/Sättigung**- oder **Gradationskurven**-Einstellungsebene (und so weiter) einfügen, erscheinen die entsprechenden Einstellungen im **Eigenschaften**-Bedienfeld in der Standardgröße. Wollen Sie bei Ihren Einstellungen in diesem Bedienfeld genauer arbeiten, ziehen Sie es einfach an der linken Kante weiter nach links außen. Mit der Vergrößerung des Bedienfelds werden auch die Regler selbst länger.

Model: Rosie | Belichtung: 1/20 s. | Brennweite: 24 mm | Blendenwert: ƒ/11

Mein Workflow, Schritt für Schritt

Kennen Sie den genialen Song von Steely Dan »I'm a fool to do your dirty work, oh yeah. I don't want to do your dirty work, no more«? (Okay, der Text sieht jetzt vielleicht etwas blöd aus, gesungen klingt er wirklich viel besser.) In dieser Kapiteleinleitung habe ich mich aber dagegen entschieden. Was?!!!! Ja, richtig, stattdessen habe ich den gleichnamigen Film ausgewählt, die Komödie mit Norm MacDonald, der aus Saturday Night Live bekannt ist. Wenn Sie sich jetzt denken: »Den habe ich, glaube ich, nicht gesehen…«, dann sind Sie damit nicht alleine, aber das hält mich trotzdem nicht davon ab, diesen Bockmist für eine Kapiteleinleitung über meinen Workflow zu verwenden. Ich weiß gar nicht, ob der Film Dirty Work wirklich so schlecht ist. Vielleicht ist er sogar ziemlich gut. Sehen wir uns mal die Bewertung bei Rotten Tomatoes an. Oha. 17%. So eine schlechte Filmbewertung habe ich schon lange nicht mehr gesehen, also bekräftige ich jetzt offiziell meine Bockmisttheorie von oben. Lawrence Van Gelder von der New York Times hat folgende Kritik verfasst: »Warten Sie am Ende nicht mehr auf die Outtakes. Auch die sind nicht witzig.« #shotsfired. Wissen Sie, 17% (und Van Gelders Kommentare) sind schlimm genug für mich, um wieder zu »Dirty Work« von Steely Dan zurückzuwechseln, denn das ist wirklich ein tolles Lied (bitte beurteilen Sie es nicht nach den Refrainzeilen, das war einer ihrer ersten Hits). Die zweite Strophe enthält ein paar schlaue Zeilen: »Like the castle in its corner, in a medieval game, I foresee terrible trouble, and I stay here just the same.« Das ist doch total tiefgründig, oder? Nick Fletcher hat im britischen Guardian einen wundervollen Text über »Dirty Work« verfasst: »Es klingt erst mal wie ein gemütliches, radiotaugliches Lied. Aber es erzählt die epische Geschichte eines Liebhabers, der bereit ist, sich für seine Angebetete selbst infrage zu stellen. Wenn sie ihn braucht, ist er zur Stelle, obwohl sie eindeutig in einer Beziehung mit jemand anderem lebt. Er fühlt sich ausgenutzt wie ein unbezahlter Gigolo, weiß sich indessen aber auch nicht zu helfen. Er will dieses Arrangement beenden, aber es ist klar, dass es niemals dazu kommen wird: 'I foresee terrible trouble, and I stay here just the same.'« Danke Nick (und Lawrence). Ihr habt mir sehr geholfen, eine Entscheidung zu treffen: Ich halte mich definitiv an Steely Dans Version und beschließe dieses Buch auf halbwegs seriöse Weise. Ich fühle mich schon ganz klug und gebildet. ;-)

Mein Workflow in Photoshop CC

Ich wurde schon oft gefragt: »Wie sieht Ihr Photoshop-Fotografie-Arbeitsablauf aus? Was soll ich zuerst machen? Was kommt als Nächstes?« Usw. Also dachte ich mir, dass ich dieses Kapitel ans Ende des Buchs setze, um alles zusammenzufassen. Es geht hier nicht darum, neue Techniken zu erläutern (Sie haben schon alles gelernt, was Sie für Ihren Workflow brauchen), es geht darum, den ganzen Prozess von Anfang bis Ende in der richtigen Reihenfolge zu zeigen. Jeder Fotograf hat einen anderen Arbeitsablauf und wenn ich Ihnen meinen zeige, hoffe ich, dass Sie Ihren eigenen individuellen Workflow entwickeln können.

Schritt eins:

Die Funktionen, die in den letzten Jahren zu Photoshop neu hinzugekommen sind, betreffen Camera Raw (immerhin ist das der Teil von Photoshop, der strikt der Fotografie gewidmet ist) und wie die meisten Fotografen heutzutage arbeite ich vorwiegend in Camera Raw (auch wenn ich nicht im RAW-Format fotografiert habe). Hier zeige ich Ihnen von Anfang bis Ende meinen Workflow bei einem Hochzeitsporträt. Ich fange in Adobe Bridge an. Dort klicke ich das Bild an und wähle **In Camera Raw öffnen**. (Sie können dieses Bild herunterladen, damit Sie von Anfang an mitarbeiten können – die URL der Webseite zum Buch finden Sie in der Einleitung.)

Schritt zwei:

Hier habe ich das originale RAW-Bild in Camera Raw geöffnet. Zuerst finde ich nun heraus, was mit diesem Bild nicht stimmt. Ich frage mich einfach: »Was hätte ich gerne anders?« Hier hätte ich lieber ein Querformat (statt eines Hochformats); man sollte meinen Assistenten, der das Licht hält, nicht sehen (dafür habe ich aber von Anfang an vorgesorgt); das Bild soll wärmer und kontrastreicher wirken, in dem Beton rechts von der Braut sollten keine Löcher sein und ich hätte gerne, dass die Glanzlichter auf dem Blumenstrauß nicht ausgefressen sind. Okay, nachdem wir wissen, was zu tun ist, wollen wir anfangen.

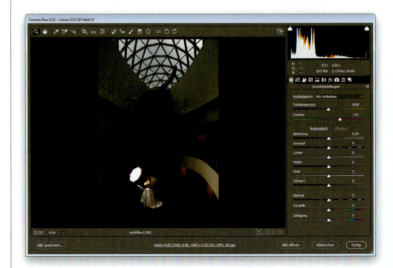

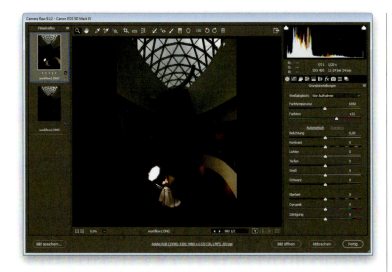

Schritt drei:

Ich habe vorgesorgt, damit mein Assistent und das Licht versteckt werden können. Dazu haben wir einen Plate-Shot gemacht, also eine Aufnahme ohne Motiv (in dem Fall ohne Braut) sowie ohne Assistent und Licht. Nach der eigentlichen Aufnahme bat ich also meinen Assistenten, aus dem Bild zu gehen und das Licht auszumachen. Die Braut bat ich, die Treppe hinunter nach rechts zu gehen. Dann machte ich eine zweite Aufnahme – ohne Assistent, Licht und Braut. Ich fotografierte mit dem Stativ, also werden sich diese Bilder leicht zu einem einzigen kombinieren lassen, in dem man das Licht nicht sieht. Klicken Sie also auf **Zurücksetzen**, gehen Sie wieder zu Bridge, wählen Sie beide Bilder aus (die Braut mit dem Licht und die leere Treppe) und öffnen Sie sie in Camera Raw. Beide Bilder werden in dem Filmstreifen links im Camera-Fenster angezeigt (siehe Abbildung).

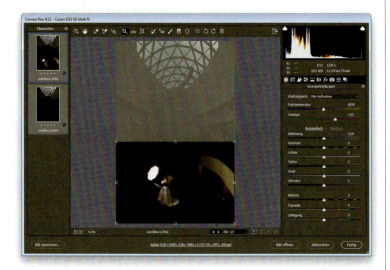

Schritt vier:

Wählen Sie beide Bilder im Filmstreifen mit gedrückter ⌘/Strg-Taste aus, damit Sie beide gleichzeitig bearbeiten können. Fangen wir mit dem Beschneiden der Bilder an, damit sie schließlich breiter als hoch sind (das ist hier problemlos möglich, da ich mit einer 30-Megapixel-Kamera fotografiert habe). Nehmen Sie das **Freistellungswerkzeug** (C) und ziehen Sie über das Bild. Jetzt drücken Sie die Taste X, um von der vertikalen zur horizontalen Ausrichtung zu wechseln (das ursprüngliche Seitenverhältnis des Bilds bleibt dabei erhalten). Sobald der Freistellrahmen im Querformat angezeigt wird, ziehen Sie senkrecht nach unten (siehe Abbildung), damit nur der untere Teil des Bilds erhalten bleibt und der obere Teil abgeschnitten wird.

Schritt fünf:

Drücken Sie jetzt ⏎, um die Freistellung zuzuweisen. Da beide Bilder ausgewählt sind, werden sie auf exakt dieselbe Weise zugeschnitten. Sie können das im linken Filmstreifen prüfen – beide haben jetzt ein Querformat (mehr über das Freistellen in Camera Raw finden Sie in Kapitel 2).

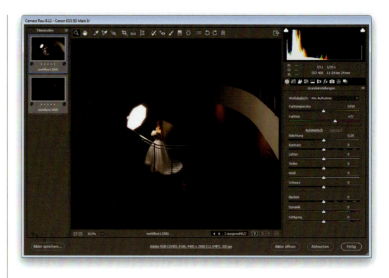

Schritt sechs:

Lassen Sie uns etwas näher an die Braut zoomen, damit wir in diesem Bereich genauer arbeiten können. Drücken Sie dazu mehrmals ⌘/Strg + +, bis Sie die hier gezeigte Ansicht erhalten. In Schritt zwei habe ich erklärt, dass ich den Farbton gerne ingesamt etwas wärmer hätte (das Bild wirkt etwas kalt mit all dem Beton). Das Kleid der Braut soll aber nicht gelb werden. Deshalb ziehen wir den **Farbtemperatur**-Regler nach rechts, bis die Braut wärmer, das Kleid aber immer noch ziemlich weiß aussieht (hier habe ich den Regler auf 7600 gezogen). Normalerweise passe ich zuerst den Weißabgleich an. Mache ich das nämlich später, kann sich die Belichtung ändern (probieren Sie das einmal aus, indem Sie den **Farbtemperatur**- oder den **Farbton**-Regler deutlich hin- und herziehen, während Sie das Histogramm oben rechts betrachten). Sie erkennen, wie stark sich das Bild verändert! (Sehen Sie ins erste Kapitel, um mehr über die Grundeinstellungen in Camera Raw zu erfahren.) Okay, nun haben wir unsere Farbe in der gewünschten Weise verändert. Und da noch beide Bilder ausgewählt sind, betreffen alle Änderungen, die wir an diesem Bild vornehmen, auch das andere Foto.

Schritt sieben:

Nun arbeiten wir an der Helligkeit des Blumenstraußes (dieses Objekt ist dem Licht am nächsten. Deshalb soll er durchaus hell sein, aber nicht ganz so stark hervorstehen). Der Blumenstrauß ist nur im oberen Bild vorhanden. Deshalb klicken Sie im Filmstreifen einmal auf das obere Bild, um nur dieses auszuwählen (siehe Abbildung). Würden Sie jetzt im **Grundeinstellungen**-Bedienfeld den **Lichter**-Regler nach links ziehen, würden alle Lichter im ganzen Bild zurückgenommen, nur um diesen kleinen Bereich zu korrigieren. Deshalb nehmen wir besser den **Korrekturpinsel**, um diese eine Stelle zu verbessern. Klicken Sie den **Korrekturpinsel** ([K]) in der Werkzeugleiste an, dann klicken Sie einmal auf das Minuszeichen links von **Lichter**. Dadurch setzen Sie alle anderen Regler auf Null und verringern die Lichter auf –25. Malen Sie jetzt nur über den Blumenstrauß (wie hier gezeigt) und senken Sie dadurch die Lichter in diesem Bereich ab. Die Blumen werden nun detailgetreu gezeigt.

Schritt acht:

Die Braut sieht vom Licht weg (das ist aber nicht ihr Fehler, ich habe sie darum gebeten). Deshalb liegt die rechte Hälfte ihres Gesichts zu stark im Dunkeln (finde ich zumindest), aber das ist schnell geändert. Da immer noch der **Korrekturpinsel** aktiviert ist, klicken Sie im oberen Bedienfeldbereich auf das Optionsfeld **Neu**, dann auf das **+** (Plus-Symbol) rechts von **Belichtung**. Dadurch setzen Sie alle Regler wieder auf Null und heben die Belichtung auf +0,50 an. Malen Sie jetzt über die rechte Seite des Gesichts der Braut, um es aufzuhellen. Die Verbesserung schien mir nicht ausreichend. Um das Gesicht weiter aus dem Schatten zu holen, erhöhte ich den **Tiefen**-Wert so weit, bis ich in diesem Bereich mehr Details erkennen konnte (ich setzte den Regler auf +20). Außerdem malte ich über die Haare (siehe Abbildung), um die Lichter etwas stärker herauszuarbeiten (in Kapitel 3 erfahren Sie mehr über den **Korrekturpinsel** von Camera Raw).

Schritt neun:

Okay, wo stehen wir jetzt? Doppelklicken Sie auf das **Hand**-Werkzeug in der Symbolleiste, um das Bild in das Camera-Raw-Fenster einzupassen. Nun hätte ich gerne mehr Kontrast. Normalerweise setze ich erst Weiß- und Schwarzpunkt, um die Tonwertbreite zu vergrößern. Da dieses Bild jedoch bis auf das eine helle Licht insgesamt so dunkel wirkt, würde der Weißpunkt wahrscheinlich auf Null abfallen. Also habe ich lediglich den Kontrast erhöht. Ich habe wieder beide Bilder im Filmstreifen ausgewählt, damit ich an beiden dieselben Einstellungen vornehmen kann. Anschließend habe ich den **Kontrast**-Regler nach rechts auf +28 gesetzt.

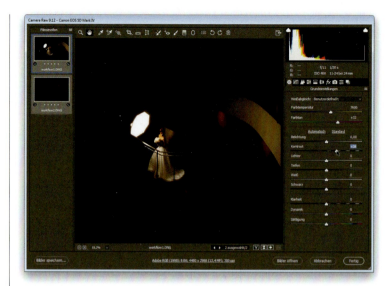

Schritt zehn:

Wenn ich mir das Bild nun ansehe, finde ich, dass die Wand mit den Lichtern wärmer wirken sollte. Da wir den Weißabgleich nicht komplett ändern können – den haben wir schon so weit wie möglich geändert, ohne dass das Kleid gelb wird –, können wir den Weißabgleich mit dem **Korrekturpinsel** ins Bild »malen«. Klicken Sie im Filmstreifen einmal auf das obere Bild, um nur dieses auszuwählen. Dann aktivieren Sie wieder den **Korrekturpinsel** und klicken Sie einmal auf das +-Symbol (Plus), um die **Farbtemperatur** auf +25 und alle anderen Regler auf Null zu setzen. Anschließend scrollen Sie nach unten ans Ende des Bedienfelds und aktivieren das Kontrollfeld **Automatisch maskieren**. Wir malen nun über die Wände und ich möchte nicht aus Versehen die weiße Wand gelb anmalen. Durch das Kontrollfeld können wir die Wirkung des **Korrekturpinsels** eingrenzen. Wie Sie sehen, malt mein Pinsel zwar in den weißen Bereich, dieser wird aber nicht gefärbt. Solange das Fadenkreuz in der Mitte des Pinsels nicht in den weißen Bereich malt, ist dieser geschützt und die Gelbfärbung beschränkt sich auf den unteren Wandbereich. Abschließend erhöhe ich die Farbtemperatur auf +81, um eine noch etwas wärmere Farbe zu erzielen. Außerdem male ich im Bereich unter den Spotlichtern, weil auch von diesen etwas Licht ausgeht.

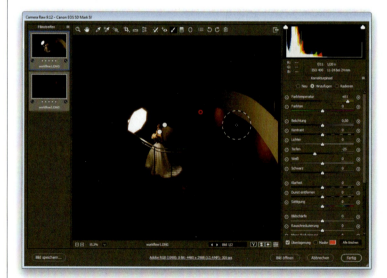

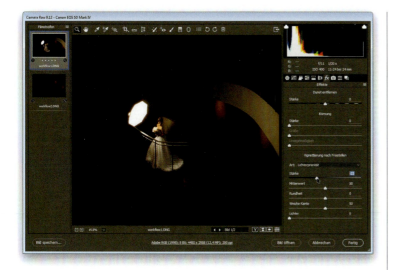

Schritt elf:

Bevor wir uns Photoshop zuwenden (ich mache bei der Bearbeitung von RAW-Bildern so viel wie möglich in Camera Raw), wollen wir die Ecken des Bilds abdunkeln. Klicken Sie mit gedrückter ⌘/Strg-Taste auf das zweite Bild im Filmstreifen, damit beide Bilder angewählt werden. Dann klicken Sie auf das **Hand**-Werkzeug in der Symbolleiste, um das **Korrekturpinsel**-Bedienfeld zu schließen. Jetzt klicken Sie auf das Symbol **Effekte** im oberen Bedienfeldbereich und ziehen im Bereich **Vignettierung nach Freistellung** den Regler **Stärke** nach links, um die Bildecken abzudunkeln. So wird die Aufmerksamkeit des Betrachters auf die Bildmitte gelenkt (hier habe ich den Regler auf –23 gezogen).

Schritt zwölf:

Jetzt haben wir so ziemlich alle notwendigen Arbeiten in Camera Raw erledigt. Lassen Sie beide Bilder ausgewählt und klicken Sie im rechten unteren Fensterbereich auf die Schaltfläche **Bild öffnen**. Photoshop öffnet die Bilder in Registern, wenn Sie das wie ich in den Photoshop-**Voreinstellungen** eingestellt haben. Das Bild ohne Braut und Assistent wird angezeigt. Wie Sie sehen, ist es viel dunkler als das Hauptbild, obwohl wir beide Bilder bearbeitet hatten. Photoshop kann dies jedoch automatisch für uns korrigieren, wie Sie im nächsten Schritt sehen werden.

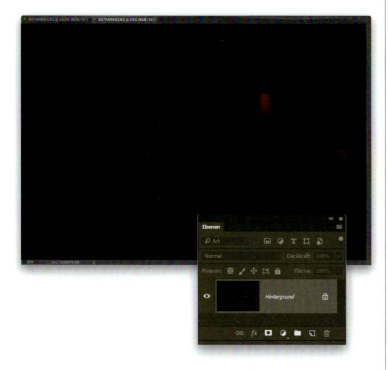

Schritt dreizehn:

Damit dieses Bild zu dem Bild mit der Braut passt, wählen Sie zunächst im Menü **Bild** unter **Korrekturen** den Befehl **Gleiche Farbe** (siehe Abbildung).

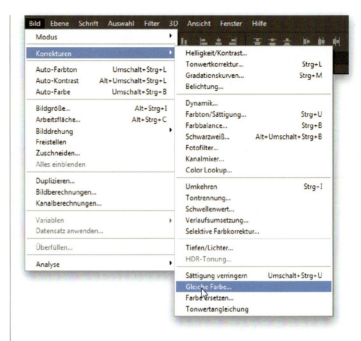

Schritt vierzehn:

Das Dialogfeld **Gleiche Farbe** wird angezeigt. Hier bestimmen Sie in dem Popup-Menü **Quelle** im unteren Bereich, mit welchem Bild Sie das aktuellen Bilds abstimmen möchten (in diesem Fall das Foto mit der Braut). Nachdem Sie das Bild mit der Braut aus dem Popup-Menü gewählt haben, sehen Sie, dass das aktuelle Bild an das Brautbild angeglichen wird (siehe Abbildung). Klicken Sie auf **OK**, um die Korrektur zuzuweisen. Nun können wir diese beiden Bilder zu einem einzigen kombinieren, in dem das Licht nicht mehr zu sehen ist. Drücken Sie zuerst ⌘/Strg + A, um das ganze Bild auszuwählen, dann ⌘/Strg + C, um es in die Zwischenablage zu kopieren. Als Nächstes fügen wir das Bild in das andere ein.

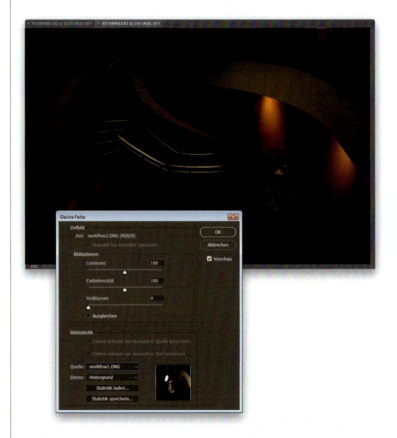

Schritt fünfzehn:

Klicken Sie auf das Register des Fotos mit der Braut, dann drücken Sie ⌘/Strg + V, um das Bild ohne Braut genau auf dem Bild mit der Braut einzufügen. Es erscheint in seiner eigenen Ebene, wie Sie hier im **Ebenen**-Bedienfeld sehen. Hinweis: Weil ich mit einem Stativ fotografiert habe, passen die Bilder perfekt übereinander. Haben Sie hingegen aus der Hand fotografiert, müssen Sie im **Ebenen**-Bedienfeld beide Ebenen auswählen und dann im Menü **Bearbeiten** den Befehl **Ebenen automatisch auswählen** wählen. Klicken Sie im nun angezeigten Dialogfenster auf **OK** und Photoshop richtet die Ebenen perfekt für Sie aus. Allerdings müssen Sie das Bild danach etwas zuschneiden, denn bei der Ausrichtung entstehen weiße Lücken an den Ecken. Übrigens: Aus irgendeinem Grund (ich habe vermutlich die Kamera auf dem Stativ etwas bewegt), haben die beiden Bilder hier nicht perfekt übereinandergepasst, also habe ich schließlich doch noch die Funktion **Ebenen automatisch ausrichten** bemühen müssen.

Schritt sechzehn:

Jetzt kommen wir zum spannenden Teil. Halten Sie die Alt-Taste gedrückt und klicken Sie am unteren Rand des **Ebenen**-Bedienfelds auf das Symbol **Ebenenmaske hinzufügen** (das dritte Symbol von links). Nun legt Photoshop eine schwarze Maske über die leere Treppe und blendet sie damit aus. Sie sehen die schwarze Maske rechts von der Ebenenminiatur. Obwohl die Ebene noch da ist, wird sie hinter der schwarzen Maske verborgen. Nun können wir auf dieser Maske malen, um nur die gewünschten Teile der leeren Treppe sichtbar zu machen. Nehmen Sie das **Pinsel**-Werkzeug (B) aus der Werkzeugleiste und wählen Sie in der Optionsleiste einen weichen Pinsel mittlerer Größe. Setzen Sie die Vordergrundfarbe auf Weiß und malen Sie über das Licht in dem Foto. An dieser Stelle wird die Ebene mit der leeren Treppe und die Ebene mit der Braut überdeckt (auf der Abbildung begann ich, über den oberen Teil des Lichts zu malen).

Schritt siebzehn:

Malen Sie weiter mit dem weichen weißen Pinsel, bis das Licht und mein Assistent nicht mehr sichtbar sind (siehe Abbildung). Hinter der Braut sehen Sie einen leichten Lichtschein. Wählen Sie einen kleineren Pinsel (nutzen Sie dazu die ⌗-Taste auf Ihrer Tastatur) und malen Sie über diesen Bereich (wie hier gezeigt). Wenn Sie einen Fehler machen und aus Versehen den Schleier oder irgendeine andere ungewollte Stelle übermalen, ändern Sie einfach die Vordergrundfarbe in Schwarz und malen Sie über die verunfallte Stelle, um sie zu korrigieren. (Tipp: Sie können mit der Taste ⌧ die Vordergrundfarbe zwischen Schwarz und Weiß umschalten). Malen Sie weiter, bis der Schein verschwunden ist. (Denken Sie daran, Sie malen auf der Ebene mit der leeren Treppe und dort sollte es keinen Lichtschein geben, da wir das Licht weggestellt und ausgeschaltet haben.)

Schritt achtzehn:

Lassen Sie uns nun die beiden schwarzen Löcher in der Treppenwand rechts von der Braut entfernen. Zuvor sollten wir das Bild entweder auf die Hintergrundebene reduzieren oder die Ebene »stempeln«, also an oberster Stelle des Ebenenstapels eine neue Ebene erzeugen, die aussieht wie eine auf die Hintergrundebene reduzierte Bildversion. Drücken Sie dazu einfach ⌘/Strg + Alt + ⇧ + E. In der Abbildung sehen Sie diese neue, gestempelte Ebene an oberster Stelle des Ebenenstapels. Wechseln Sie jetzt zum **Bereichsreparatur**-Pinsel (J), stellen Sie Ihren Pinsel etwas größer ein als das Loch, das Sie entfernen möchten, und klicken Sie einfach darauf – es verschwindet. Dasselbe können Sie unten an der Treppe machen, um die kleinen Lichtschalter im linken Bereich, das Stück Papier an der Wand und einfach alles, was sonst noch stört, zu entfernen. (In Kapitel 9 erfahren Sie mehr über das Entfernen störender Bildelemente.)

Schritt neunzehn:

Zum Schluss wollen wir das Bild noch etwas schärfen. Öffnen Sie das Menü **Filter**, wählen Sie **Scharfzeichnungsfilter** und dann **Unscharf maskieren**. Im folgenden Dialogfeld geben Sie als **Stärke** 120 % ein, setzen den **Radius** auf 1,0, den **Schwellenwert** auf 3. Klicken Sie dann auf **OK**. Falls Sie befürchten, dass die Haut der Braut nun zu stark geschärft ist, öffnen Sie im Menü **Fenster** das **Kanäle**-Bedienfeld und klicken Sie auf den Rotkanal, bevor Sie den Befehl **Unscharf maskieren** wählen. Dann wird die Scharfzeichnung nur auf diesen einen Kanal angewandt. (Im Rotkanal weisen Hautbereiche normalerweise die geringste Detailzeichnung auf. Deshalb ist es am sichersten, dort scharfzuzeichnen, wenn Sie eine Schärfung der Hautzonen vermeiden möchten.) Nachdem Sie den Rotkanal geschärft haben, aktivieren Sie wieder den RGB-Kanal, um die normale Ansicht zu erhalten. (Mehr über das Scharfzeichnen erfahren Sie in Kapitel 11.) Das war's! Unten sehen Sie die Vorher- und die Nachher-Version des Bilds. Ich hoffe, Sie fanden es hilfreich, dieses Projekt von Anfang bis Ende mit mir durchzuarbeiten.

Vorher (aber nach der Freistellung)

Nachher

Photoshop-Killer-Tipps

Dateien aus der Creative Cloud schnell öffnen

Alle Dateien, die Sie in der Cloud gespeichert haben, können Sie schnell vom Startbildschirm aus öffnen (auf dem Mac sehen Sie den Startbildschirm, wenn Sie den Anwendungsrahmen nutzen). Klicken Sie im linken Bereich einfach auf **CC-Dateien**.

Brauchen Sie Inspiration? Nehmen Sie eine Adobe-Stock-Vorlage

In dem neu gestalteten Dialogfenster **Neues Dokument** (im Menü **Datei** wählen Sie **Neu**) können Sie aus über 100 Gratis-Vorlagen wählen. Klicken Sie auf eine Kategorie oben im Dialogfeld, dann auf die gewünschte Vorlage. Im rechten Dialogfensterbereich sehen Sie eine Beschreibung. Für eine Voransicht klicken Sie auf die Schaltfläche **Vorschau anzeigen** oder auf die Schaltfläche **Herunterladen**. Sie können auch Adobe Stock nach weiteren Vorlagen durchsuchen. Dazu nutzen Sie das Suchfeld am unteren Dialogfeldrand.

Emojis in Photoshop einfügen

Wenn Sie Ihrem Dokument ein Emoji hinzufügen möchten (hey, das könnte vorkommen), finden Sie eine ganze Reihe davon im **Glyphen**-Bedienfeld im Menü **Fenster**. Erzeugen Sie mit dem **Horizontaler-Text**-Werkzeug eine Textebene, wählen Sie **Apple Color Emoji** oder **EmojiOne** aus dem Popup-Menü im oberen Bedienfeldbereich und doppelklicken Sie auf das gewünschte Emoji.

Textänderungen im Eigenschaften-Bedienfeld vornehmen

Wenn Sie beim Eingeben Ihres Textes schnell ein paar Änderungen vornehmen möchten, können Sie das **Eigenschaften**-Bedienfeld nutzen. Hier können Sie Schriftart, Schriftgröße usw. ändern. Wenn Sie auf die Schaltfläche **Erweitert** im unteren Bedienfeldbereich klicken, werden das **Zeichen**- und das **Absatz**-Bedienfeld geöffnet.

Die Größe von Objekten ändern

Die Größe von Elementen auf einer Ebene können Sie natürlich mit der Funktion **Frei transformieren** ändern. Alternativ können Sie dazu jetzt auch das **Eigenschaften**-Bedienfeld verwenden. Geben Sie einfach die Breite und Höhe in die Felder **B** und **H** ein (klicken Sie auf das Kettensymbol, wenn Sie eine proportionale Änderung wünschen). Sind Sie ein wenig technisch begabt, können Sie Ihr Objekt auch mit den X- und Y-Koordinaten umherbewegen.

Photoshop-Killer-Tipps

Farbige Schriftarten einsetzen

Photoshop unterstützt jetzt Open-Type-SVG-Schriftarten. Das sind Fonts, in die Farben und Verläufe eingebettet sind. Sie können diese aus dem **Schriftarten**-Popup-Menü im **Eigenschaften**-Bedienfeld, **Glyphen**-Bedienfeld usw. auswählen – suchen Sie einfach ein kleines SVG-Symbol mit dem Namen der Schriftart (im letzten CC-Update waren die beiden SVG-Fonts **Trajan Color** und **EmojiOne** enthalten).

Die Hervorhebungsfarbe ändern

Sie können nicht nur die Helligkeit der grauen Photoshop-Benutzeroberfläche ändern, sondern nun auch die Hervorhebungsfarbe. Es gibt allerdings nur zwei Möglichkeiten: die Standardfarbe (Grau am Mac, Hellblau am PC) oder Dunkelblau. Öffnen Sie mit ⌘/Strg + K die Photoshop-**Voreinstellungen**, klicken Sie auf der linken Seite auf **Benutzeroberfläche** und wählen Sie aus dem Popup-Menü **Lichterfarbe** im oberen Dialogfeldbereich.

Gelöschte Inhalte aus der Cloud zurückholen

Wenn Sie etwas aus Ihrem **Bibliotheken**-Bedienfeld gelöscht haben und es gerne zurückhätten, haben Sie Glück – falls Sie Photoshop mit der Cloud synchronisiert haben. Im Bibliotheken-Bedienfeld wählen Sie **Gelöschte Elemente anzeigen** aus dem Flyout-Menü. Ihr Webbrowser wird mit der Assets-Seite Ihres Adobe-Creative-Cloud-Kontos geöffnet. Klicken Sie auf das Kontrollfeld neben dem Inhalt, den Sie zurückholen möchten, dann auf **Wiederherstellen**. Das Element wird wieder in das **Bibliotheken**-Bedienfeld eingefügt.

Photoshop merkt sich jetzt Ihre Exporteinstellungen

In einem der letzten Updates hat Adobe einen praktischen kleinen Kniff hinzugefügt – wenn Sie etwas exportieren, werden Ihre letzten Exporteinstellungen automatisch wieder angezeigt, wenn Sie das nächste Mal erneut etwas exportieren. Das spart eine Menge Zeit, denn die meisten Menschen scheinen die gleichen Dinge regelmäßig an denselben Speicherort zu exportieren. Nie mehr jedes Mal alle Felder neu ausfüllen. Wow! Vielen Dank, Adobe.

Index

Rezensieren & gewinnen!

Besprechen Sie dieses Buch und helfen Sie uns und unseren Autoren, noch besser zu werden.

Als Dankeschön verlosen wir jeden Monat unter allen neuen Einreichungen fünf dpunkt.bücher. Mit etwas Glück sind dann auch Sie mit Ihrem Wunschtitel dabei.

Wir freuen uns über eine aussagekräftige Rezension, aus der hervorgeht, was Sie an diesem Buch gut finden, aber auch was sich verbessern lässt. Dabei ist es egal, ob Sie den Titel auf Amazon, in Ihrem Blog oder bei YouTube besprechen.

Schicken Sie uns einfach den Link zu Ihrer Besprechung und vergessen Sie nicht, Ihren Wunschtitel anzugeben:
www.dpunkt.de/besprechung oder besprechung@dpunkt.de

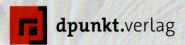

dpunkt.verlag

dpunkt.verlag GmbH · Wieblinger Weg 17 · 69123 Heidelberg
fon: 0 62 21/14 83 22 · fax: 0 62 21/14 83 99